Schwimmen für Kinder

Danksagung

Mein besonderer Dank gilt meinem Mann Michael Prinz und meiner Familie, die mir die Zeit für dieses Buch opferten, meinen persönlichen Lektoren, Gottfried Ahrendt und Friedrich Prinz, dem Fotografen, Henning Kaiser (Köln), Rüdiger Steinmetz, Geschäftsführer der Bäder GmbH Düsseldorf, für seine Freundlichkeit, das Hallenbad zum Fotografieren bereitzustellen, sowie den zahlreichen Eltern und Kindern sowie meinen eigenen Kindern Lorenz, Lilo und Anna, die bei den Fotoaufnahmen und Filmen sowie Illustrationen bereitwillig mitwirkten.

Dr. Lilli Ahrendt

Allgemeiner Hinweis

Die Begriffe Lehrperson und Helfer werden der Einfachheit halber sowohl für das weibliche als auch männliche Geschlecht verwendet und stellen kein Präjudiz dar. Zur besseren Lesbarkeit werden Zahlen (z. B. Altersangaben) numerisch angegeben und nicht ausgeschrieben. Die der Lehrperson bei den Übungen zugedachten Formulierungen dienen lediglich als Hilfe, Anhalt oder Muster.

Lilli Ahrendt

SCHWIMMEN FÜR KINDER

Kreatives Wasserspiel und frühes Schwimmenlernen im Alter von 3-5 Jahren

Kinder spielen,
wie das Wasser
in der Sonne glitzert.

Schaue ihnen zu,
lerne von ihnen,
dich über das Wunder
dieses Augenblicks zu freuen.

Sherab (tibetische Weisheit)

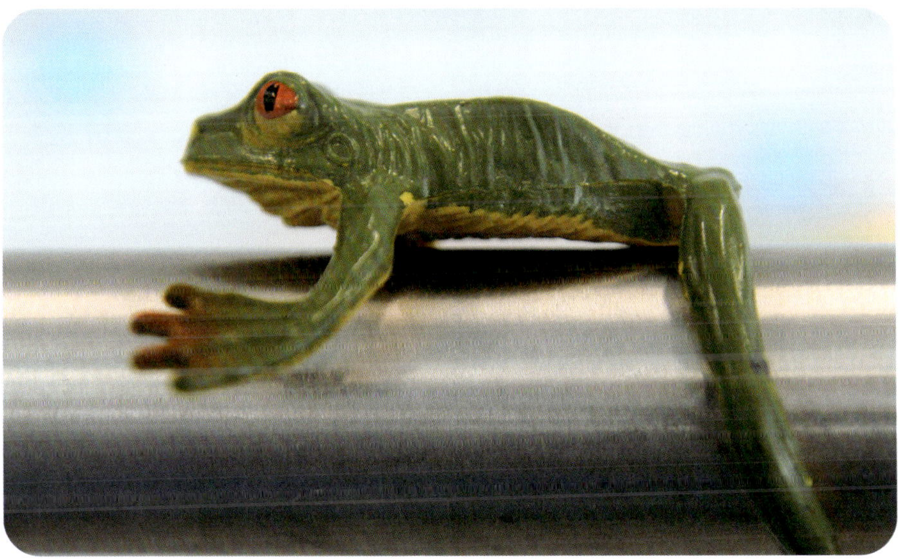

Meyer & Meyer Verlag

Schwimmen für Kinder

Bibliografische Information der Deutschen Nationalbibliothek
Die Deutsche Nationalbibliothek verzeichnet diese Publikation in der Deutschen Nationalbibliografie; detaillierte bibliografische Daten sind im Internet über http://dnb.d-nb.de abrufbar.

3., überarbeitete Auflage 2024
Auckland, Beirut, Budapest, Cairo, Cape Town, Dubai, Hägendorf, Indianapolis, Maidenhead, Singapore, Sydney, Tehran, Wien

Member of the World Sport Publishers' Association (WSPA)

Druck: Print Consult GmbH, München

MIX
Papier | Fördert gute Waldnutzung
FSC® C084279

ISBN: 978-3-8403-7874-4
E-Mail: verlag@m-m-sports.com
www.dersportverlag.de

INHALT

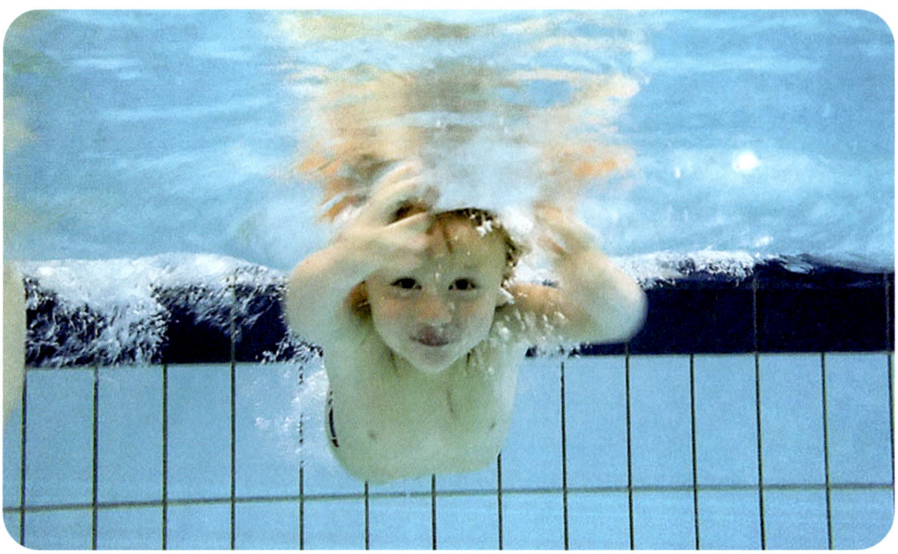

VORWORT

Dem Konzept *Schwimmen für Kinder* ist viel Unterstützung von allen Seiten, Kommunen, Bädern, Erziehern und nicht zuletzt den Eltern zu wünschen.

Um Kinder auf sicheres Schwimmen im Kindergarten adäquat vorzubereiten, sollte die große Erfahrung von Lilli Ahrendt im Säuglings- und Kleinkind- und Eltern-Kind-Schwimmen eine gute Grundlage sein. Ihr methodisches Konzept soll zum Schwimmen wie auch gleichzeitig zu sicherem Verhalten sowohl der Kinder als auch Eltern führen. Doch grundsätzlich soll im Kindergartenalter, wie auch bei den Altersstufen zuvor, die Förderung der psychischen, physischen und sozialen Entwicklung erfolgen, wozu sich gerade das Medium Wasser gut eignet.

Auch wenn der letzte Schritt zum eigentlichen Schwimmen im Kindergarten noch nicht immer getan werden kann, so haben doch die Abschnitte „Wassergewöhnung" und „Wasserbewältigung" wie auch die beabsichtigten Entwicklungsreize ihren besonderen Wert.

Mögen die engagierten Kindergärten vielfältige Hilfen für gute Rahmenbedingungen erhalten. Die Verfasserin hat auch dazu gute Vorschläge aus ihrem reichhaltigen Erfahrungsschatz gemacht.

Erika Fastrich

Präsidialbeauftragte Schwimmen der Deutschen Lebens-Rettungs-Gesellschaft 1974-1996
Dozentin für Schwimmsport der Deutschen Sporthochschule Köln i. R.

VORWORT DER VERFASSERIN

3- bis 5-jährigen Kindern Bewegungs- und Lerngelegenheiten im Wasser anzubieten, wird ihnen mit empathischen und singenden Lehrern in kleinen Gruppen eine große Freude bereiten. Dazu werden sie insbesondere im Wasser andersartig motorisch und geistig angeregt als auf dem Trockenen. Sie lernen hier vor allem über ihre Haut. Die Haut ist unser größtes Sinnesorgan. In ihr liegen etliche Nervenzellen und -bahnen, die das Wasser als sanften Druck bei mäßiger Kühle wahrnehmen. Das Gehirn wertet dies als harmonisierende Kraft auf das Körper- und Gefühlsleben aus. Wasser reguliert die seelische und muskuläre Spannung des Kindes, d. h., das gehemmte Kind wird angeregt, das bewegungsunruhige Kind in seinen Bewegungen gebremst. Wasser übt auf Kinder eine große Anziehungskraft aus, und wenn man sie im Wasser beobachtet, so erscheint es, als machten sie darin ihre Befreiungsschläge.

Wasser ist auch nach meiner familiären Erfahrung ein spannender Bewegungsraum für neugierige Weltentdecker und unaufhaltsame Glückssucher. Und wer Kinder fördern will, wer sie aktiv, aufmerksam und wissbegierig erleben möchte, der sollte ihnen diese „Nervennahrung" im Wasser anbieten und sie dabei begleiten.

Das Schwimmenlernen beginnt als Wasserspiel. Der Anreiz für das Schwimmenlernen wird dadurch noch gemehrt und erhält in diesem spannenden Wechselspiel die Freude an beidem.

2023 sind die Auswirkungen der Pandemie und weltweiter Fluchtbewegungen sowie die Energie- und Klimakrise beim Kinderschwimmen angekommen. Die bewegungsarme und von Bäderschließungen geprägte Zeit, das Absenken der Wassertemperatur und fehlende Schwimmlehrer haben zu einem „Stau" und verknappten Unterrichtsangebot geführt.

Schwimmlehrer wiederum bemerken: Kinder benötigen mehr Zeit, sich an eine soziale Gruppe anzupassen. Sie bringen weniger Vorerfahrungen mit und benötigen mehr Zeit für die Wassergewöhnung. Sie frieren schneller, so dass die Wasseraufenthaltsdauer verkürzt, Neoprenanzüge zugelassen und der Unterricht bewegungsintensiver gestaltet werden muss. Mehr Kinder mit Zuwanderungsgeschichte machen es notwendig, unsere Unterrichtssprache vermehrt mit Bewegungsvorbildern, Bildtafeln, Gestik und Mimik zu untermalen.

Möge dieses Buch allen Lehrpersonen, die den Kindern Glücksmomente im Wasser bescheren wollen, eine methodische Hilfe und Stütze sein.

Zumal die gesteigerten Anforderungen der Deutschen Prüfungsordnung seit 2020 es notwendig machen, an den Grundfertigkeiten – vor allem des Atmens – von Lernbeginn an systematisch zu üben.

Dr. Lilli Ahrendt
Düsseldorf, im Februar 2023

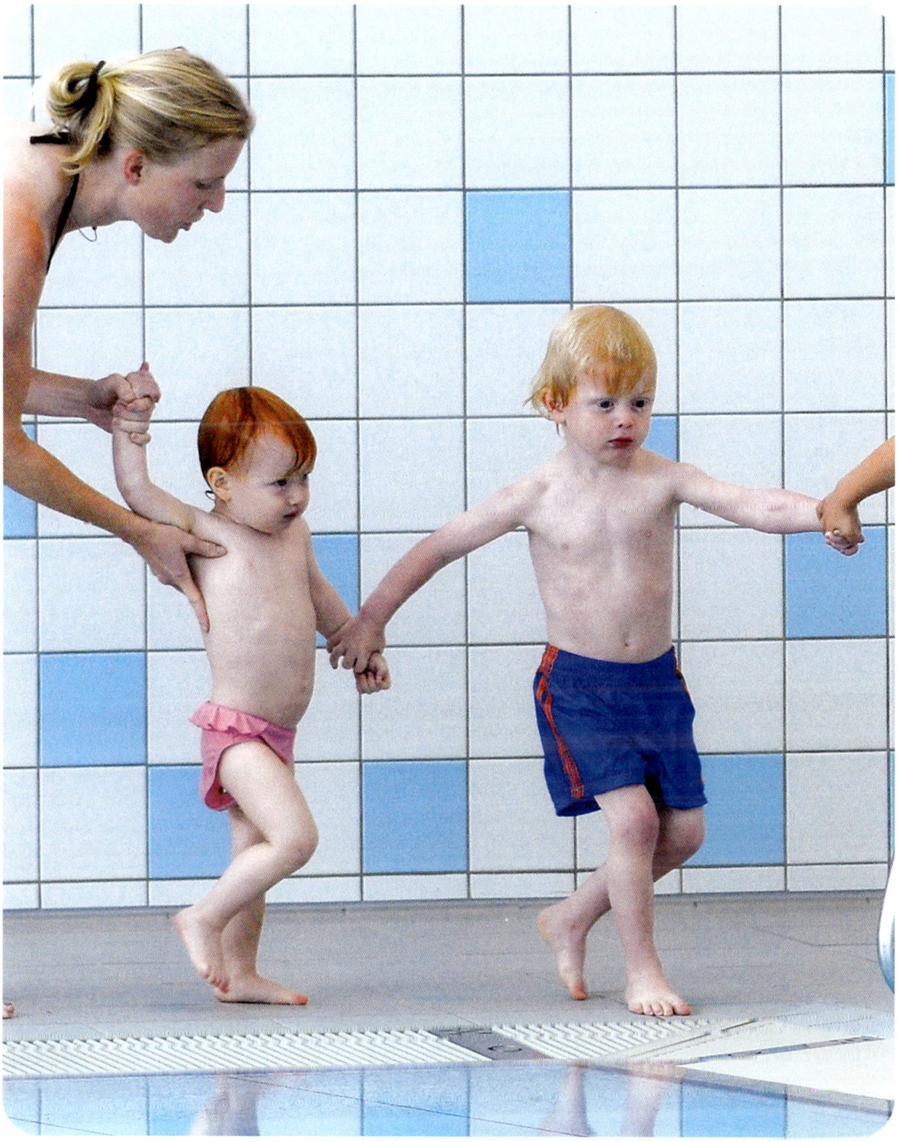

Anmerkung

Während im Buch Säuglingsschwimmen *für das erste Lebensjahr und im Buch* Kleinkindschwimmen, *für das zweite und dritte Lebensjahr altersgerechte Bewegungsförderungen im Wasser entwickelt wurden, wird hiermit die Reihe für das vierte und fünfte Lebensjahr fortgesetzt.*

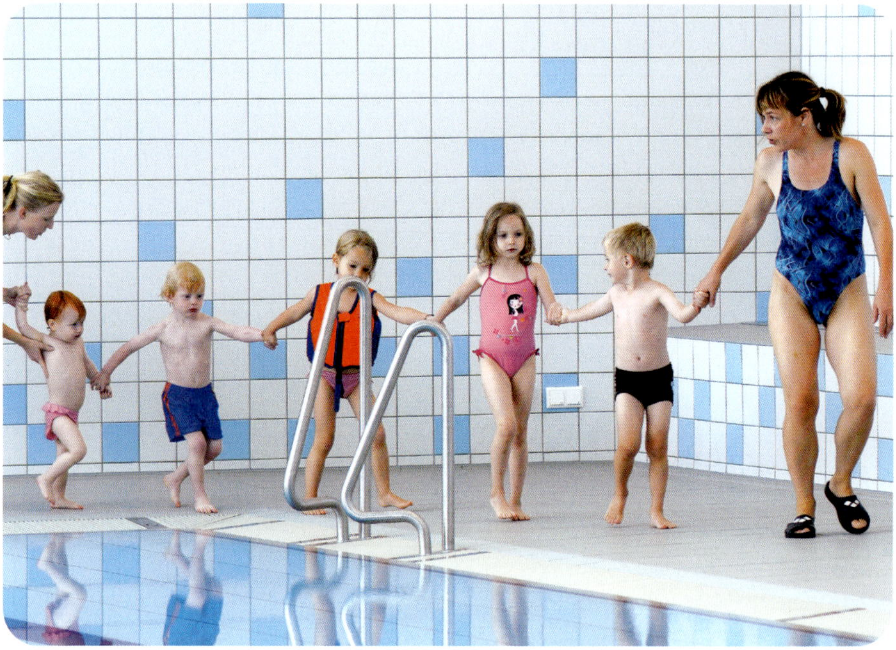

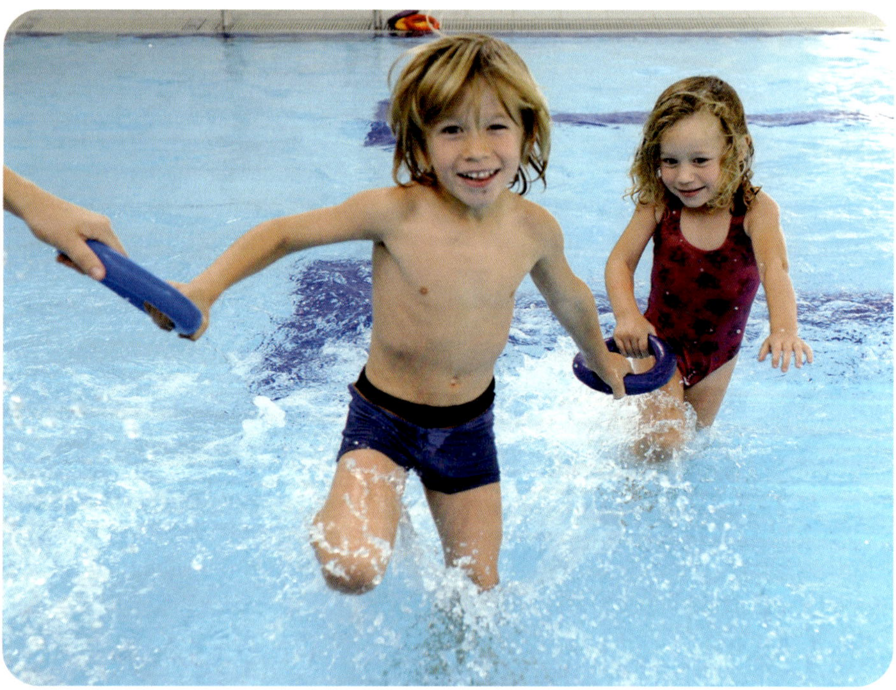

1 EINFÜHRUNG

Das Schwimmen für Kinder im Kindergartenalter entfacht kontroverse Diskussionen zwischen Zweiflern, ob es für die Kinder vielleicht doch noch zu früh sei, und den sich mehrenden Fürsprechern, die sich für das Schwimmenlernen vor der Einschulung einsetzen. Sportlich geübte Vorschulkinder erweisen sich in der Regel als leistungsfähiger, gesundheitlich stabiler, konzentrationsfähiger und gemeinschaftlich disziplinierter. Sie erfüllen damit die späteren Erfordernisse für die Schule. Daher plädieren immer mehr Sportpädagogen und Eltern für ein Schwimmenlernen vor der Einschulung. Die Kindergartenjahre tragen insofern als Frühlernbereich ganz erheblich zur körperlichen Erziehung mit sportlicher Note bei und sollten als Frühlernbereich verstanden werden, wo Kinder durch Spiele, Übungen und ihre Erfahrungen mit Wasser auf den Weg zum Schwimmenlernen gebracht werden. Wenn wir begreifen, dass Bildung bereits im Kindergarten – und nicht erst in der Schule – beginnt und Bildung nicht nur Fachwissen vermitteln, sondern vor allem den jungen Menschen ein positives Selbstkonzept entwickeln helfen soll, dann sind Spiel und Bewegung im Wasser hervorragende Entwicklungshelfer.
Es gibt also triftige Gründe, jedem Kind im Kindergarten außer der täglichen Bewegungszeit einmal wöchentlich das Schwimmen zu ermöglichen.

Der Begriff „Schwimmen“ entspricht dem Sprachgebrauch des Kindes im Alltag und drückt seinen Bewegungsantrieb und Willen zu selbstständigem Fortbewegen im Wasser aus. Sein Ziel ist es, seine körperlichen Fertigkeiten spielerisch forschend und erprobend im Element Wasser zu vervollkommnen, ohne am Ende zwanghaft eine 25-m-Strecke schwimmend technisch beherrschen zu müssen. Von daher ist Schwimmen am Anfang ein vielseitiges elementares Bewegen. Die Technik von Vorschulkindern ist also keineswegs eine perfekte, stellt jedoch bereits eine koordinative Herausforderung dar, um Kopf, Arme und Beine aufeinander abgestimmt zu bewegen.
Der Aufenthalt im Schwimmbad beginnt mit ganz praktischer Körperhygiene. Die Kinder lernen, sich vor Gefahren zu schützen und Verantwortung für sich und andere zu übernehmen. Und dann kommt das Wesentliche, nämlich den Körper für eine gesunde Entwicklung zu trainieren. Die Kinder werden spielerisch (= kindgerecht) in mehreren Phasen an die technischen Abläufe herangeführt. Sie entwickeln intuitiv eine Art Selbstrettungsstil, bei dem die Beine laufen und die Arme paddeln. Dabei ist wesentlich, das Gleichgewicht zu halten, den Kopf so hoch zu halten, dass man an Luft zum Atmen gelangt und eine kleine Strecke (ohne sich zu verschlucken auch notfalls unter Wasser zum rettenden Beckenrand schwimmend) bewältigen kann. Bevor ein Kind also einen groben Schwimmstil erlernt, lernt es sich selbstrettend über und unter Wasser vorwärts zu bewegen.

Ist diese erste Wassersicherheit erlangt, lernt es sich zum Atmen auf den Rücken zu drehen und Arm- und Beinbewegungen antriebswirksam im Rückenkraul einzusetzen sowie in Bauchlage das Brust- oder Froschschwimmen. Die neue Prüfungsordnung der wassersporttreibenden Verbände (www.dsv.de) verlangen neben der Grobform der Schwimmtechniken nun auch, dass die Ausatmung im Wasser sichtbar erfolgen muss. Das ist eine rhythmische und koordinative Anforderung, die anspruchsvoll für Vermittlung und Umsetzung ist.

Das zentrale Anliegen dieses Buches ist das sichere und die Entwicklung fördernde Schwimmen für Kinder im Alter des Kindergartens. Dementsprechend werden dazu die praxisrelevanten Inhalte als konkrete Abläufe beschrieben und kindgerechte Anregungen gegeben. Die Vermittlung der Schwimmtechnik wird als Schritt-für-Schritt Anleitung mit Bildtafeln dargestellt, so kann der Schwimmlehrer lernen, seine Unterrichtssprache adressatengerecht - kindgerecht - anzupassen. Wie eine Perlenkette reihen sich die Lernschritte aneinander. Und schrittweise lernt das Kind, seine Schwimmstrecke technisch in Grobform ausdauernd und sicher zu bewältigen.

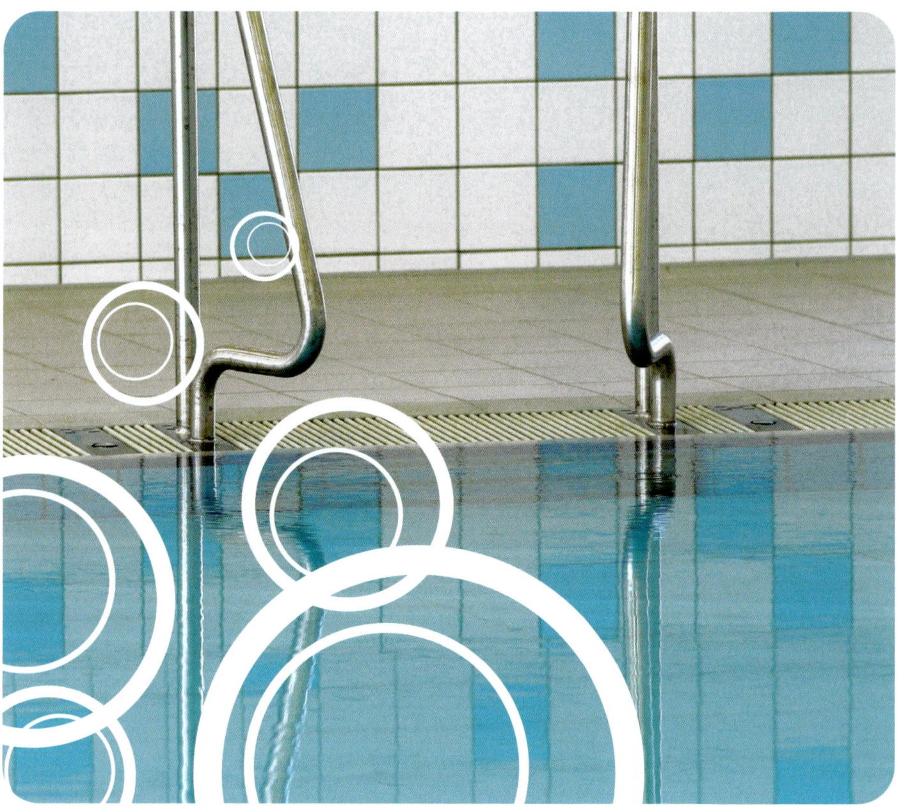

2 RAHMENBEDINGUNGEN

Ist der spielerische Kontakt mit Wasser im Kindergarten allgemein noch recht bescheiden, möglicherweise im Sommer im Außengelände, im Winter auf den Waschraum begrenzt, so bedarf es für das Schwimmen einer geeigneten Erweiterung: Ein fußläufig oder mit öffentlichen Verkehrsmitteln erreichbares Lehrschwimmbecken oder Hallenbad mit Flachwasserbereich bei einer Wassertemperatur von rund 30° C ist geeignet. Im Sommer kann auch ein flaches Planschbecken im Freibad ausreichen, um erste Erfahrungen im Umgang mit Wasser zu sammeln. Ein Becken mit Hubboden ist wegen seiner gleichmäßigen Tiefe vorteilhaft. Ein Becken mit abfallendem Beckenboden bedarf technischer Sicherheitsvorkehrungen, die sich jedoch organisieren lassen, z. B. durch das Einziehen einer Leine an der brusttiefsten Stelle des kleinsten Kindes der Gruppe. Ist im Bad selbst keine Leine vorhanden, so gibt es Behelfe wie eigens mitzubringendes Absperrband aus Plastik oder eine Wäscheleine mit eingebundenen Weinkorken. Die Sicherheit gebietet eine visuelle Hilfe zum Orientieren.

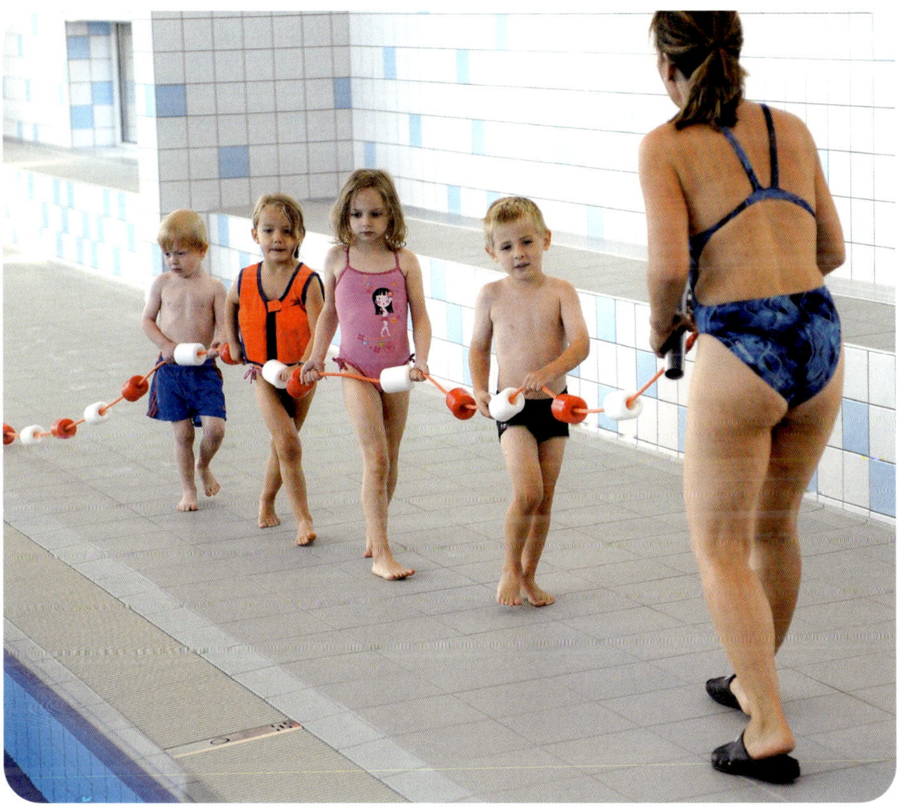

- Für den Einstieg wäre eine gleichmäßige Wassertiefe von ca. 0,30 m ideal. In diesem *Flachwasser* können Kinder laufen, hüpfen, hocken, planschen, strampeln, sitzen, knien und fortgeschritten auf Händen bäuchlings oder rücklings stützeln. Hier kann das erste Aufstehen erfahren sowie das Ausatmen, Tauchen, die Teilkörperschwebe der Beine (bei eingetauchtem Kopf) und das Fortbewegen im Armstütz, unterstützt durch die Strampelbewegungen der Beine, geübt werden.

- Die Kinder werden erst dann in *hüfttiefes* Wasser (0,50-0,60 m) eingeführt, wenn sie sich selbst wieder aus der Bauch- und Rückenlage bei eingetauchtem Kopf aufrichten können. Die Kinder sollten sich mit der neuen Wassertiefe erst an den Stufen und am Beckenrand vertraut machen, bevor sie im freien Wasser das Laufen, Hüpfen, Hocken, Sitzen und Knien erproben. Die Hände müssen nun bereits schaufelnd, rudernd und paddelnd zum Halten des Gleichgewichts in aufrechter Haltung oder in Bauch- oder Rückenlage eingesetzt werden. Am Beckenrand können mit Festhalten die Ganzkörperschwebelage (bei eingetauchtem Kopf), das fußwärtige Abtauchen mit Sitz auf dem Beckenboden und das Ausatmen ins Wasser geübt werden. Auch das Angleiten zum Beckenrand oder zu den Stufen kann aus der Hockstellung (Schultern ins Wasser) bereits geübt werden (Kopf zwischen die Arme, Gesicht ins Wasser). Das Springen sollte durch Sprünge am Beckenrand mit Festhalten sowie Hampelmann und Auf- und Niedersprünge im Wasser oder das Überspringen eines tief gehaltenen Gegenstandes (z.B. Stab) als neue Gleichgewichtssituation erfahren werden.

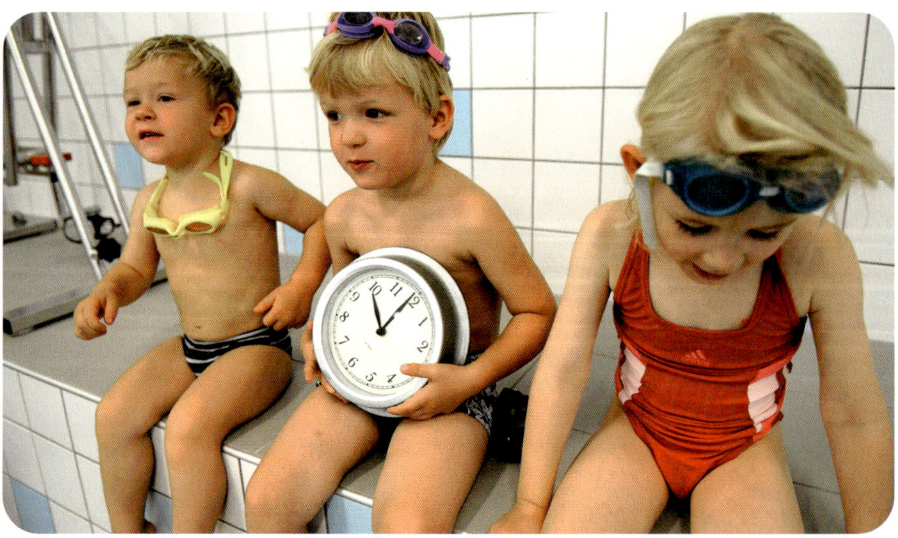

- Das *brusttiefe* Wasser (0,80-0,90 m) stellt nach den Baderegeln die tiefste Wassersituation für Nichtschwimmer im Unterricht dar. Diese Tiefe ist für dieses Alter ausreichend, um vom Beckenrand aus unbeschadet hineinzuspringen. Fußwärtige Tauchübungen bis zum Beckenboden erreichen die Kinder meist nur mit einer Haltestange oder mit Schwung nach dem Hüpfen. Atemübungen mit Ausatmen und Sitz am Boden stellen für sie bereits hohes Können dar. Die Ganzkörperschwebe ohne Festhalten und das gezielte An- und Abgleiten vom Beckenrand mit ersten Fortbewegungen durch Arme und Beine bilden für den Nichtschwimmer den Abschluss der Wassergewöhnung und -bewältigung im Flachwasserbereich.

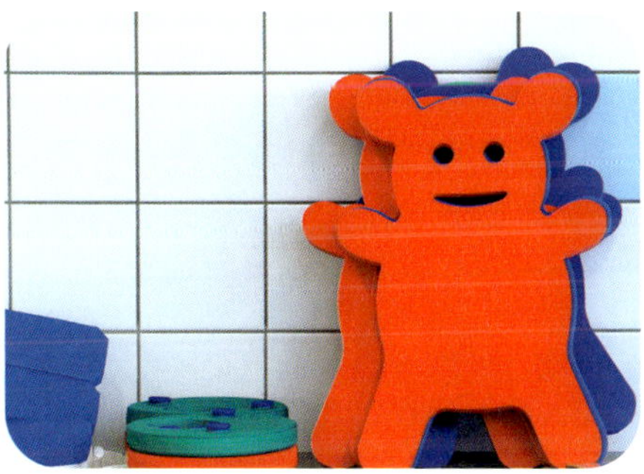

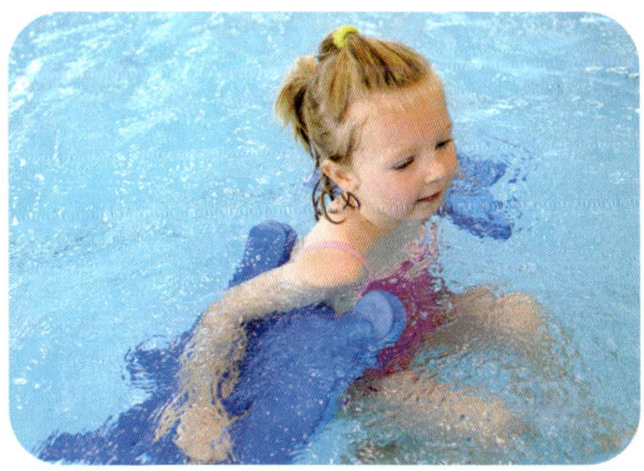

Auftriebshilfen, wie Schwimmbrett, Schwimmsprosse oder Poolnudel, helfen dem Kind, mit dem Kopf bei gezielten Übungen, z. B. Beinbewegungen, über Wasser zu bleiben. Diese werden vom Kind selbst festgehalten.

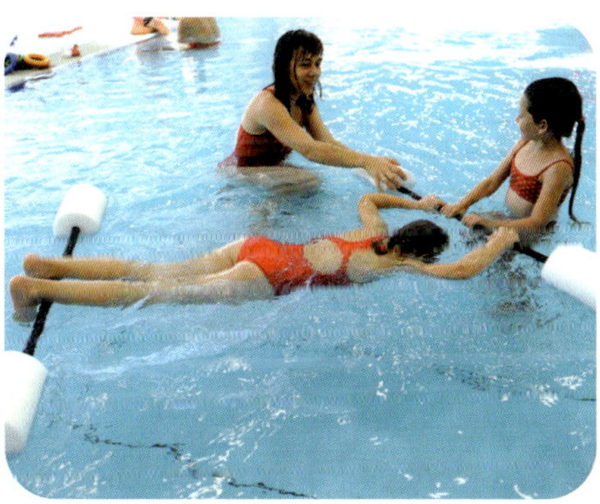

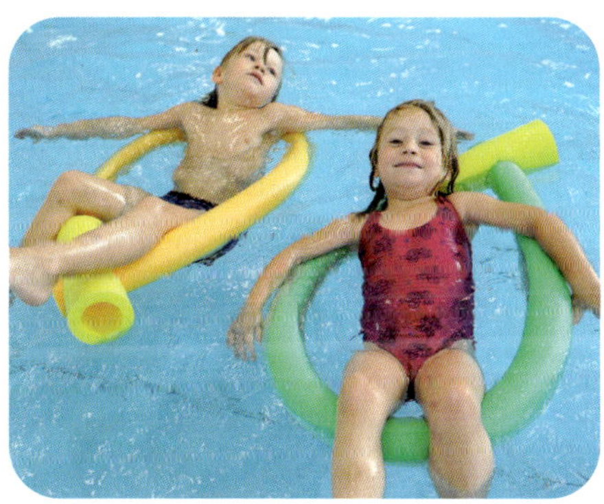

Es gibt Schwimmhilfen, wie Schwimmflügel, Schwimmreifen, Schwimmanzug, Schwimmkissen und Schwimmgurt, die am Körper des Kindes fixiert sind. Sie ermöglichen Arm- und Beinbewegungen und helfen, den Kopf über Wasser zu lassen. Schwimmflügel und Schwimmreifen sind Hilfen für Kleinkinder. Schwimmgurt, -kissen und -anzug ermöglichen

Arm-, Bein- und Rumpfbewegungen und sind in Kursen zum Schwimmenlernen beliebt, insbesondere weil bei ihnen die Luftmenge und damit die fremde Auftriebskraft allmählich reduziert werden kann, bis zum Freischwimmen des Kindes ohne Hilfsmittel. Und dann erleben sie die wahre Auftriebskraft, wenn sie schweben.

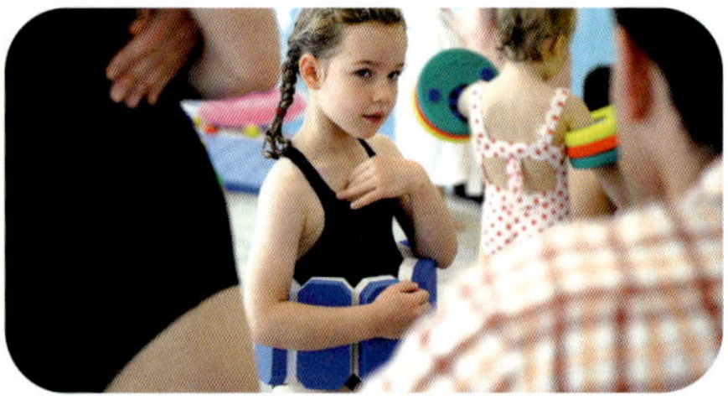

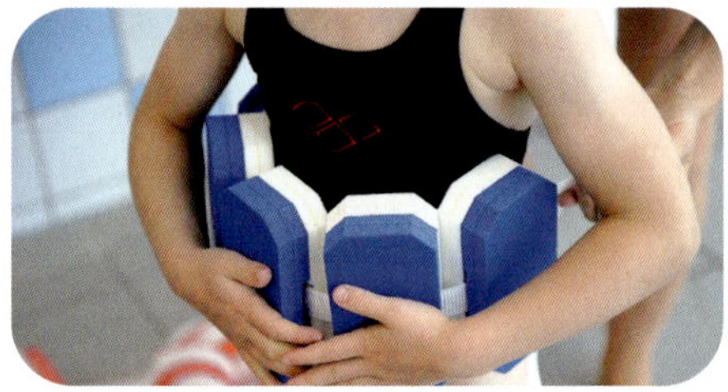

Sehr ängstliche Kinder benötigen häufig noch eine Schwimmhilfe, da sie durch mögliche Vorerfahrungen oder elterlich verordnete Tragepflicht daran gewöhnt sind. Es mag auch körperliche oder psychische Gründe haben. Allerdings sollte diese zur Wassergewöhnung und -bewältigung noch nicht eingesetzt werden.

Als bevorzugte Trainingshilfe für 3- bis 6-Jährige wird die Schwimmflosse erachtet. Sie unterstützt die Schlag- oder Kickbewegung der Beine, indem sie die zum Beugen neigenden Hüft-, Knie- und Fußgelenke des Kindes beim Bewegen deutlich streckt.

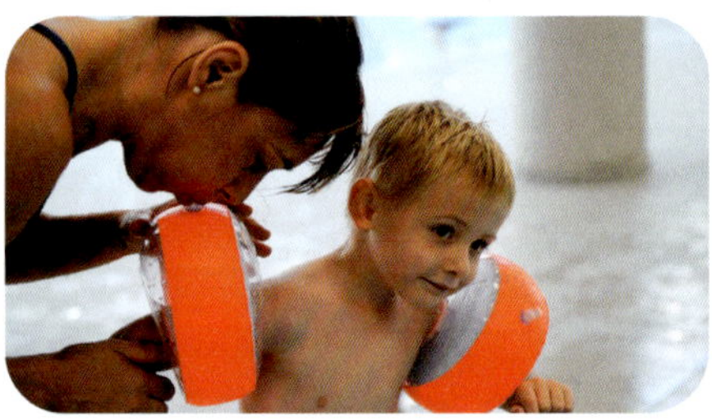

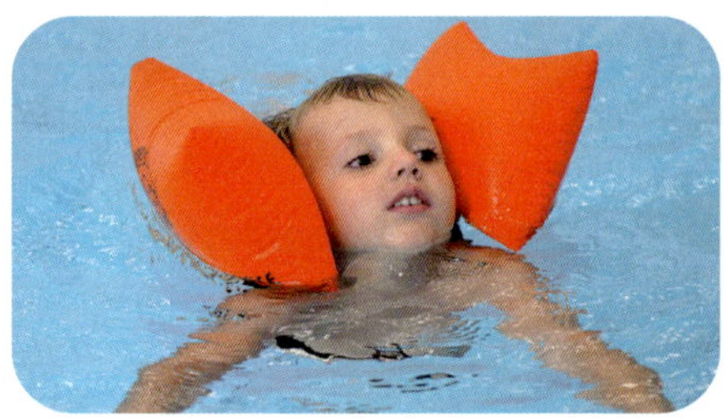

Als weitere Hilfen für den Schwimmunterricht sind erforderlich: Flipp-Eggs für das Schulen der Ausatmung, Tauchringe zum Tieftauchen, Markierungshütchen als Organisationshilfe und je nach Beckenbeschaffenheit eine Schwimmbadleine.

Da vor Ort nicht immer Materialien in ausreichender Anzahl zur Verfügung stehen, hat die Lehrperson rechtzeitig vorzuplanen und sollte diese leichten, einfach zu transportierenden Kleinmaterialien zweckmäßigerweise selbst mitbringen. Einfache, selbst zu bastelnde Gegenstände werden im Rahmen der themenspezifischen Übungen als Beispiele genannt. Werden die Kinder an deren Herstellungsprozess beteiligt, werden Freude und ihr Interesse gesteigert, diese nun im Wasser auszuprobieren.

Situationen wie unübersichtliche Becken, stark abfallender Beckenboden oder noch nicht einzuschätzende Fähigkeiten (Können) und Disziplin der Kinder, können das Einsetzen von

Schwimmflügeln als Hilfsmittel empfehlen. Diese sollten jedoch recht bald - nach ein paar Stunden - weniger stark aufgeblasen werden oder sogar völlig abgelegt werden, da sie den Kindern das Eingewöhnen wegen eingeschränkter Armaktivitäten erschweren und die Kinder dazu neigen, sich vermeintlich sicher zu fühlen und ihre Fähigkeiten zu überschätzen.

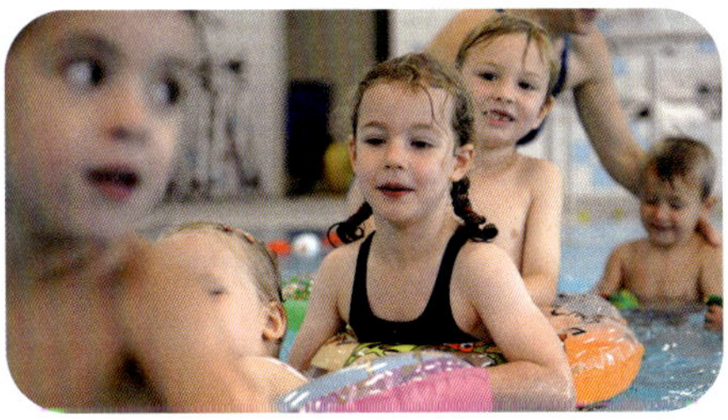

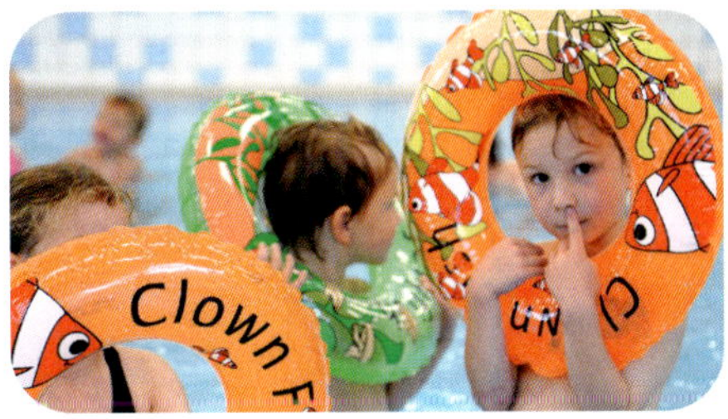

Der Erfolg des Unterrichts steht und fällt mit einer Lehrperson, die, fachlich und pädagogisch qualifiziert, fähig ist, bewegungsfreudig und mit Umsicht und Organisationstalent die Kinder zu begeistern. Ferner ist eine Aufsichtsperson (Beobachter) für Kontroll- und Sicherheitsaufgaben und als Helfer bei der Gruppe anwesend. Beim An- und Auskleiden, Duschen und Fönen und bei den Wegen ist die Mithilfe einiger Eltern vorteilhaft.

Unterrichtende Personen im Nichtschwimmer- wie im Schwimmerbecken müssen die offiziell anerkannte *Rettungsfähigkeit* erworben haben. Sie wird von der Deutschen Lebens-Rettungs-Gesellschaft (DLRG), der Wasserwacht des Deutschen Roten Kreuzes (DRK) oder den Fachangestellten von Bäderbetrieben mit entsprechender Prüfungsberechtigung abgenommen und testiert. Die Prüfungsleistungen werden im Rahmen des Deutschen Rettungsschwimmabzeichens (Bronze) abgelegt und in regelmäßigen Abständen wiederholt. (vgl. www.dlrg.de)

Themenspezifische Fortbildungen zur Methodik und Didaktik werden von den Schwimmfach- oder Landessportverbänden sowie anderen öffentlichen Weiterbildungsinstitutionen angeboten (s. Anhang).

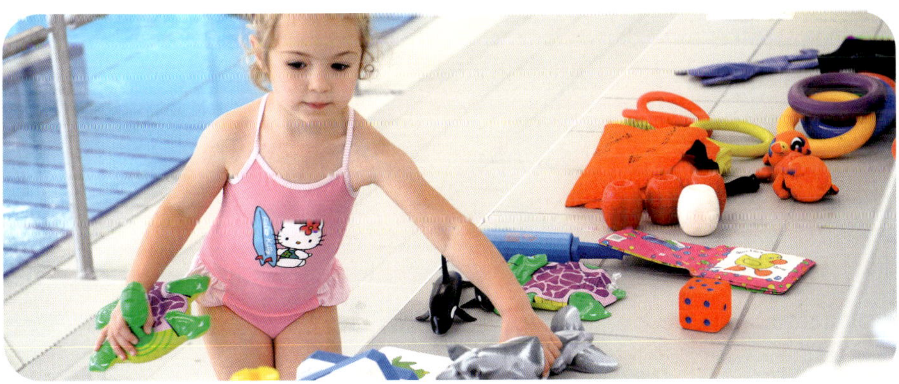

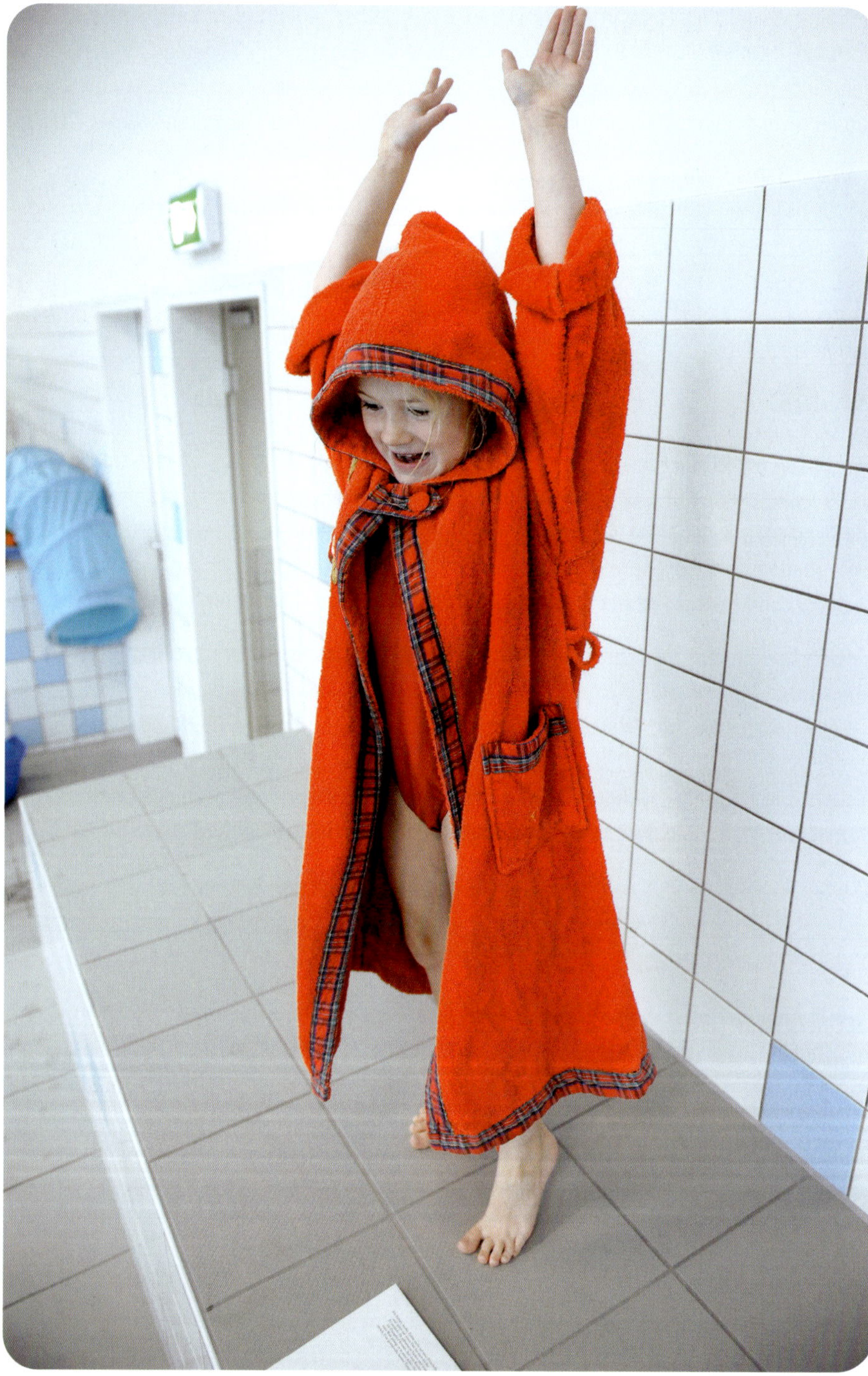

3 FÖRDERN DER KINDESENTWICKLUNG

In Deutschland hatte bislang das Brustschwimmen als erste Schwimmart Tradition. Man lernte das Schwimmen in der Regel im Alter ab 6 bis 8 Jahren. Heute werden bereits die 3- bis 5-Jährigen an das Schwimmen herangeführt mit dem Ziel, ein schwimmfähiges Kind einzuschulen. In der Praxis läuft häufig das Schwimmenlernen mit 3- bis 4-Jährigen bislang inhaltlich genauso ab wie mit 5- bis 6-Jährigen. Das heißt, der Entwicklungsstand des Kindes wird nicht berücksichtigt. Diesem Manko soll mit dieser methodischen Reihe zum ersten Fortbewegen begegnet werden. Sie orientiert sich am Entwicklungsstand des Kindes.

Wir wissen heute, dass Bildung im Sinne von gezieltem Lernen bereits im Kindergarten, also vor der Einschulung, vermittelt wird, und zwar nicht als Fachwissen, sondern vor allem als fortschreitende Hilfe für junge Menschen während ihrer Entwicklung. Anlässlich von Schuluntersuchungen bei der Einschulung im Alter von 5 bis 6 Jahren wurde bereits seit geraumer Zeit festgestellt, dass jedes vierte Kind Mängel bei koordinierten Bewegungen seines Körpers aufweist. Diese Tendenz hätte wohl bereits bei zeitlich früheren Vorsorgeuntersuchungen (U8, U9) festgestellt werden können, doch wurde dieser Tatsache in seiner Tragweite lange nicht die erforderliche Bedeutung beigemessen. Mit den nun seit einigen Jahren eingeführten Standarderhebungen für Sprache für Kinder im Alter zwischen 3 und 4 Jahren sollen Defizite erkannt und im Kindergarten bis zur Einschulung möglichst abgebaut werden. Mit diesem Ansatz wird der Lernprozess *Bilden* frühzeitiger in den spielerischen Bereich hineingetragen.

Schwimmen sollte im Kindergartenalter als spielerische und vielfältige Eigentätigkeit im Bewegungsfeld Wasser verstanden werden mit dem Ziel, „Freund mit dem Wasser zu werden" und „ ...das Wasser zu bewältigen, was bis zur Brust reicht" (Lewin, 1975). Auch das brusttiefe Wasser bewältigen zu können, verlangt bereits Vertrautheit und Selbstrettungsfähigkeit in dem Element.

Das Wasser fordert insbesondere einen Nichtschwimmer emotional stark heraus. Er muss sich den veränderten Körper-, Lage- und Sinneseindrücken sowie den Erfordernissen der Atemregulation stellen. Es stellt schon eine Überwindung dar, den Kopf samt Augen, Nase, Mund und Ohren ins Wasser einzutauchen. Man hört weniger, sieht verschwommen, muss den Atem anhalten bzw. durch Mund und Nase bewusst ausblasen, um sich nicht zu verschlucken. Wenn die Füße den Boden verlieren, muss man sich – je nach Wassertiefe – wieder ohne Armstütz aufzurichten lernen und beim Schweben und Schwimmen sich zutrauen, die Füße durch den Auftrieb vom Boden abheben zu lassen. Gelingen und erteilte Anerkennung machen das Kind stark und selbstbewusster und helfen, sein Selbstvertrauen zu stärken. Überwundene Schwierigkeiten verdoppeln die Freude. Mit der Methode der kleinen Schritte wird für jedes Kind die passende Herausforderung bereitgehalten.

Die Lehrperson ist die entscheidende Bezugs- und Vertrauensperson. Sie muss diesen sensiblen Lernprozess behutsam nach der Montessori-Pädagogik, „Hilf mir, es selbst zu tun", motivieren und begleiten. Bedingt durch das Alter der Kinder und deren eingeschränkte Fähigkeiten zur Selbstrettung, sind Lehrperson und Helfer beim Schwimmen stark gefordert. Am und im Wasser sind je nach Tiefe, Körpergröße und motorischem Können der Kinder viel Aufmerksamkeit, Hilfestellung und Verhaltenshinweise vonnöten, um einen sicheren Ablauf zu gewährleisten. Lehrperson und Helfer müssen retten können und die fachlichen Kenntnisse für diese Aufgabe besitzen.

Hilfe von Eltern bei An- und Abfahrt, den Wegen, dem Aus- und Ankleiden, dem Toilettengang, dem Duschen und Föhnen ist vorteilhaft. Nicht zu unterschätzen sind diese Tätigkeiten als Lerngelegenheiten für die Kinder, um selbstständiger und sicherer im Verkehr, in der Hygiene und Körperpflege zu werden. Wichtig ist, ausreichend Zeit dafür einzuplanen.

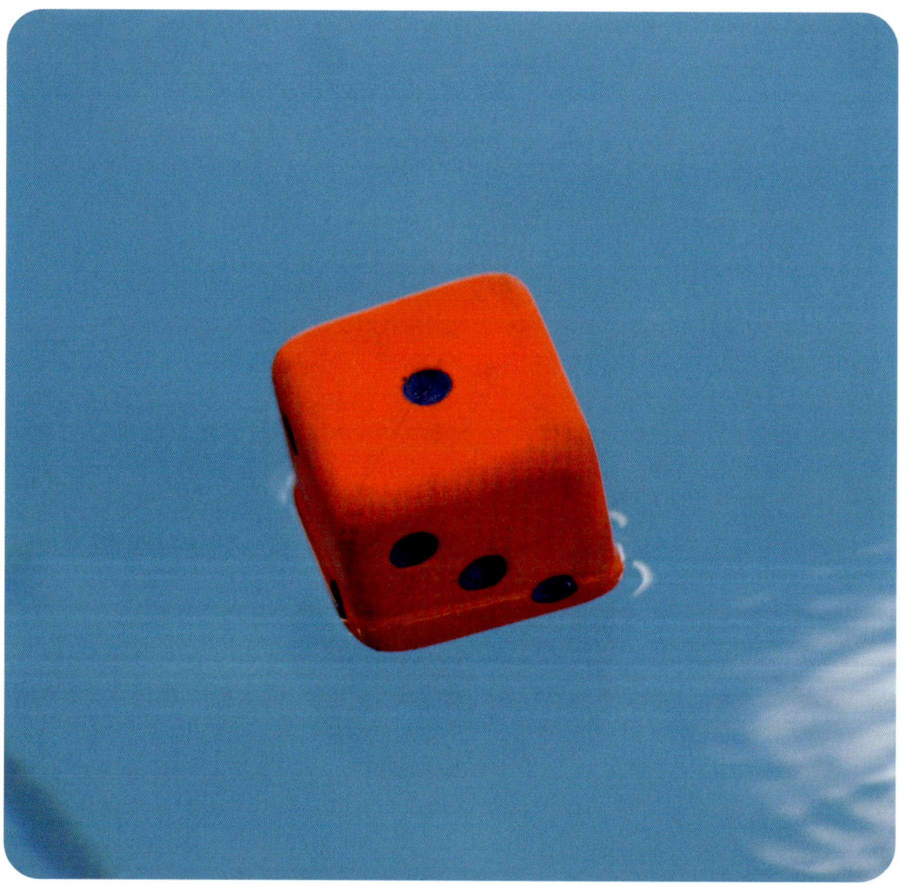

An Land zeigt ein Kind die Lauf- und Tretbewegungen beim Laufrad-, Fahrrad-, Tretautofahren, beim Rollschuh- und Schlittschuhlaufen. Von daher ist der Wechselbeinschlag – ähnlich dem Laufen – ein bekanntes Bewegungsmuster. Die Arme werden häufig nur zum Halten des Gleichgewichts eingesetzt, sodass sie weder rhythmisch noch großräumig, noch exakt gleichzeitig oder wechselseitig stützen und ziehen. Nun gilt es im Wasser also, über das aufrechte Laufen zum Hundeln in schräger Wasserlage bei erhobenem Kopf bis hin zum Kraulen in der Waagerechten zu gelangen. In die sich steigernden Übungen wird der Atemrhythmus in die Armbewegungen eingeflochten. Auch unterstützende Hilfsmittel, wie Schwimmflossen, werden eingesetzt. Nach und nach erwächst dem Kind mehr Kraft und Ausdauer, sodass es eine 10-m-Strecke für den *Pinguin* und später die 25-m-Strecke für das *Seepferdchen* bewältigen kann.

Da Schwimmen in hohem Maße in rhythmischen Bewegungen verläuft, werden hier die Bewegungsübungen mit handlungsorientierten Sing- und Sprechversen spielerisch begleitet. Das Schwimmen von 3- bis 5-Jährigen kann entwicklungsbedingt zwar noch nicht technisch präzise ausgeführt werden, aber sie sollen früh erfahren, dass

- Schwimmen mit anderen Kindern im Zusammenspiel Spaß macht und lustig, anschaulich und abwechslungsreich ist,
- Schwimmen gesund erhält, die (Rücken-)Muskulatur stärkt, Atemkraft und Ausdauer steigert,
- Schwimmen(-können) mich und andere vor dem Ertrinken schützt,
- Schwimmen interessant ist, weil man beobachten, erfühlen und Bewegungserfahrungen sammeln kann, die nur im Wasser möglich sind.

Ihre Begeisterung als Motivator wird die Kinder aufmerksam, anstrengungsbereit die Bewegungen ausdauernd und variationsreich üben lassen.

Wir wissen, dass die besonderen Eigenschaften des Wassers uns Menschen vielfältige Körper-, Bewegungs- und Sinneserfahrungen machen lassen.

- Die Muskulatur zur Körperhaltung (Aufrichten) wird, bedingt durch Auftrieb, Widerstand und die Wassertiefe, bei dem unausweichlich notwendigen Anheben des Kopfs über die Wasseroberfläche sowie durch die vielfältigen Anforderungen zum Aufrichten, ob aus Bauch-, Rücken- und Seitenlage, dem Sitz oder Stand, erschwertem Bodenkontakt der Füße, stark gefordert.

- Im Bereich der Grobmotorik wird der Körper zum Gleichgewicht stimuliert, d. h., die Körperbewegungen werden koordiniert. Bedingt durch den Auftrieb (archimedisches Prinzip), wenige feste Haltemöglichkeiten im Schwimmbecken und die Eigenbewegungen des Wassers, ist das Kind fortwährend gefordert, sein Gleichgewicht rudernd, paddelnd, drückend, drehend, strampelnd, hockend mit Arm-, Bein-, Kopf- und Rumpfbewegungen wiederherzustellen.
- Körper und Sinne werden durch das Wasser auf der nackten Haut mit dem Eingetauchtsein von Körperteilen, besonders des Kopfs mit seinen Sinnesorganen Ohren, Nase, Mund und Augen, qualitativ andersartig gefordert als unter Landbedingungen. Es gilt, einfach zu lernen, sich vor banalen Wasserspritzern und bedrohlichem Wasserschlucken zu schützen, das Atmen und Bewegen der Situation anzupassen und sich auch unter Wasser orientieren zu lernen.
- Die Atemtätigkeit im Wasser kräftigt die Lungen, zum einen durch den Wasserdruck auf den Brustkorb und somit das Atmen gegen den Widerstand des Wassers, zum anderen durch intensives Bewegen von großen Muskelgruppen beim Schwimmen, Tauchen und Spielen mit Ausdauercharakter. Das Atmen im Wasser bedarf einer spezifischen Technik. Das tiefe Ein- und Ausatmen durch Nase und Mund sowie deren Koordination mit einer kurzen Atempause unter Wasser müssen einfach praktisch ausprobiert werden. Die Schwimmbadluft ist – gegenüber normaler Raumluft – feucht. Die äußeren Atemwege werden gereinigt. Selbst Kindern mit asthmatischen Beschwerden tut dieses Atem- und Bewegungstraining gut.
- Das Wasser kühlt temperaturbedingt den Körper des Kindes zwar etwas aus, wirkt aber vorteilhaft abwehrstärkend auf das Immunsystem und fordert den Körper zum Aktivsein heraus. Diese wichtigen wechselnden Temperaturreize fehlen den Kindern in der gegenwärtigen Zeit häufig, in der Thermostate stets Räume gleichbleibend temperieren. Der Stoffwechsel sowie der Appetit werden auf natürliche Weise angeregt. Dieses wichtige Regulativ ist auch insofern aktuell, als immer mehr Kinder unter Essstörungen sowie Über- bzw. Untergewicht leiden.
- Die Stimulation mit Wasser geht sprichwörtlich unter die Haut. Beim Schwimmen massiert Wasser die unter der Haut liegenden Nervenbahnen, was beruhigend und entspannend wirkt. Insbesondere den zahlreichen, zunehmend unruhigen Kindern hilft es, mit dieser Doppelwirkung des Wassers das intensive Bedürfnis nach Bewegung zu stillen und sie zu Ruhe und Aufmerksamkeit zurückzuführen. Laut Studien

haben zwar nur 3 bis 5 % der Kinder eine veranlagte Aufmerksamkeitsschwäche, aber rund 50 % mangelt es an Spiel-, Bastel- und Bewegungserfahrungen, weswegen sich durch diese Störungen in der Aufmerksamkeit eine erhöhte Aggressivität entwickelt. Schwimmen wirkt insofern als Therapie, als beim Bewegen das Hormon Dopamin ausgeschüttet wird. Es wird auch als Glückshormon bezeichnet und wirkt positiv auf die Lernbereitschaft des Kindes (Spitzer/Herschkowitz, 2008). Um diesen Zustand zu erreichen, bedürfte es täglich intensiver, mindestens 30-minütiger Bewegung, bei der sich schwitzend verausgabt wird.

3- bis 5-Jährige können den Wechselbeinschlag koordinieren (Dreirad-, Laufrad-, Fahrradfahren, Treppensteigen). Sie können mit den Armen wechselnd oder gleichzeitig unter Wasser vor dem Kopf stützen (Pedalo oder kreisend in der Puddingschüssel), seitlich paddeln (Seehund) oder unter Wasser kraulen (Hundeln). Entscheidend ist, dass sie anfangs den Kopf noch viel ins Wasser halten, damit sie durch die noch geringen Bewegungen aus den Armen und Beinen mit der flachen Körperlage besser vorankommen. Auch die Rückenlage mit Wechselbeinschlag und Stütz-, Paddelbewegungen der Hände unter Wasser kann von Kindern dieser Altersgruppe gut erlernt werden, wird jedoch von ihnen wegen der etwas schwierigeren Orientierungsmöglichkeit nicht so gern ausgeführt.

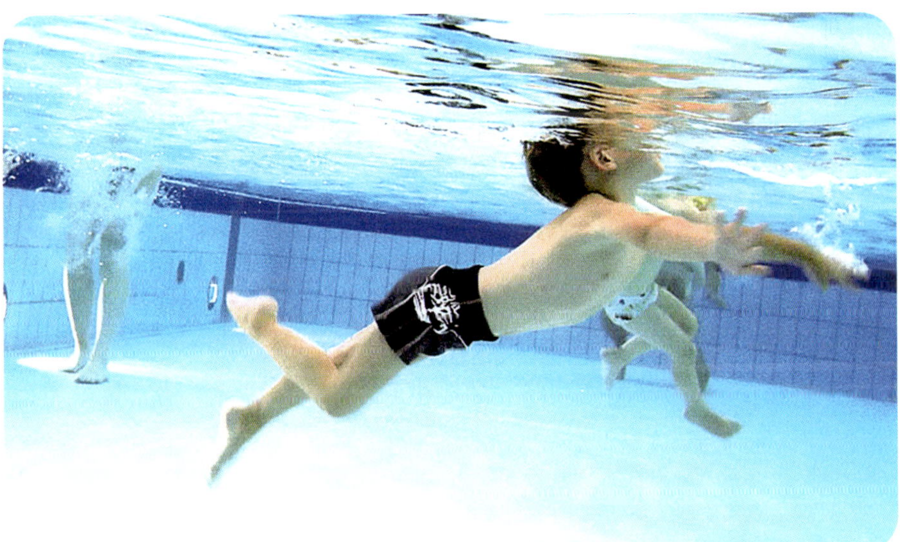

Schwimmtechnik der 3- bis 5-Jährigen – Vorform des Kraul-, Brust- und Rückenschwimmens

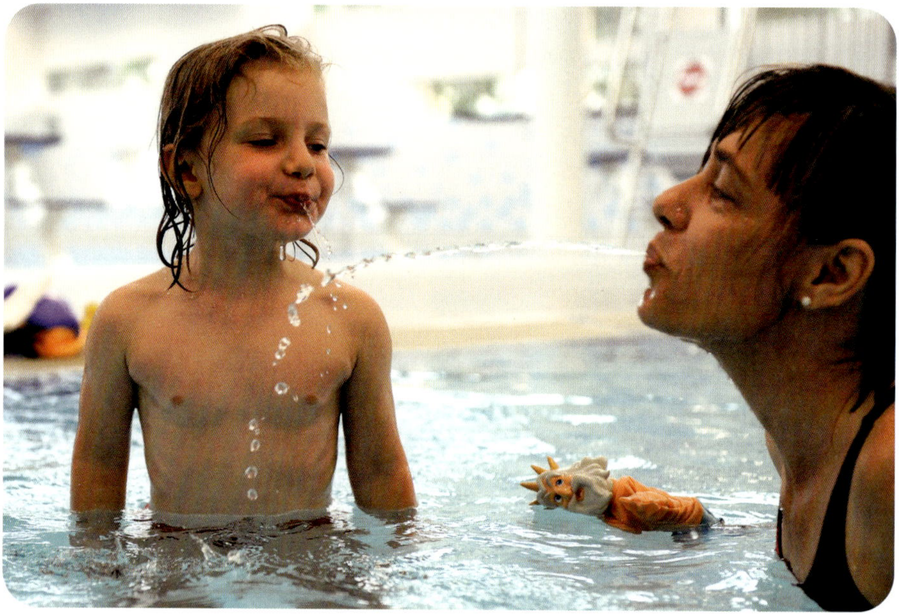

3.1 PÄDAGOGISCHE ASPEKTE

Im Kindergarten nehmen vielfältiges Bewegen sowie Spiele einen breiten Raum ein. Bewegungsantriebe im Frühlernbereich sind dynamische, durch Handlung motivierte Impulse, die sich prägend auf die spätere Lernmotivation auswirken. Sowohl im frei gewählten Bewegungsspiel als auch in der Bewegungserziehung (im organisierten Sportangebot) erprobt das Kind Fertigkeiten, wird kreativ, improvisiert, wird fähig, Kontakte herzustellen und entwickelt soziale Verhaltensweisen. Die Lehrperson unterstützt das Verhalten durch Hinweise und bestärkt die Kinder hin zur Selbstständigkeit und zur bewussten Selbstkontrolle. In diesen Lernprozessen setzen sie sich mit ihrem Können und ihren Grenzen auseinander und gewinnen durch Üben und Wiederholen an Selbstsicherheit und Ausdauer - mit dem nützlichen Effekt, dass z. B. leichtfertige Unfälle vermieden werden. Die selbst gemachten *Primärerfahrungen* prägen die Kinder und bewirken, dass sie ihr Verhalten entsprechend ändern.

Die Grundfertigkeiten, also das Gehen, Laufen, Hüpfen, Springen, Hängen, Klettern oder auch das Stützen im Wasser, stellen für ein Kind neu zu probende Reize dar. Hinzu kommen weitere Aufgaben, nämlich die *schwimmerischen Grundfertigkeiten*, Ausatmen ins Wasser, Tauchen und Steuern, Schweben und Gleiten, Springen sowie Antreiben und Fortbewegen, im Wasser umzusetzen. Gleichgewichtsempfinden, Haltung, Geschicklichkeit,

Kraft, Konzentration, Reaktion und Ausdauer wirken im Wasser anders als an Land. Die Erziehung im Wasser ist sehr vielschichtig: Da sind Temperatur-(Kälte-)Reiz, Auftrieb, Druck und Widerstand sowie verschiedene Sinnesreize zu erfahren (z. B. Wasser auf Augen, Ohren, Nase und Mund), die Schwimmbewegungen sind zu lernen.

Vor allem müssen Zutrauen und Vertrauen in Form von Zuwendung und Hilfestellung seitens der Lehrperson aufgebaut werden. In diesem Lernprozess, der stets auch von Stimmungen und Gefühlen mitbestimmt ist, wächst das Kind innerlich wie äußerlich in seinen Fähigkeiten, eigenständig zu handeln und zu entscheiden. Wie eng eine Lehrperson den kindlichen Werdegang begleitet und fördert, wird durch den wasserbedingt intensiven Hautkontakt, die Kommunikation auf Augenhöhe mit den Kindern und die den Kindern stets helfende Hand deutlich. Sie ist Vorbild. Durch eigenes praktisches Beispiel und anschauliche Sprache bildet sie wortwörtlich vor (= *Vorbild!*) und ermuntert die Kinder zum Nachahmen und spornt sie an.

Der Unterricht ist pädagogisch auf *Ermutigung* ausgerichtet, um die Kinder im *Ich kann* zu bestärken. In diesem praktischen, körperlich anspruchsvollen Lernen probieren sie aus, beobachten, vergleichen und vollziehen nach, indem sie häufig und variierend wiederholen, - und das heißt: Üben - üben - üben.

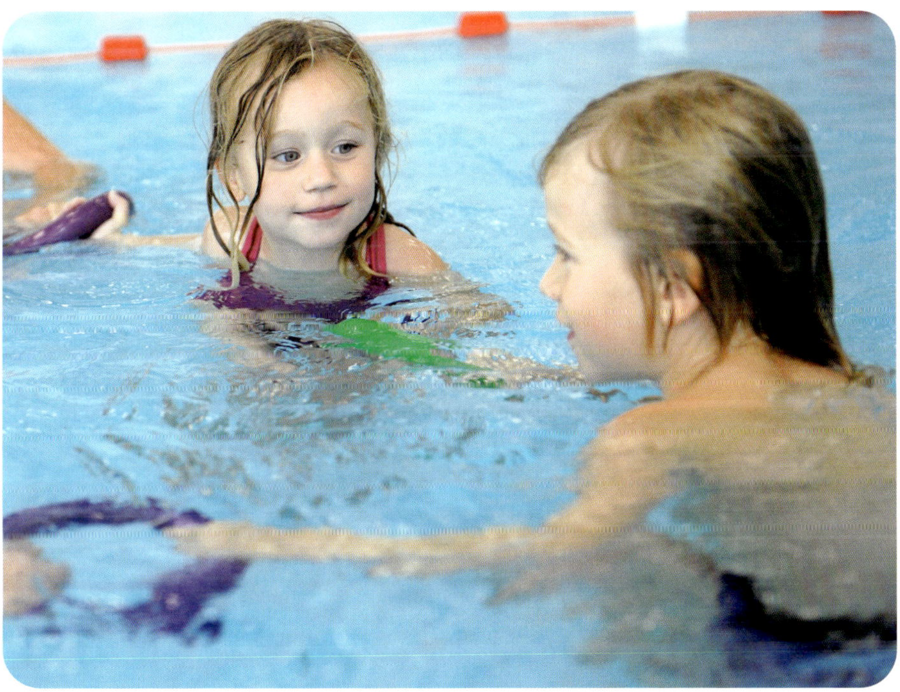

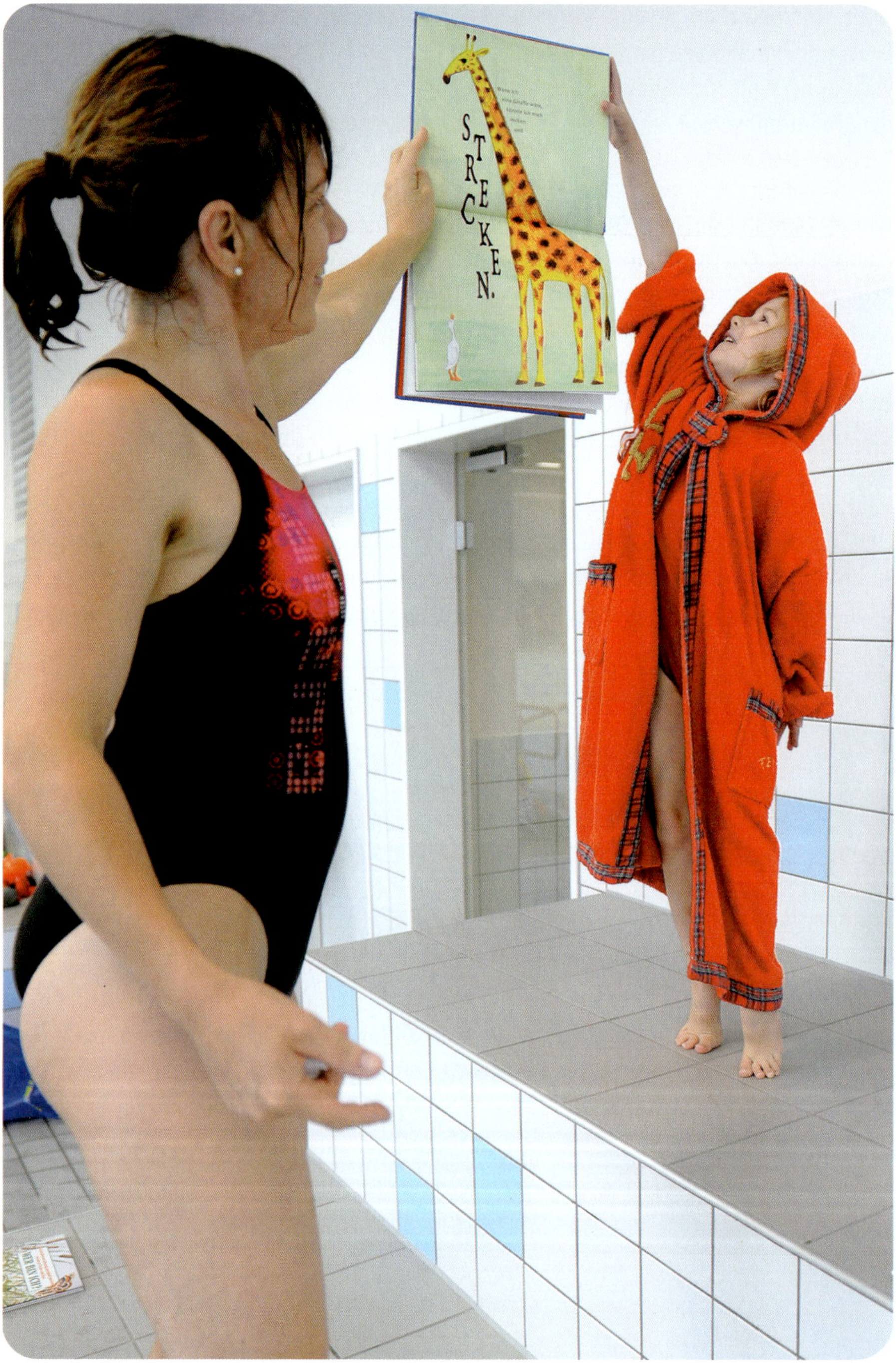
STRECKEN.

3.2 KÖRPERLICH WACHSEN UND SICH MOTORISCH ENTWICKELN

Mit dem Alter von 3 Jahren verändern sich das kindliche Gesicht (Babyspeck verschwindet) und die körperlichen Proportionen. Der Kopf wächst wenig, die Stirn wird flacher, der Hals streckt sich, die Arme und Beine werden länger, womit der Körperschwerpunkt abwärts in Richtung des Beckens rutscht. Damit lässt sich das Gleichgewicht günstiger halten. Dass Körpergröße (97-120 cm) und Körpergewicht (12-23 kg) von 4- bis 5-Jährigen mitunter stark variieren, ist dabei weniger von Bedeutung.

Sind die Entwicklungen der Sinnesorgane und des Nervensystems mit drei Jahren nahezu abgeschlossen, werden nun deren Strukturen und Funktionen verfeinert und differenziert. Das Herz- und Kreislaufsystem arbeitet ökonomischer, die Atemfrequenz und der Pulsschlag verlangsamen sich.

Zum Wachsen und Gedeihen gerade der stark in der Entwicklung befindlichen Kinder bedarf es gesunder Ernährung, ausreichenden Schlafs, körperlicher Hygiene und vielfältiger Bewegung an Luft, Licht und Wasser. Diese Komponenten bewirken, dass der Körper gesund und widerstandsfähig heranwächst, weil Muskeln, Atmung, Blutkreislauf und Stoffwechsel in ihren Funktionen vielfältig aktiviert werden. Die zielgerichteten Übungen, wie hier beim Schwimmen, bewirken, dass die Kinder ihren Körper kennen lernen, Haltungsschäden vorbeugen und ihre Bewegungen hinsichtlich Schnelligkeit, Kraft, Gewandtheit und Ausdauer vervollkommnen.

Bei 3- bis 4-Jährigen ist das Koordinationsvermögen noch relativ langsam und reagiert nicht flexibel. Sie können zwar separate Teilbewegungen ausführen, die jedoch nicht ausreichend aufeinander abgestimmt sind. Dies führt zu überflüssigen Mitbewegungen. Sie ermüden deshalb schnell hinsichtlich Ausdauer und Konzentration, erholen sich jedoch rasch wieder. Diese Tatsache erfordert ein flexibles und variationsreiches Übungsangebot. Die Bewegungsgeschwindigkeit und das Geschick der 3-Jährigen sind so weit gediehen, dass Unfälle aus dieser Sicht seltener werden. Sie springen viel und hüpfen bereits auf einem Bein. In diesem Alter sind Toben und Herumturnen beliebt. Dabei übt das Kind, seinen Körper zu beherrschen. Nach Dreirad und Laufrad versuchen sie sich seit dem 4. Geburtstag im Zweiradfahren.

Bei 4- bis 5-Jährigen ist das Bewegungsbild bereits schneller und fließender, denn sie sind in der Lage, zwei Bewegungen miteinander zu verknüpfen. Ihre Kräfte und Reaktionsschnelligkeit nehmen zu. Sie klettern, schaukeln, rutschen und fahren Roller-, Kettcar® und Fahrrad. Die Geschicklichkeit für schwierigere Koordinationsaufgaben nimmt zu, für Versuche im Rollschuh- und Schlittschuhlaufen, ggf. auch Skilaufen. Schnelligkeit beginnt sie ohne Angst zu berauschen. – Im Alltag äußern sich derartige Wünsche aus Wissbegierde, indem sie *helfen* beim Kartoffelschälen, Teigrühren, Abtrocknen oder im Umgang mit Handwerkszeug und sich dabei anstellig bewegen.

Seit dem ersten Gestaltwechsel haben sich die Bewegungsformen des Kindes um das 5. bis 7. Lebensjahr vor allem qualitativ gesteigert. Sie sind schneller und noch variationsreicher geworden. Die Bewegungskombinationen werden allmählich durchdachter, z. B. Gehen mit Ziehen, Schieben und dabei Tragen, Gehen mit Ballprellen, Werfen und Fangen, Gehen mit Laufen und Hüpfen im Wechsel, Gehen und Balancieren im Wechsel.

Trotz des Alters und Bewegungsverhaltens an Land bewegen sich die Arme und Beine von Nichtschwimmern sehr grobmotorisch (jedenfalls im Wasser).

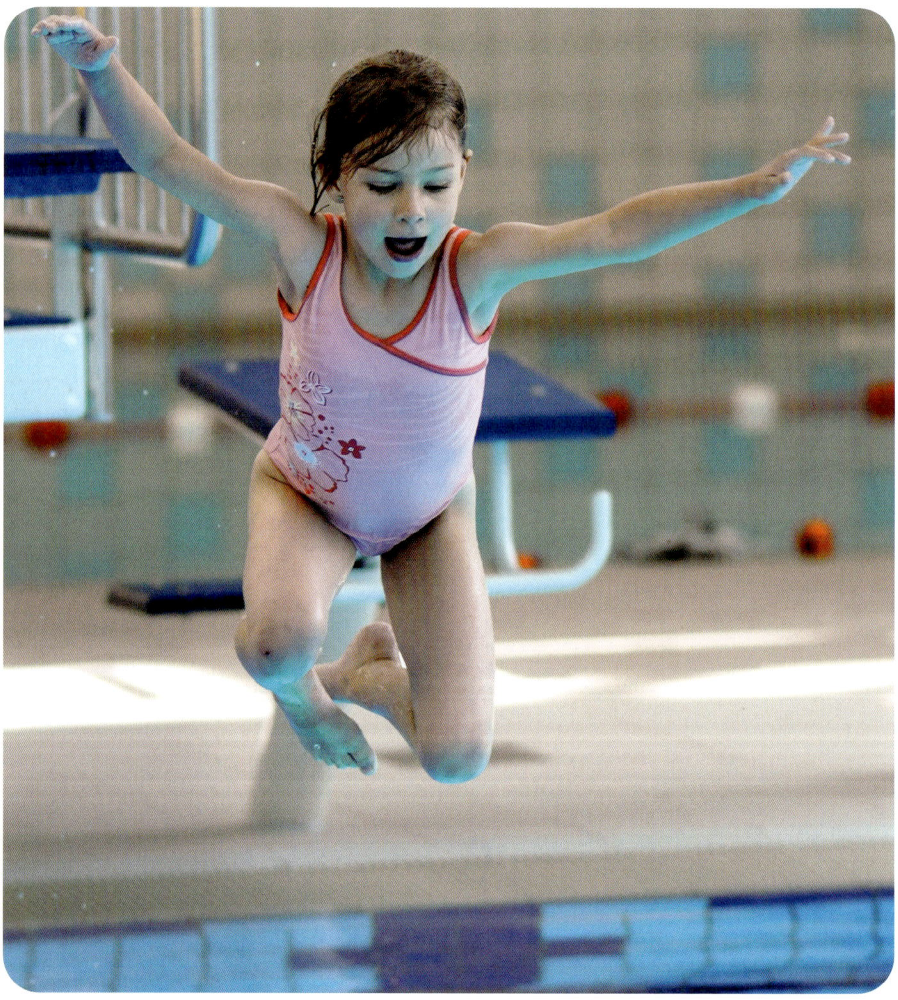

3.3 Schwimmerische Grundfertigkeiten und Schwimmfähigkeit entwickeln

Das *Fortbewegen* von Vorschulkindern (als Nichtschwimmer) im Wasser fordert zunächst koordinierte Abläufe heraus, denn Kopf, Arme und Beine bewegen sich eher weniger als mehr abgestimmt zueinander. Eine runde Schwimmtechnik darf man noch nicht erwarten. Wesentlich zu lernen ist insgesamt, sich im Wasser so sicher fortbewegen zu können, dass eine kleine Strecke (ca. 6-8 m) im Sinne der Selbstrettungsfähigkeit gefahrlos zurückgelegt werden kann.

Vor dem eigentlichen Schwimmenlernen durchläuft das Kind zwei Phasen. Bei der ersten, der *Wassergewöhnung* („Freund mit dem Wasser werden"), bleibt das Kind in seiner Körperhaltung aufrecht, es erfährt und registriert die Eigenschaften des Wassers als nass, kalt und flüssig, wie die Wahrnehmung durch die Sinne und die Atmung sich verändern. Über Mund und Nase wird ausprobiert, ins Wasser auszuatmen. Zum Tauchen hält es sich erst einmal am Beckenrand fest und legt das Gesicht ins Wasser. Das Springen übt man erst einmal im Becken mit Hüpfbewegungen.

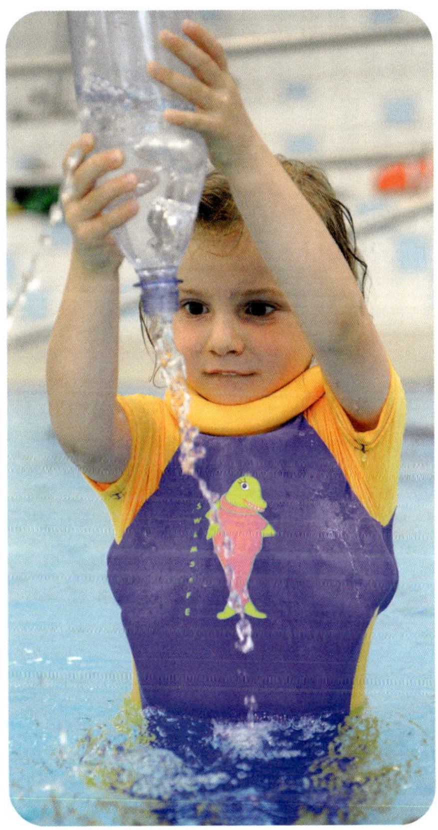

Zum Fortbewegen rudert es vorwärts gehend mit schaufelnden und pflügenden Arm- und Handbewegungen. Ganz behutsam ist zu Beginn mit Spritzwasser umzugehen! Der Kopf darf zunächst nur vorsichtig mit Spritzwasser in Kontakt kommen. Es muss lernen, das Wasser durch Kopfschütteln, Augenblinkern und Ausschnauben loszuwerden, anstatt reflexartig mit den Händen im Gesicht zu wischen und zu reiben. Spritzwasser, insbesondere das anderer Kinder, verunsichert den Anfänger. Er weicht von der Gruppe, beschwert sich gar, hält sich schützend die Hände vor das Gesicht und ersucht Hilfe und Schutz am Beckenrand oder bei der Lehrperson. (In dieser Gewöhnungs- und Bewältigungsphase ist deshalb bewusst auf eine Schwimmbrille zu verzichten. Zum Fortbewegen und Streckentauchen in der dritten Phase ist sie hingegen erlaubt, weil der Gewöhnungsprozess bereits erfolgt ist.) Die ersten Übungen (Aufrichten aus der Bauch- und Rückenlage mit gehockten Beinen und kräftigem Armschwung unter

Wasser) zielen bereits darauf ab, sich selbst retten bzw. zurück in den aufrechten Stand bringen zu können. (Bekannt sind Badeunfälle, wo Kinder selbst im stehtiefen Wasser mangels dieser einfachen Bewegungserfahrung in Wassernot geraten sind.)

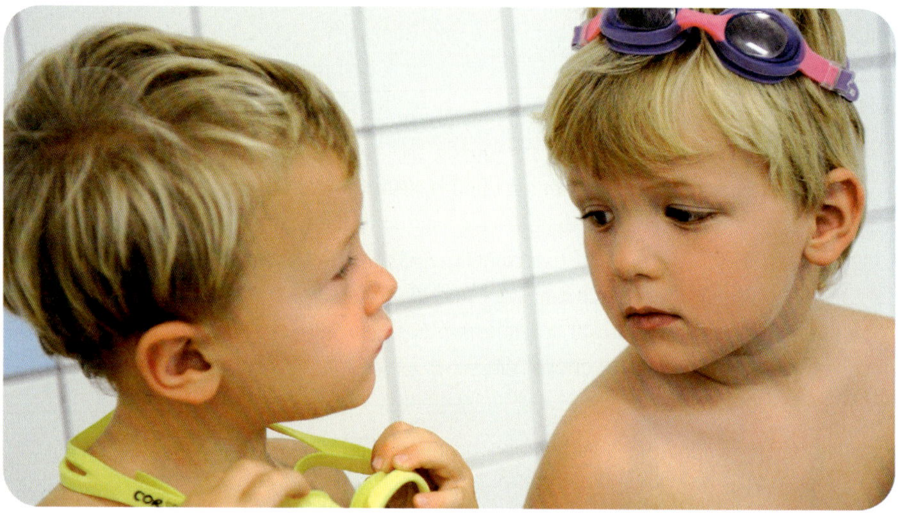

In der zweiten Phase, der *Wasserbewältigung* („Der Tragkraft des Wassers vertrauen"), stützt sich das Kind mit den Händen auf den Stufen ab und taucht den Kopf bis zu den Ohren ein. Seine Beine treiben auf – es erlebt den Auftrieb. Später schwebt es ruhig auf dem Wasser, erst gehockt („Hockqualle"), dann gestreckt („Seestern") in Bauch- und Rückenlage mit Ausgleichsbewegungen der Arme und Beine für das Gleichgewicht. Es atmet mehrmals hörbar ins Wasser aus und vermag im Wechsel mit dem Auftauchen rhythmisch zu atmen. Es kann bereits aus dem Stand hechtsprungartig mit eingetauchtem Kopf zum Beckenrand gleiten und z. B. ohne (Wasser-)Scheu intensiv Fangen spielen. Vom Beckenrand springt es ins brusttiefe Wasser.

In der dritten Phase folgt die *Fortbewegung* („Das Wasser zum Antreiben nutzen"). Das Kind versucht dabei, mit Paddel-, Zug-, Ruder-, Tret- und Stoßbewegungen vorwärts zu kommen. Das Wasser in seiner Trägheit wird quasi als Widerlager zum Abdrücken genutzt. Voran geht es jedoch nur, wenn der Kopf bis zu den Ohren eingetaucht ist, d. h., der Körper flach und gestreckt liegt, die Augen geöffnet und auf das Ziel gerichtet sind.

Die Befähigung zum Schwimmen wird dem 3- bis 5-jährigen Kind schrittweise, ganzheitlich und dynamisch (aus dem Laufen, aus dem Abstoß von der Wand) ganz zielgerichtet (mit greifbarem Beckenrand) in aufeinander aufbauenden Lernstufen vermittelt. Begonnen wird mit der Selbstrettung, dann wird das Rücken-, Brust- und Kraulschwimmen vermittelt. Dazu wurden Bildtafeln entwickelt, methodische Reihen gefilmt und im eigenen YouTube Kanal veröffentlicht.

Übersicht der Lernstufen Schritt-für-Schritt mit Bildtafeln:

Selbstrettung (YouTube Lilli Ahrendt: Schwimmen 1):

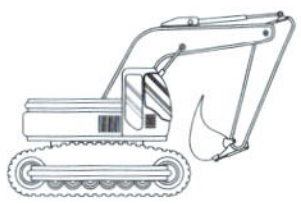

1. Rhythmisch durchs Wasser laufen, Hände schaufeln das Wasser rücklings, dabei mitsprechen: „Bag-ger" (Arme kreisen vorwärts, diagonal koordinierte Bewegung: rechte Hand vor, linkes Bein vor und umgekehrt).

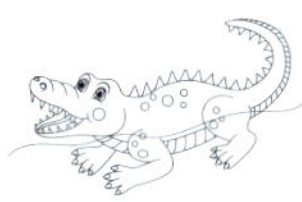

2. Kinn auf dem Wasser, Rumpf vorbeugen, Schulterlinie auf Wasserlinie, Hände fassen und ziehen das Wasser abwechselnd unter Wasser zur Brust (Unterwasserarmzüge).

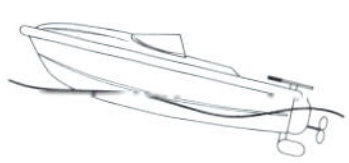

3. Bäuchlings auf einer Poolnudel mit dem Kinn auf dem Wasser liegend, erfolgt der Antrieb schaufelnd mit den Händen und zusätzlich mit den schlagenden Beinen (aus der Laufbewegung mit Bodenkontakt entwickelt sich eine Strampel- bzw. Wechselschlagbewegung der Beine ohne Bodenkontakt).

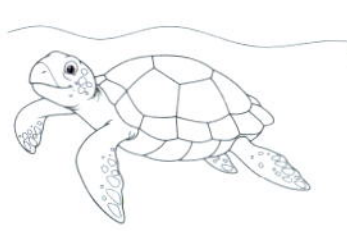

4. Bäuchlings erst mit und später ohne Poolnudel unterstützt: Luft anhalten und mit eingetauchtem Gesicht und allen vier Flossen (zwei paddelnden Händen und zwei schlagenden Füßen) kleine Strecken unter Wasser vorwärts schwimmen, bei Bedarf Kopf heben und aus- sowie einatmen oder zum Atmen hinstellen.

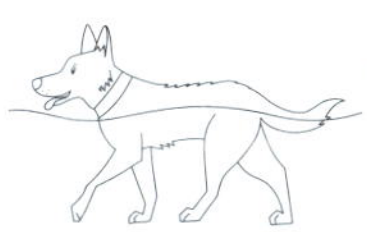

5. Bäuchlings, der Kopf aus dem Wasser ragend, mit allen vier Pfoten vorwärts paddeln, die Augen auf ein Ziel gerichtet, das Ein- und Ausatmen erfolgt über Wasser.

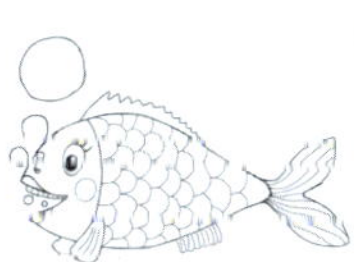

6. Hundeln, dabei das Gesicht eintauchen und unter Wasser aus Mund und Nase Luft ausblasen (Blubberfisch), das Einatmen erfolgt reflektorisch nach dem Kopfheben (Hund), rhythmisch abwechseln, dabei lange ausatmen „Blub-ber-fisch" (3 Silben lang, inneres Mitsprechen) und nur kurz „Hund" (1 Silbe lang, inneres Mitsprechen) einatmen.

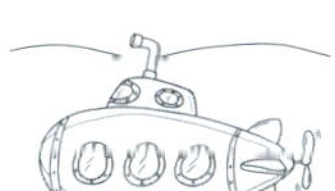

7. Am Beckenrand sitzend hineinfallen und in einem U-Bogen wie ein U-Boot, d. h. unter Wasser schwimmend zum sicheren Beckenrand zurück gelangen als Selbstrettungstest, dabei sollten die Augen sowohl unter als auch über Wasser das Ziel, den rettenden Rand, fixieren.

Rückenschwimmen (vgl. YouTube Lilli Ahrendt, Schwimmen 2)

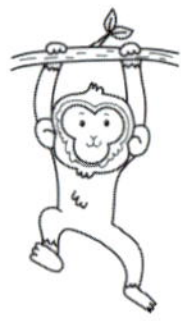

1. Beide Hände halten den Beckenrand, nach rechts und nach links hangeln mit Nachgreifen und Übergreifen, den Kopf mit dem Ohr seitlich ins Wasser legen, die Füße stützen den Körper gegen den Beckenrand tretend ab.

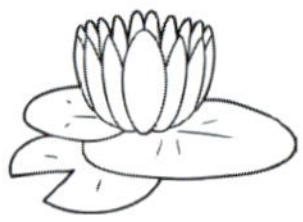

2. Als Kletteräffchen sich festhaltend, die Füße gegen den Beckenrand gestützt, wird der Kopf rücklings mit den Ohren ins Wasser gelegt, dabei tauchen die Ohren wie Seerosenblätter ins Wasser, das Gesicht schaut wie eine Seerose aus dem Wasser.

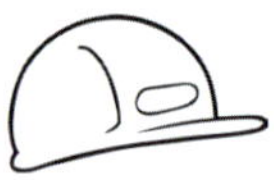

3. Eine Poolnudel wird als Schutzhelm um den Kopf gelegt und mit den Händen festgehalten, die Beine drücken sich von der Wand ab. Zum Aufstehen gelangt man am besten, indem man sich über die Seite dreht.

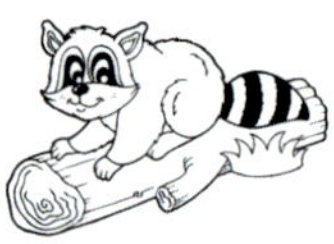

4. Mit dem Schutzhelm sich rücklings mit den Füßen von der Wand abdrücken, dabei den Körper so strecken und anspannen, als wäre er ein Baumstamm und auf dem Bauch könnte ein Waschbär sitzen. Die Lehrperson kann mit einem „verlängerten Arm", einem Poolnudelendstück, auf den Bauch tippen.

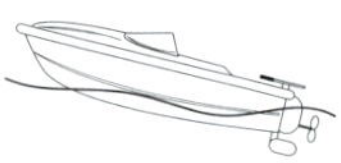

5. Als Baumstamm rücklings mit dem Wechselbeinschlag unter Wasser den Körper antreiben - wie ein Unterwassermotor eines Bootes. Die Füße sind locker gestreckt und kicken abwechselnd mit dem Fußrist den „verlängerten Arm" in die Höhe.

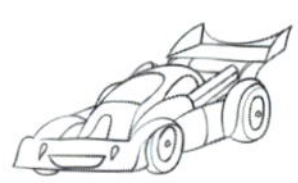

6. Mit Schwimmflossen wird der Antrieb aus dem Wechselbeinschlag unter Wasser noch spürbarer. Daher sind Orientierungsmarken am Bahnende sowie der Kopfschutz umso wichtiger.

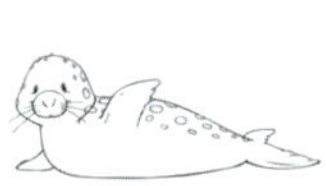

7. Mit Schwimmflossen (später ohne Flossen) paddeln die Hände seitlich am Körper unter Wasser wie kurze Stützflossen einer Seerobbe. Um sich zu orientieren stehen Markierungshütchen am Beckenrand (grün, gelb, rot), bei denen man sich um die Längsachse auf den Bauch dreht und die Bahn hundelnd bis zum Ende schwimmt, damit der Kopf nicht am Beckenrand anstößt.

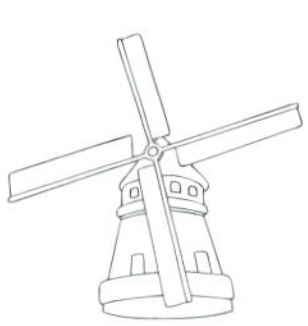

8. Ein lang gestreckter Arm wird wie ein Windmühlenflügel rücklings gedreht ins Wasser getaucht. Der andere Arm hält einen Poolnudelstick vor dem Bauch und unterstützt damit die flache Lage des Körpers. Wenn der Arm den Kreisschwung beendet hat, wird der Stick in die andere Hand übergeben und der andere Arm kreist. Eine Art Abschlagschwimmen verlangsamt die Bewegung und ermöglicht mehr Bewegungskontrolle.

9. Am Beckenrand werden die Hände gestreckt und wie ein Messer, mit Schneidebewegungen an der Kleinfingerseite auf dem Beckenrand geführt, so spürt man die Kleinfingerseite. Nachfolgend wird beim Eintauchen des Arms darauf geachtet, dass die Kleinfingerseite der Hand stets als Messer und erstes ins Wasser über Kopf eintaucht. Im Abschlagschwimmen mit Poolnudelstick einüben. Je nach Übungserfolg ohne Hilfsmittel eine ganze Bahn ausführen lassen. Durch inneres oder aktives Mitsprechen kann der Rhythmus als Armzyklus „Mes-ser", bestehend aus zwei kreisenden Armbewegungen, eingeübt werden.

Brustschwimmen (vgl. YouTube Lilli Ahrendt Schwimmen 3)2

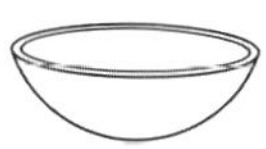

1. Im Wasser gehen, dabei auf die nach vorne gestreckten Arme schauen (visuelle Kontrolle). Die Arme halbkreisrund nach außen ziehen (Zugphase) und vor der Brust nach innen führen (Druckphase), dann über die Mitte nach vorne strecken (Rückholphase). Die Antriebsphasen werden sprachlich laut gesprochen „Pu-dding", die „Schüssel" wird mit dem Auspusten „Sch" ins Wasser leise gesprochen.

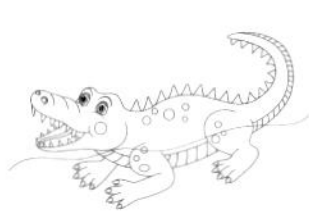

2. Ins Wasser schultertief eintauchen (hocken), so dass das Kinn auf dem Wasser liegt (Krokodil). Die Arme unter Wasser nach vorne schieben und dabei halbkreisrund vor der Brust zusammendrücken („Pudding"), dabei strecken sich die Beine. Bei „Schüssel" hocken sich die Beine an und werden unter den Körper wieder nach vorne geholt. Das Ganze kann sprechend „außen, innen, springen" rhythmisiert und eingeübt werden. Die „Krokodilsstellung" (Schultern an der Wasserlinie) bleibt dabei erhalten.

3. Die Handstellung wird verbessert. Die Hände bilden „Löffel", d. h. locker gebeugt und geschlossene Finger, die auswärts und einwärts ziehen („rühren"). Im Schultergelenk entsteht erst eine Außen-, dann eine Innenrotation. Die Hände können das Wasser gut „fassen" und den Körper nach vorne antreiben. Die Antriebsphase ist die erste Phase, das Zurückschieben der Hände nach vorne bringt keinen Antrieb.

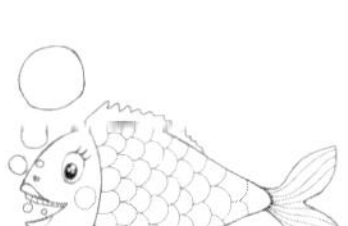

4. Die Atmung wird mit der Armbewegung koordiniert. Erst rhythmisches Tauchatmen am Beckenrand, dann in Bewegung. Das Gesicht ins Wasser legen, die Arme nach vorne strecken, aus Mund und Nase ausatmen, dazu inneres Sprechen „tauch", dann die Hände zur Brust bewegen und inneres Sprechen „Löffel", dabei hebt sich der Kopf zum Einatmen. Mit Gleitsprüngen rhythmisch einüben.

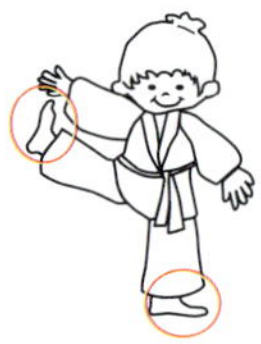

5. Die Fußstellung (anziehen der Zehen, Hakenbildung) wird visuell kontrolliert und spürbar (Sohlentritt) wechselseitig gegen die Beckenwand im Stand ausgeführt. Rhythmisch sprechend begleiten.

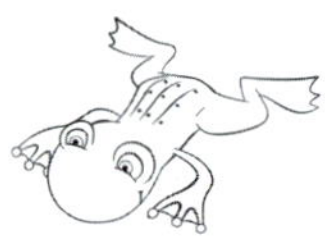

6. Nachfolgend im Sitz auf dem Beckenrand die Fuß- und Beinbewegungen gleichzeitig ausführen. Dabei werden die Hände rücklings aufgestützt, die Hüften und Beine gestreckt und die Bewegung visuell kontrolliert und begleitend gesprochen: „Füße Richtung Po" (Innenrotation in der Hüfte), dann die Füße nach außen drehen (Außenrotation in der Hüfte), „auseinandertreten – so". Die „Froschbewegung" ist ein Antrieb, der durch das Treten der Fußsohlen und Schwingen der Unterschenkel erzeugt wird. Rücklings mit dem Kopf auf einer Poolnudel liegend, kann die Bewegung gut beobachtet, von der Lehrperson geführt und sprachlich begleitet werden. In Bauchlage sollte die Lehrperson häufig die Füße korrigieren, d. h. eine Spürhilfe an der Sohle oder durch den Beckenrand geben.

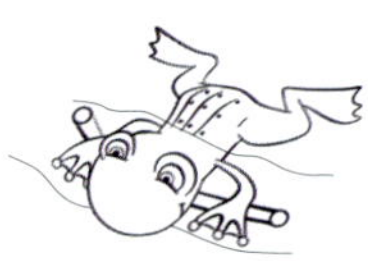

7. Bäuchlings im Achselhang über der Poolnudel kann nun die Gesamtbewegung eingeübt werden. Die Arme beginnen den Antrieb („Pudding"), die Beine treiben nachfolgend („Frosch") den Körper an. Die Arm- und Beinbewegungen mit ihren jeweiligen Rückholphasen verzahnen sich in der Methode also sowohl motorisch-koordinativ als auch sprachlich. Das innere Sprechen unterstützt den Bewegungsrhythmus.

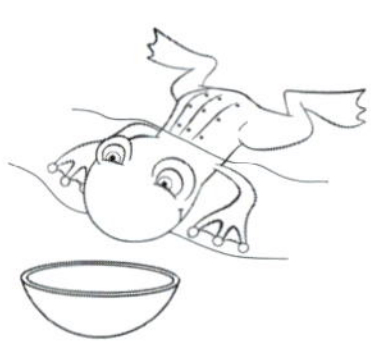

8. Nun wird die Gesamtbewegung unter Wasser geübt, ggfs. wird der Kopf bereits gehoben und gesenkt, doch das Atmen erfolgt noch nicht im 1:1 sondern erst nach 3 Armzügen im 1:3 Rhythmus.

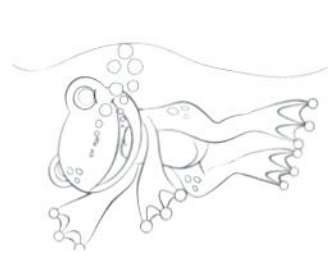

9. Nun wird motorisch-koordinativ und sprachlich die Gesamtbewegung im 1:1 Rhythmus zusammengeführt. Armziehen-Einatmen („Pudding"), Armstrecken-Ausatmen („Tauchfrosch"), wobei Pudding schnell und Tauchfrosch rhythmisch lang gesprochen wird. Man kann es auch verkürzen zum Pudding-Brrr, denn Quatschwörter können sich Kinder gut merken.

Kraulschwimmen (vgl. YouTube Lilli Ahrendt Schwimmen 4)

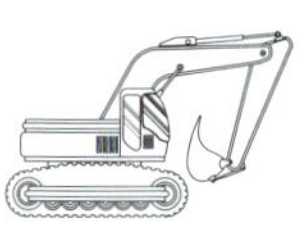

1. Die Hände tauchen während des Laufens abwechselnd wie Baggerschaufeln ins Wasser und ziehen und drücken das Wasser hinter den Rücken. Die Augen betrachten die Hände beim Wasserfassen, dadurch bleibt der Kopf ruhig und die Bewegung wird visuell kontrolliert.

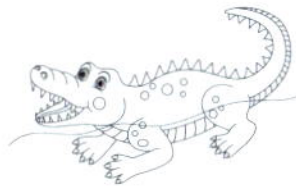

2. Den Oberkörper vorbeugen bis das Kinn auf dem Wasser liegt, Schulterlinie gleicht der Wasserlinie. Mit beiden Händen schaufelnd wie ein Unterwasserbagger vorwärts gehen.

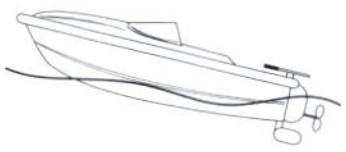

3. Mit Poolnudel im Achselhang gestützt, schweben die Beine und können mit Wechselbeinschlag bewegt werden, so treiben sie unter Wasser wie ein Motor den Körper an, dabei weiter mit den Armen baggern.

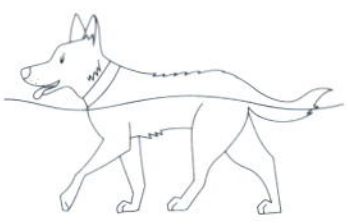

4. Vorwärts bewegen ohne Hilfsmittel als „Hund“, mit allen vier Pforten antreibend vorwärts schwimmen, der Kopf ragt aus dem Wasser, so dass das Atmen ungehindert erfolgen kann.

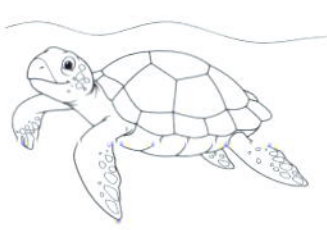

5. Das Gesicht taucht ins Wasser, der Atem wird angehalten, die vier Flossen treiben den Körper unter Wasser paddelnd an. Zum Aus- und Einatmen den Kopf heben („Hund“), um dann wieder als Wasserschildkröte unter Wasser weiter zu schwimmen.

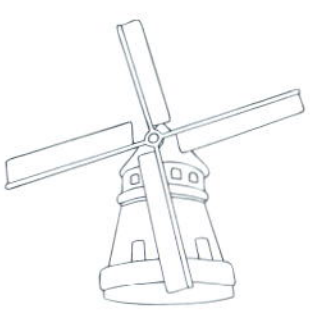

6. Die Arme sind zwei lange Flügel, sie werden abwechselnd aus dem Wasser nach vorne geschwungen und unter Wasser bis zum Oberschenkel durchgezogen, dabei den Atem anhalten und als „Hund“ zwischendurch den Kopf heben zum Ein- und Ausatmen.

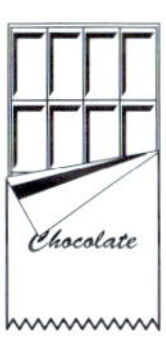

7. Um die Atemseite herauszufinden, greift die linke Hand den Beckenrand, der rechte Arm kreist wie ein Windmühlenflügel, dabei geräuschvoll ausatmen und am Oberschenkel („Hosentasche“) angekommen auf die linke Körperseite („Schokoladenseite“) kippen, um – das Gesicht frei von Wasser – durch Mund und Nase einzuatmen. Nach mehrmaliger Wiederholung gleiches mit der rechten Hand und rechten Körperseite ausprobieren. Die Körperseite, zu der man sich besser aufdrehen kann, wird als „Schokoladenseite“ bezeichnet. Die Rechtsatmer schwimmen zur Orientierung und damit sie nicht schlingern, nachfolgend stets an der rechten Seite des Beckenrandes, die Linksatmer mit Blick zum linken Beckenrand.

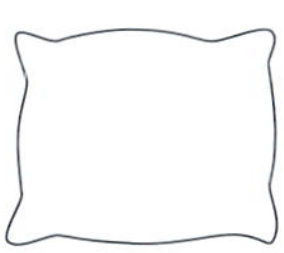

8. Ein Poolnudelstick (oder Schwimmbrett) wird mit einer Hand und dem gestreckten Arm gehalten, der Kopf liegt darauf, wie auf einem „Kopfkissen“, der Körper dreht sich auf die Körperseite (z. B. nach links für Rechtsatmer), damit das Gesicht frei von Wasser für das Einatmen wird. Einarmiges Kraulen mit geräuschvollem Ausatmen („Blubberfisch“), dabei den Wechselbeinschlag („Motorboot“) zum Antreiben und Stabilisieren einsetzen.

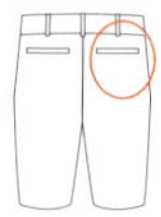

9. Um das Oberkörperdrehen zu verbessern, einarmiges Armkreisen („Windmühle") mit Ausatmen („Blubberfisch"), dabei die Schulter nach außen drehen, so dass die Hand den Po („hintere Hosentasche") berührt, während der Kopf ebenfalls dreht („Kopfkissen") und damit eine günstige Einatemposition für Mund und Nase frei von Wasser entsteht.

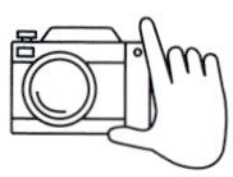

10. Zum rechten Beckenrand orientiert, nimmt der Rechtsatmer seine Startstellung für den Kraul-Zweierzug und damit den letzten Lernschritt ein. Er streckt den linken Arm in Schwimmrichtung, legt sein Ohr auf diesen Arm („Kopfkissen"), hält sich mit dem rechten Arm rücklings am Beckenrand fest, hockt die Beine an und drückt die Füße gegen die Beckenwand, dabei berührt die Hand nahezu den Po („Hosentasche"). Nun ruft die Schwimmlehrerin „Fototermin". Der Lernende soll von sich selbst ein „inneres Foto" machen, d. h. sich diese Position zum Einatmen merken. Mit zwei Armzügen und dem „inneren" Sprechen „1-brrr" starten und nach „2" die Körperseitlage zum „Fototermin" mit Hand auf der „Hosentasche" einnehmen und wieder einatmen. Die nächsten Armzyklen schließen sich als Zweierzüge nachfolgend an.

Schwimmen, d. h. das Bewegen im dreidimensionalen Raum Wasser, stimuliert – mangels festen Bodens – stark das Gleichgewichtsorgan und koordiniert nachweislich die Bewegungen, weil die Sinnesorgane (Rezeptoren) und Bewegungsorgane (Effektoren), wie Körper, Auge, Hand und Mund, in enger Abhängigkeit voneinander funktionieren. Bei jeder Bewegung wird der gesamte Körper aktiviert und sein kinästhetischer Wahrnehmungsbereich besonders intensiv stimuliert, was in ständiger Rückkopplung dazu hilft, die Bewegungen in räumlicher, zeitlicher und dynamischer Hinsicht zu kontrollieren und zu vervollkommnen.

3.4 VERSTEHEN UND SPRECHEN

3- und 4-Jährige hören bereits aufmerksam zu, können das Gehörte reflektieren und im Gespräch fortsetzen (Erzählfreude). Sie drücken sich verständlich und in vollständigen und zusammengesetzten Sätzen aus und bilden auch bereits den Plural. Ihr Wortverständnis wird beim Schwimmen insofern erweitert, als vor allem räumliche Beziehungen (z. B. vorne-hinten) angesprochen werden und der Sprachfluss in Worten und Sätzen rhythmisch zur Bewegung erfolgt. Zurufe, wie z. B. Korrekturen zur Haltung in der Bewegung, werden kurz und prägnant vermittelt, durch Blickkontakt, Mimik und Gestik verstärkt und rhythmisch und geräuschvoll begleitet.
Bei vielen Übungen erfährt das Kind Kontraste und Abstufungen (groß-klein, groß-größer), die mit Klängen, Geräuschen und Gesang begleitet werden. Die Kinder werden auch sprach-

lich ständig vor, während und nach dem Unterricht in Form von Gesprächen, Fragen, Geschichten und Austausch von Erlebnissen aktiviert. Reime und Lieder in der Bewegung geben ihnen Antrieb zum Mitmachen und Mitsprechen. Dieses Zusammenwirken von Körper und

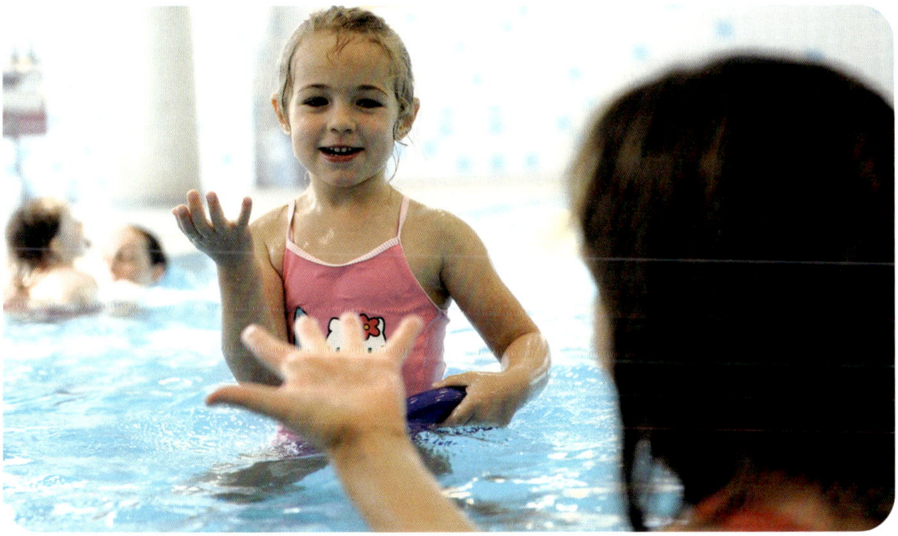

Sprache, Bild und Bewegung, Frage und Antwort, Rhythmus und Klang wird ganzheitlich und positiv gelernt und erlebt. Übrigens erfährt das Singen gegenwärtig eine Renaissance, nachdem festgestellt worden ist, dass sich *Vielsinger* sprachlich und sozial besser entwickeln.

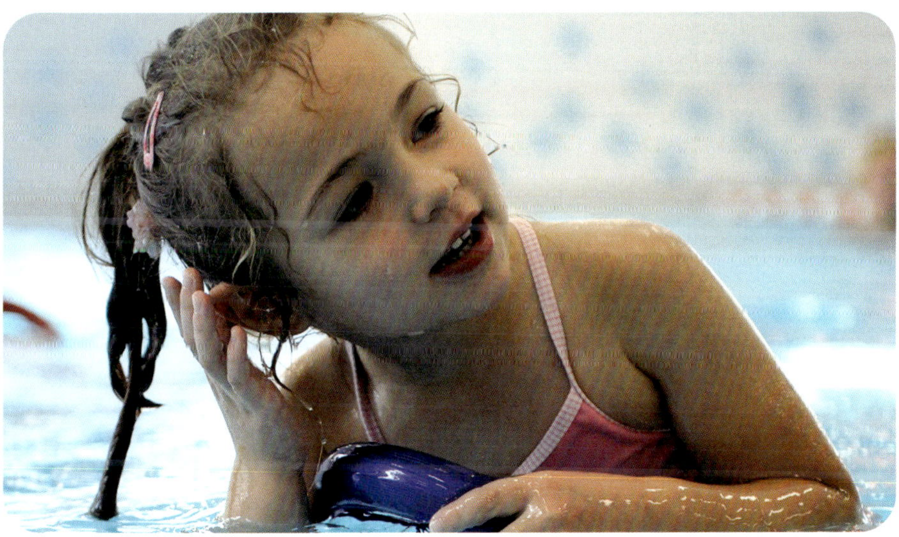

3.5 DENKEN UND GEDÄCHTNIS

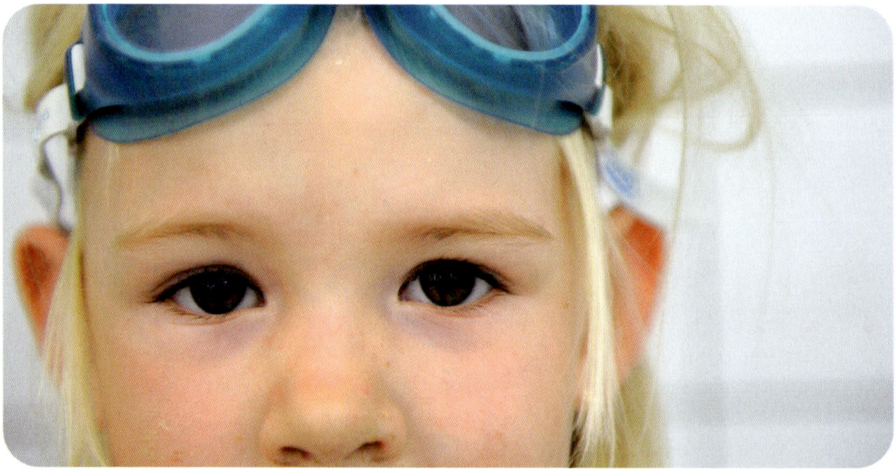

Mit 3 Jahren setzt beim Kind das geistige Behalten und Erinnern deutlich ein (Wochentage, Abläufe). Auch stellt es konkrete Fragen. Das Bezugssystem aller Wahrnehmungen ist das Ich, sein eigener Körper. Das räumliche Sehen, Abschätzen von Entfernungen und Zeitgefühl gewinnen Konturen, woraus Erlebnisse und Bedürfnisse anderen konkret mitgeteilt werden.

Das Gedächtnis des 4-jährigen Kindes ist zum verbalen Behalten inzwischen so weit fähig, wie das Nachsprechen bzw. Wiedergeben von langen Reimen und Melodien und ein wortgetreues Nacherzählen von Geschichten erkennen lassen. Seine Fragen beziehen sich jetzt auf das erweiterte Umfeld, und es beginnt zu verstehen und Dinge Oberbegriffen zuzuordnen (Autos und Fahrräder sind Fahrzeuge). Es kann bereits die Lage anderer Personen nachempfinden und sich im Spiel in die Figuren hineinversetzen. Es erscheint mit dem, was es weiß, sehr wissend, stößt jedoch schnell an seine Grenzen und verlangt nach genauen Erklärungen. Die Neugier zu stillen bedeutet lernen, z. B. logische Folgen zu begreifen (Beispiel Baderegel: *„Wer flitzt, der sitzt!"* Begründung: Wenn Füße oder Fliesen nass sind, rutscht man aus und verletzt sich, deshalb immer langsam gehen!).

Das Denken des Kindes ist ein wechselnder Informationsfluss und Auswertungsprozess, bei dem Bedeutungseinheiten gedanklich erfasst und verknüpft werden. Das Kind empfindet sensorisch, verarbeitet geistig, bezieht gefühlsmäßig Stellung und reagiert motorisch. Seine Sinnes- bzw. Bewegungsorgane helfen ihm, zu vergleichen, zu unterscheiden, zu verstehen, einzuordnen und auszuwählen, was im Kurz- und Langzeitgedächtnis – je nach Wiederholung und Intensität – abgespeichert wird.

3.6 FÜHLEN UND HANDELN

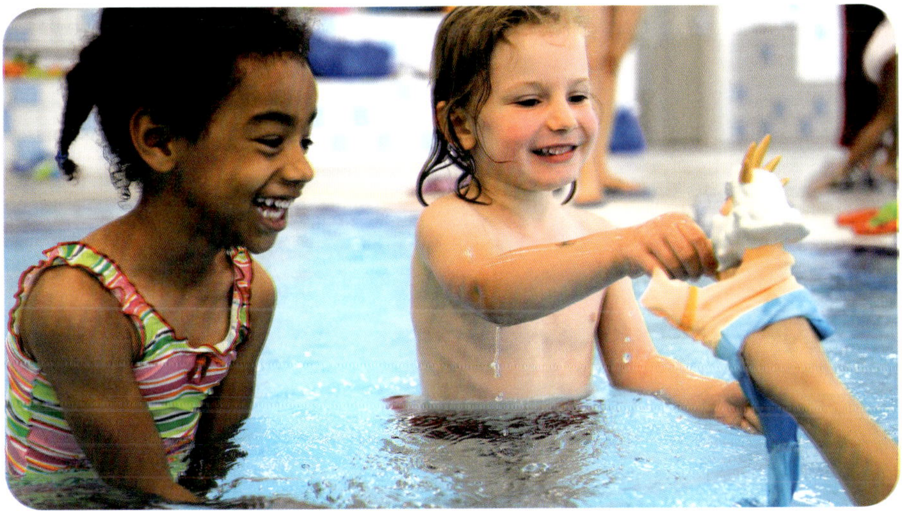

Mit jeder ausgeführten Bewegung in eine andere Lage, zu einem neuen Kontakt machen Kinder ihre wichtigen motorischen, kognitiven und emotionalen Erfahrungen. Diese ganzheitliche Entwicklung wird gefördert, indem dieser Ablauf gezielt gestützt wird. Natürliche körperliche Bewegungsaktivitäten bei unterschiedlichen Bedingungen (Klima, Geologie, Medium) bieten dem Kind vielfache Gelegenheiten, sich mit sich und seinem es umgebenden Feld auseinanderzusetzen und Erfahrungen zu sammeln. Eine davon bietet Wasser für motorische, sensorische, spielerische und kreative Entfaltung an. Kinder mögen die kaum greifbaren Eigenschaften von Wasser ähnlich dem Sand, in und mit denen sich – nicht ohne Grund – endlose Spiele fantasievoll entwickeln lassen. Im Wasser nehmen die Sinne von uns Landratten unseren Körper verändert wahr, ein Vorgang, der auch medizinisch und therapeutisch genutzt wird.

Für die Praxis wurden Beispiele entwickelt, um Kinder in ihrer Gesamtkonstitution zu stärken – in ihrer kleinen gelebten (Gedanken-)Welt. In diesem Alter des Lernens überwiegt der spielerische Charakter. Spiele als Anreiz, bei denen auch allerlei einfache Hilfsmittel als Spielgerät oder Spielzeug gute Dienste tun, beschleunigen die Bereitschaft und Freiwilligkeit zum Handeln. Die Kinder bewegen sich, kommen in eine dynamische Phase, werden behände, waten suchend durch das Wasser, ordnen Gegenstände (Farbenspiel), erzeugen Geräusche (Musikexperimente), tasten und erfühlen Materialien von unterschiedlicher Oberfläche (Tauchen), durchqueren Tunnel und reiten Rodeo auf Matten

(Körper-, Lage-, Raumexperimente) und erproben ihr Reaktionsvermögen bei Stopp- und Zielwurfspielen.

So harmlos dieser Abschnitt klingen mag, sei es nochmals gesagt: Dieses Spiel ist kein Selbstzweck, sondern gezielte Aufbauarbeit für das Kind und dessen eigene Sicherheit.

3.7 SOZIALE ASPEKTE

Das Kind ist so weit gereift, von sich als *ich* zu sprechen mit eigenen Ideen, die es umzusetzen gilt. Es weiß sein Alter und seine Körpergröße einzuordnen und ist stolz darauf. Es beginnt, sich mit seinen Bezugspersonen als seinen Vorbildern zu identifizieren und sie nachzuahmen.

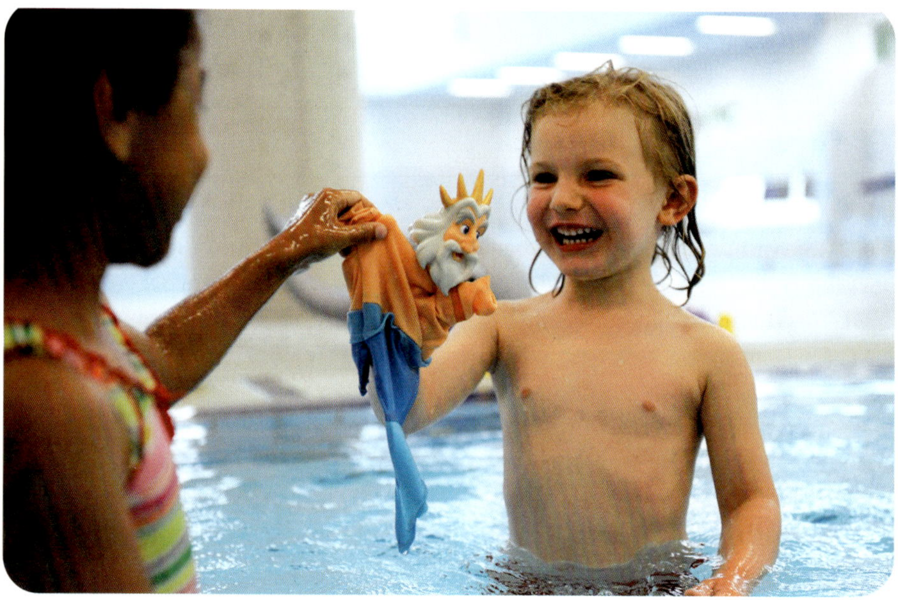

Kontaktaufnahme zu Gleichaltrigen erfolgt unaufgefordert, ebenso wie gegenseitige Besuche. Da Hierarchien noch weitgehend unbekannt sind, fügt es sich ein und erfährt Hilfsbereitschaft, Rücksichtnahme und Mitgefühl. Bei Wachstumsunterschieden bleibt mitunter jedoch das Faustrecht nicht ganz aus; derartige Rangeleien renken sich in der Regel jedoch von alleine wieder ein. Das Kindergartenkind liebt das Rollenspiel, anfangs mit Figuren, denen Rollen zugeteilt werden (Wassermann, Delfin), später übernimmt es mit anderen eigene Rollen und bindet dabei die Mitspieler in seine Idee ein. Aus Sicht des

Schwimmunterrichts wird in der Kleingruppe von 3 bis 5 Kindern am intensivsten gespielt und das Wir-Gefühl erlebt. Die Übungen sind darauf angelegt, zu kommunizieren, zu kooperieren und sich zu solidarisieren.

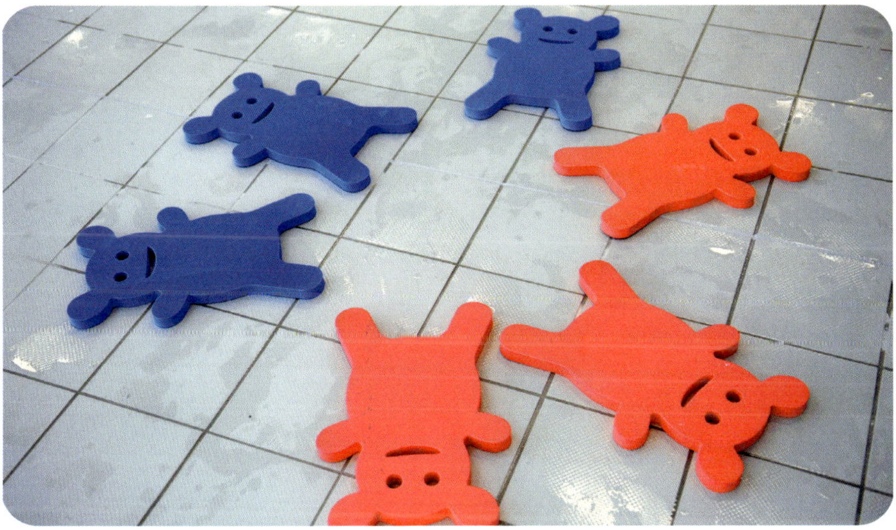

Im Kindergarten wird das Kind fähig, nach Regeln zu spielen. Es lernt, aufmerksam zuzuhören und zu verstehen, wenn ein Spiel erklärt wird, und befolgt die Spielregeln. Vor Spannung drängende Ungeduld muss noch etwas gezügelt werden, um abzuwarten, bis es an der Reihe ist. Kinder müssen lernen, Phasen auszuhalten, in denen Wünsche nicht sofort befriedigt werden. Miteinander zu spielen beinhaltet auch, Spiele untereinander abzustimmen, teilen zu lernen, den Spielausgang zu akzeptieren, also mal zu gewinnen und mal zu verlieren und am Ende gemeinsam aufzuräumen. Es verhält sich bei einleuchtender Erklärung einsichtig und kompromissbereit, wenn es adäquat bedacht und behandelt wird. Das wertende Urteil Erwachsener wird akzeptiert, wenn es gerecht ist.

Die Schulgemeinschaft betreffende psychische Reife erlangt das Kind mit dem Erlernen sozialer Kompetenzen, wie Selbstdisziplin, Respekt, Schuldbewusstsein, indem es belastbar wird und z. B. selbstständig an (Konflikt-)Lösungen arbeitet, sein Verhalten im Spiel steuern lernt und offene Situationen durch Gespräche klärt.

Beim Schwimmen befolgt es Abläufe und Regeln aus Einsicht, lernt, seine Unsicherheit zu überwinden, indem es sich versucht und übt, und gewinnt im Wasser stetig an Selbstsicherheit. Und am Ende einer langen Lernphase winkt schließlich noch der Lohn, nämlich Schwimmen gelernt zu haben (vgl. Kap. 5.3).

3.8 SPIELEN

Spielt das Kind, so lernt es, - und es lernt, indem es spielt. Einem Kind ist sogenannter *Leerlauf* unbekannt. Nach einer kurzen Orientierungsphase beginnt es zu spielen. Spielen ist der wesentliche Inhalt seines Tuns als körperliche und geistige Aktivität, und das mit sehr großem Lerneffekt. Beim Spielen werden Einsichten gewonnen, Zusammenhänge erlebt, Frustrationen erlitten, Aggressionen ausgestanden und Probleme offenbart. Beim Spielen versinkt das Kind in seinem Tun und entwickelt Lust am Üben, Wiederholen und Funktionieren.

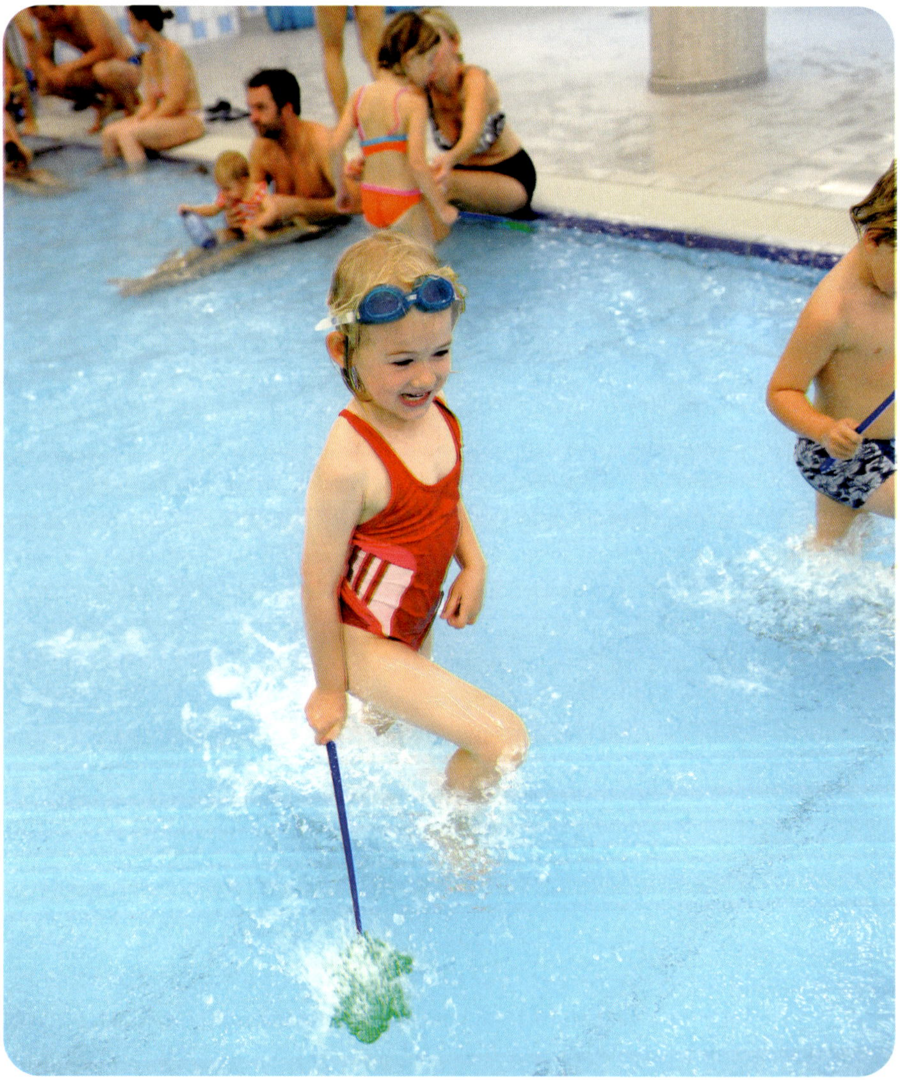

Klassische Spiele sind Gruppen-, Rollen-, Gestaltungs-, Erkundungs-, Klang- und Bewegungsspiele. Mit dem Spiel im Wasser bietet allein das Medium in sich ein zu bewältigendes Betätigungsfeld, an welches sich ein Nichtschwimmer erst einmal heranwagen muss.

Der Lehrperson wird ein hohes Maß an Einfühlungsvermögen in das Thema Spielen abverlangt, sei es kreativ oder scheinbar nur entspanntes Treiben. Nüchternes Funktionieren würde den Prozess lähmen. Das Vertrautwerden mit dem Wasser bis zum richtigen Schwimmenlernen lässt es mit viel Fantasie für Sing- und Bewegungsspiele zu einem belebenden, wahren Erlebnis werden.

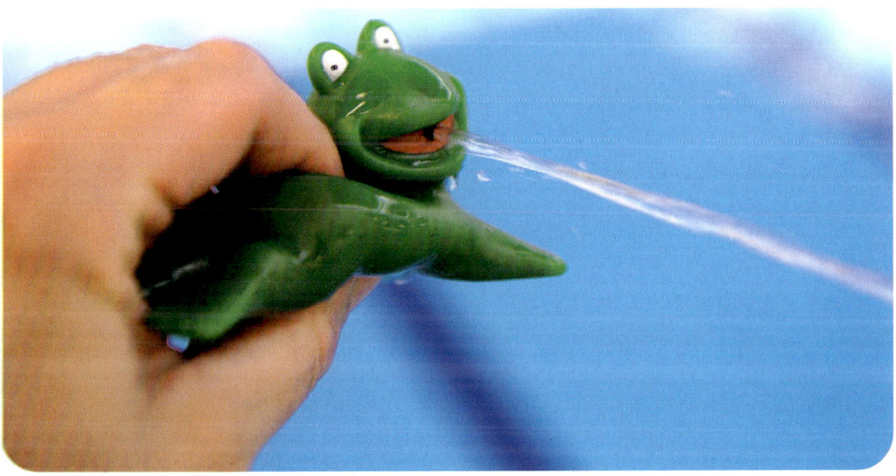

Deshalb gilt:

- Genügend *Zeit* einplanen, damit sich das Spielen kreativ entwickeln kann.
- *Jedes* Kind in seinem Handeln beobachten und nur bei Bedarf zum Anregen oder Ermuntern eingreifen.
- Auf Ideen und Vorschläge der Kinder eingehen und auch individuelle Lösungen akzeptieren.
- Das Spielzeug auf weniges und möglichst einfaches und gebräuchliches Spielzeug aus dem Alltag reduzieren. Keine außergewöhnlichen Anreize schaffen, die ablenken.
- Kinder wohl zu aktivem *eigenen* Handeln anhalten (animieren), sie jedoch *nicht bespielen,* weil sie sich andernfalls leicht passiv verhalten und nicht mehr dem eigenen Antrieb folgen.

3.9 LERNEN, EMOTIONEN UND VERHALTEN

Es liegt in der Natur der Sache, dass der Prozess des Entwickelns von der Geburt an etwa gleichbedeutend ist mit Lernen und Aufnehmen, selbst wenn ein Kind noch nicht die Schule besucht. Diesen natürlichen Drang kennen die Eltern hinreichend. Die Lehrperson schafft die Rahmenbedingungen dafür und begleitet die Kinder dabei und leitet sie an.

Es ist eine Gratwanderung: Wird das Handeln des wissbegierigen Kindes zu sehr dressiert, eingeschränkt, abgewürgt, reglementiert oder abgewertet, wird sein Hineinwachsen in die Eigenständigkeit gebremst bis hin zu Passivität oder gar umschlagender Aggressivität.

Das Wasser fordert insbesondere Nichtschwimmer auch emotional stark heraus. Sie haben sich mit den veränderten Körper-, Lage- und Sinneswahrnehmungen auseinanderzusetzen und für das Atmen im Wasser eine Lösung zu finden. Es ist für Neue schon ungewohnt und für manchen kostet es gar Überwindung, den Kopf samt Augen, Nase, Mund und Ohren in das Wasser einzutauchen: Der Blick ist verschwommen, der Atem stockt, muss angehalten werden bzw. durch Mund und Nase bewusst ausgeblasen werden, so laut, dass er zu hören ist.

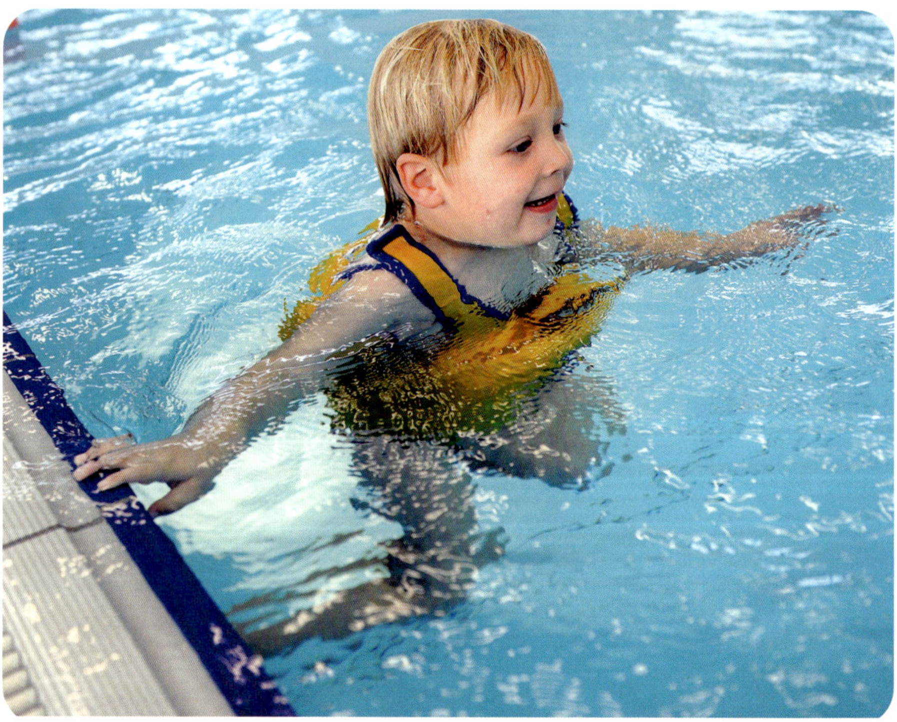

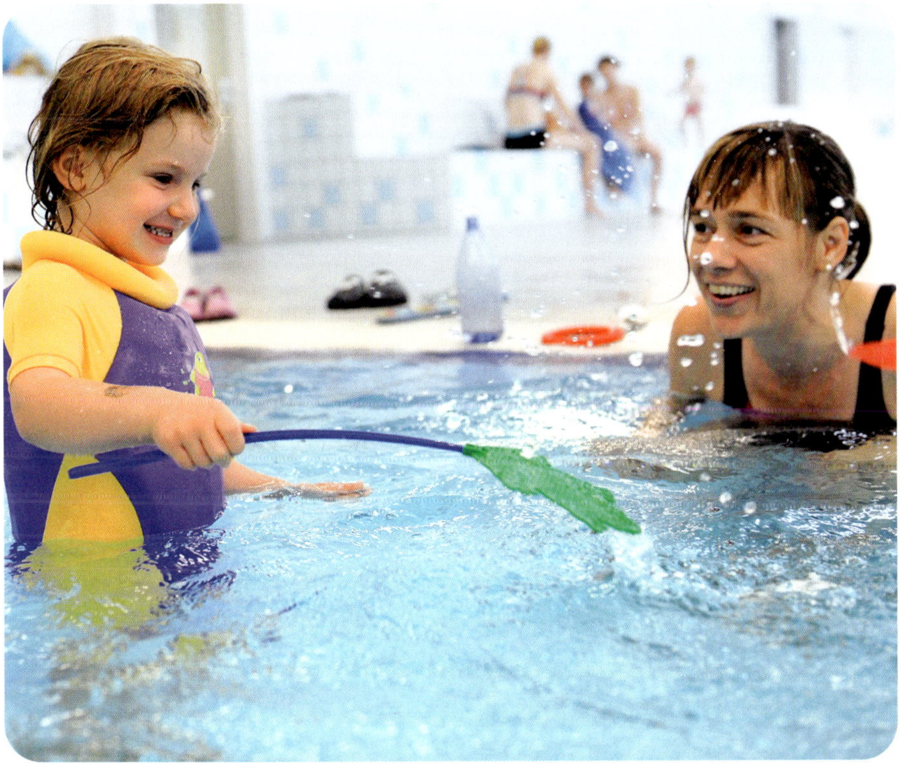

Die aufmerksame Lehrperson wird jede natürliche Lernbegeisterung aufgreifen und stützen und nach Bedarf beleben (Stimuli setzen). Führt das Üben einer Bewegung nicht sogleich zum Erfolg, so wird ermuntert (Resonanz gegeben). Nach dem aus der Montessori-Pädagogik abgeleiteten Leitsatz: *Hilf mir, es selbst zu tun*, wird in diesem sensiblen Prozess für jedes Kind die passende Herausforderung bereitgehalten. Es wird schritt(chen-)weise weitergeübt, bis sich der erlösende Erfolg einstellt, der wiederum auch nur eine Zwischenstufe auf der kleinen Erfolgsleiter darstellt. Überwundene Schwierigkeiten führen zu doppelter Freude.

Der Mut eines Kindes zum Handeln erwächst aus einer sicheren emotionalen Bindung. Entscheidend ist, dass sich die Lehrperson dieses Vertrauen erwirbt, eine positive Lernatmosphäre schafft und erst dann mit *geeigneter* Methode den Schwimmunterricht durchführt.

- Lebendiges Lernen durch Nachahmen. Kennzeichnend sind hier belebende und sprachlich unterlegte Bewegungsfreude der Lehrperson (Übungen selbst 5-8 x wiederholen) und die in gleicher Weise auf die Kinder zu übertragenden Wiederholungen. *(Macht es alle so wie ich!)*.
- Übungen und Spiele erproben *lassen*, Neugierde wecken, damit sich die Kinder selbst herausfordern, sich freudig wie an ein Abenteuer zu wagen. Kennzeichnend ist die Selbstherausforderung. *(Jeder macht, so gut er kann und dann ist der Nächste dran!)*
- Ist bei Kindern die Begeisterung entfacht, beginnt das spielerische Lernen durch Wetteifern untereinander. *(Wer ist zuerst auf der anderen Seite?)* Ein eingebauter Schwierigkeitsgrad stellt das jeweilige Anspruchsniveau dar. Beachten: Sensible Kinder sind vorsichtig und verweigern eher.
- Die Lehrperson beobachtet und korrigiert die Bewegungen des Kindes in der Weise, dass diese ihm auch bewusst werden (Eigen- oder Fremdwahrnehmung?). Zur weiteren Erklärung kann der motorische Ablauf durch Aufmalen oder Modellieren der Lage dargestellt und verständlich und einsichtig gemacht werden (z. B. Gliederpuppe beim Erklären verwenden: *Wie macht es XX – und warum?* Oder: *Schaut euch mal die XX an, wie die XX tauchen kann)*.
- Lernen durch Verstehen. Das Kind zieht z. B. aus vermehrten Wiederholungen (oder Unterlassungen) eines bestimmten Handelns einen Schluss, die Fragen nach dem Wie und Warum aufwerfen. *(Wie funktioniert es besser? Schaut her, schaut her, wie man es besser machen kann!)*.
- Lernen durch Verstärkung. Das Kind engagiert sich bereitwillig, wenn es bei seinen Leistungen ermutigt, unterstützt und anerkannt wird. Der Lernerfolg wird verstärkt *(Bravo! Schaut euch mal den/die Name an, wie der/die Name toll tauchen kann!)*.

Die Lehrperson verhält sich situativ flexibel: Sie macht exemplarisch vor, lässt gewähren, lenkt und führt. Im frei gewählten Bewegungsspiel beobachtet sie das Geschehen. Mit dem entsprechend ausgewählten Spielmaterial werden wechselnde und neue Anregungen geschaffen, wobei bereits bekannte Übungen und Fertigkeiten nun mit dem Erlernen neuer erweitert werden. Dabei sind auch die Ideen der Kinder aufzugreifen (Lust erzeugen!) und entsprechend zu behandeln. Das Übungsrepertoire ist abwechslungsreich zu erweitern, sodass die Kinder sich in ihren Fertigkeiten steigern können.

4 ORGANISATIONSSCHWERPUNKT SICHERHEITSERZIEHUNG

4.1 VORBEREITUNGEN

Wasser als dreidimensionaler Bewegungsraum birgt seine Tücken, es ist insbesondere für jeden Menschen lebensbedrohlich, solange er nicht schwimmen kann und auch nicht weiß, wie er sich im Wasser verhalten soll. Deshalb ist die Erziehung zur Sicherheit am und im Wasser zunächst für den hier beschriebenen Personenkreis der wichtigste Lernbereich, also im Vorschulalter. In diesem Sinne ist für verantwortungsbewusstes Handeln das Einüben und Einhalten von Regeln ein unabänderliches Muss. Kinder haben aus Sicherheitsgründen zu lernen, eine Unter-Wasser-Situation im Flachwasser zu bewältigen, d. h. sich aufzurichten und aufzustellen sowie sich zum Beckenrand hin zu orientieren und hinauszuklettern. Die Übungen dazu beginnen mit der ersten Unterrichtsstunde (vgl. Kap. 5).

Bereits vor dem ersten Besuch im Schwimmbad kann durch Vorlesen von entsprechenden Bildergeschichten, Ausmalen von Baderegeln oder Zeigen eines Films das Verhalten im Schwimmbad thematisiert werden. Die ersten 3 Unterrichtsstunden der Wassergewöhnung finden auch u. a. deshalb im Kindergarten selbst statt (vgl. Kap. 5.1).

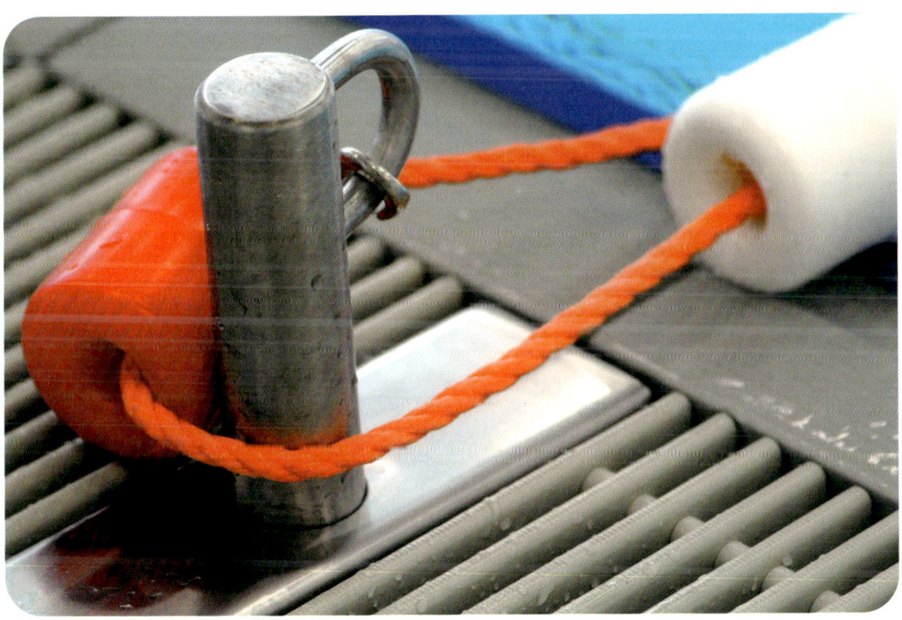

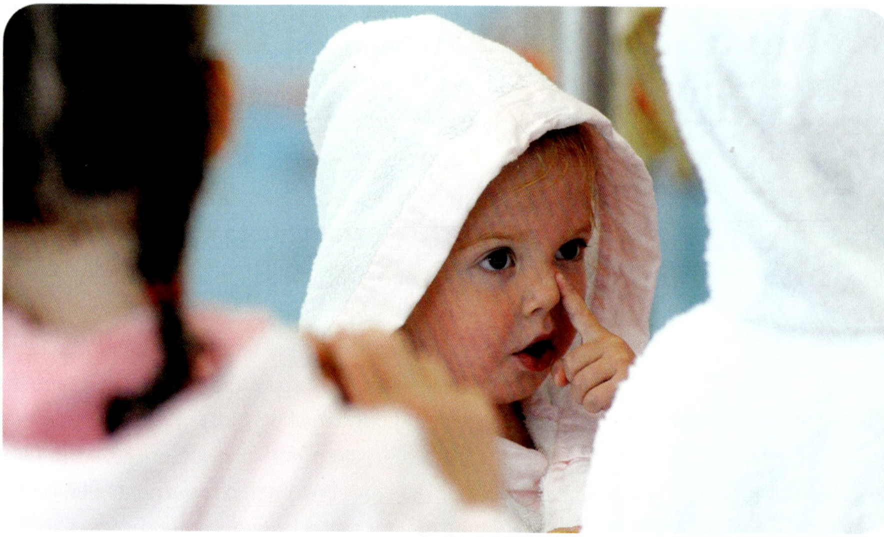

So, wie es korrekt ist, das Beispiel *richtig* vorzumachen, denn Gezeigtes bleibt haften, so gilt auch hier, zum Handeln motivierende *Gebote* vor Verbote zu setzen. Letztere würden im umgekehrten Fall nicht selten aus Unverständnis Trotzreaktionen hervorrufen, weil sie vom Kind mangels Einsicht lediglich als ungerechtfertigte Einschränkung wahrgenommen werden.

Weitere organisatorische Hilfen, wie festgelegte Abläufe (Toilette, Dusche, Treppensitz usw.), vorher bestimmte Orte (wie zum Ablegen der Handtücher), eindeutige Gestik (erhobener Arm zum „Anhalten" und Aufmerksamwerden) sowie gesungene (eine pädagogisch bewusst Kinder ansprechende Form!) Rituale oder bekannte Signale („An-hal-ten", „Her-schau-en!") nützen, diese Regeln praktisch einzuüben und sie durch Wiederholen zu festigen.

Um sich im Schwimmbad sicher zu fühlen und verhalten zu können, bedarf es als Erstes einer räumlichen Orientierung, so wie ein Kind seinen Kindergarten kennen lernen muss. Im Becken hat sich das Kind mit den Wassertiefen vertraut zu machen und sich nach festen Haltemöglichkeiten umzuschauen. Diese Kinder als Nichtschwimmer sollen nur brusttief ins Wasser gehen; deren Körpergröße beträgt in der Regel rund 1,15 m. Deshalb ist ein Lehrschwimmbecken mit schräg abfallendem Beckenboden oberhalb der Oberfläche visuell zu kennzeichnen oder ein Trennseil zu spannen, um klar die Grenze anzuzeigen (s. a. Kap. 2).

Das Entlanghangeln am Beckenrand mit Berührungsversuchen der Füße zum Beckenboden beweisten die Situation, begleitet von einer – wie bereits angesprochen – kurzen, bestimmten und deutlichen Sprache, um die Situation für die Kinder eindeutig zu erklären. Eine Wanderung am Beckenrand entlang sollte zu Beginn jeder Unterrichtsstunde als Warnung deutlich machen *(„Hier kann ich stehen – hier werd' ich untergehen!")*. Kindern werden Gefahren primär aus selbst gemachten Erfahrungen bewusst, und die Erkenntnis für Gefahren ist in der Regel erst mit 9 Jahren hinreichend entwickelt (vgl. Ahrendt, 2004).

Für die Sicherheit sind klare Abläufe zu organisieren

Die Lehrperson hat stets alle Kinder im Blick zu halten. Das heißt, sie hat darauf zu achten, dass sich kein Kind in ihrem Rückenbereich befindet. Sie hält sich stets in unmittelbarer Nähe der Kinder, d. h. in deren Reich-, Ruf- und Hörweite, auf. Selbstverständlich arbeitet sie *im Wasser* bei den Kindern.

Die Lehrperson ist bei Sprung- und Tauchübungen wegen der häufigen Unfall- und Verletzungsgefahr im Kopfbereich besonders gefordert. Spritzen kann Kinder leicht übermütig machen. Deshalb sind bei diesen Übungen die Form und die Abstände konsequent vorzugeben und zu überwachen.

Die zuvor eingewiesene Aufsichtsperson hat aus Sicherheitsgründen am Beckenrand zu stehen, um die Gruppe zu beaufsichtigen, auch einzelne Toilettengänger zu begleiten. Sie prüft:

- vor Betreten des Schwimmbads,
- nach dem Verlassen von Umkleide und Dusche,
- im Schwimmbecken während des Unterrichts mit kreisendem Blick,
- nach Verlassen des Schwimmbeckens,
- in der Dusche und Umkleide
- sowie beim Verlassen des Gebäudes

die Vollzähligkeit der Gruppe.

Da es die Bedingungen im Wasser einerseits erschweren, eine Gruppe zu ordnen, andererseits die Sicherheit Vorrang hat, eignet sich anfangs die Reihenaufstellung am Beckenrand und an den Stufen. Ferner zwischenzeitliches Sammeln am Beckenrand. Später, wenn die Gruppe am Beckenrand oder über die Querbahn startet, verschafft auch diese Aufstellung Übersicht. Farbige Markierungshütchen auf den Beckenrändern oder feste Orientierungspunkte im Raum helfen den Kindern, sich zu orientieren und vorgegebene Treffpunkte einzuhalten. Partnerübungen, bei denen die Kinder gegenseitig aufeinander achten, können eine weitere Hilfe sein, um die Vollzähligkeit zu wahren. Die Teilnehmerzahl auf 6 Kinder zu begrenzen, erleichtert der Lehrperson die Aufgabe.

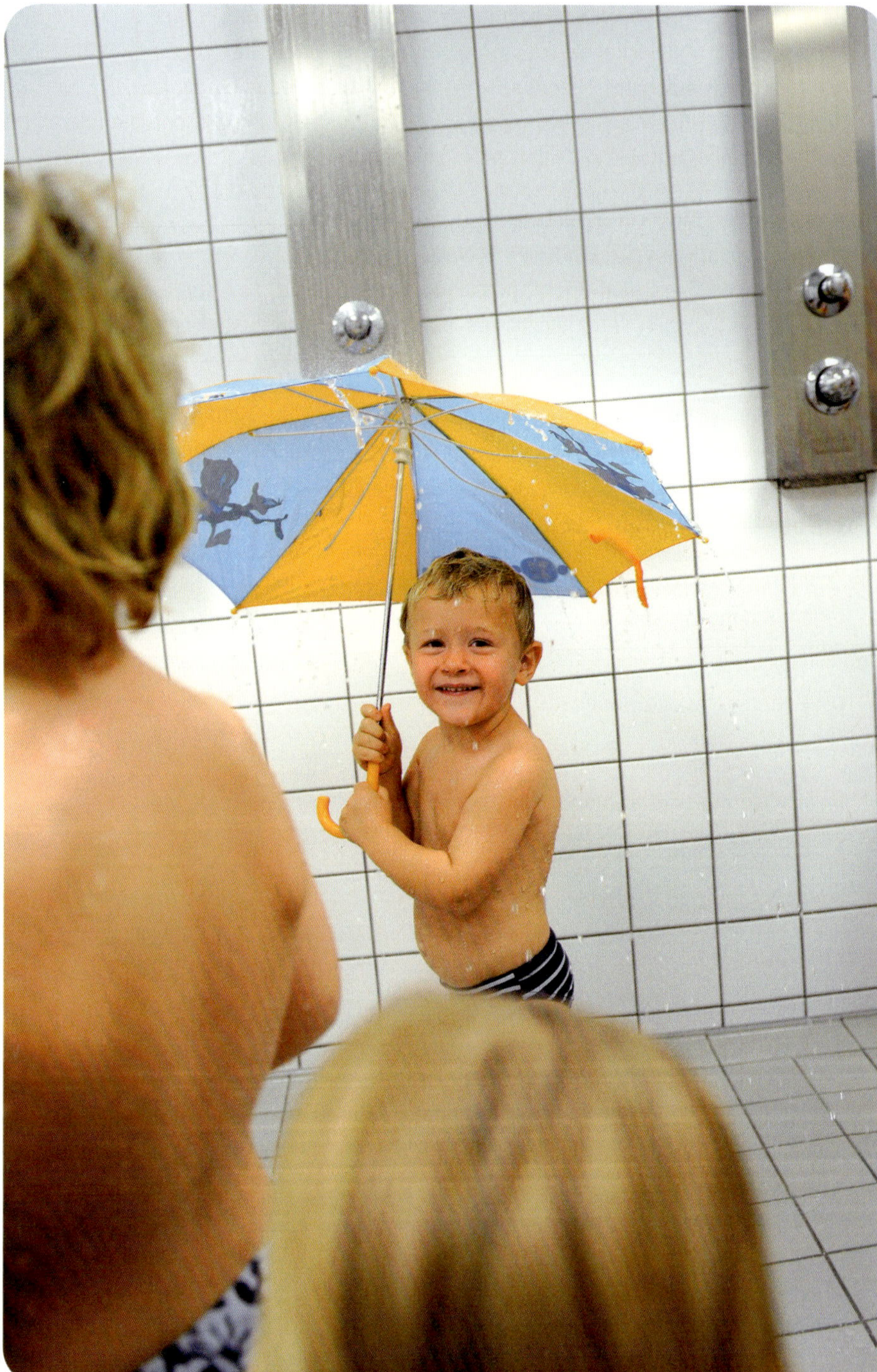

4.2 Baderegeln

In den unterschiedlichen Lebensbereichen, ob in der Familie oder im Kindergarten oder nun beim Schwimmen, werden Kinder mit entsprechenden Verhaltensregeln vertraut gemacht. Das Lernen von Regeln ist wegen des konsequenten Einhaltens eine mühevolle Daueraufgabe; sie müssen einem Kind einprägsam - am besten durch Vormachen - vermittelt, von ihm nachgesprochen und im Verlaufe häufig wiederholt werden, bis sie fest verinnerlicht sind. Mit dem Einhalten der Regeln für Sicherheit und Ablauf erfährt der Schwimmunterricht seine Ordnung und sein Maß. Sobald das Kind die Regel verstanden hat, kann es diese auch unmissverständlich befolgen und ggfs. auch seine Mitstreiter in diesem Sinne positiv beeinflussen.

Da Kinder sich Reime leicht merken können, sind die nachfolgenden Baderegeln als Reime verfasst worden. Grund der vielen text- und gesanglichen Begleitung bei jeder sich bietenden Gelegenheit ist, den an sich grundsätzlich aufgeschlossenen Kindern ihre Lebhaftigkeit auch in ungewohnter/neuer Umgebung zu bewahren. In die Übungseinheiten sind sie thematisch eingearbeitet worden. Die Regeln sollten anhand von Bildtafeln oder Fragespielen von Zeit zu Zeit abgefragt werden.

Falls ein Kind im Unterricht die Regeln missachtet, bekommt es die seinem Fehlverhalten entsprechende Baderegel ausgehändigt, um sich diese unter Aufsicht der Eltern einzuprägen.

4.2.1 Allgemeine Regeln

Im Schwimmbad brauchst du Badesachen,
keinen Kaugummi oder gläserne Flaschen.

Nur wer gesund und munter ist, darf schwimmen,
baden, tauchen, springen und den Rand erklimmen.

In deinem Magen darf ein bisschen Essen sein,
zu viel, zu wenig kann beim Schwimmen gefährlich sein.

Vor dem Schwimmen geht's zum Klo,
die Großen machen's ebenso.

Nicht ins Wasser pinkeln.
Du sollst es auch nicht trinken!

Vor dem Schwimmen duschen, das muss sein.
Sei ein sauberer Mensch, kein Warzenschwein!

Nur bis zur Brust darf der Nichtschwimmer ins Wasser gehen.
Geht er tiefer, taucht er ab und ist für keinen mehr zu sehen.

HILFE darf nur schreien, wer ist in Wassernot.
Erwachsene können helfen – wie ein Rettungsboot.

Nach dem Schwimmen – das war wunderschön,
Anzug/Hose aus und trocknen mit Handtuch und Fön.

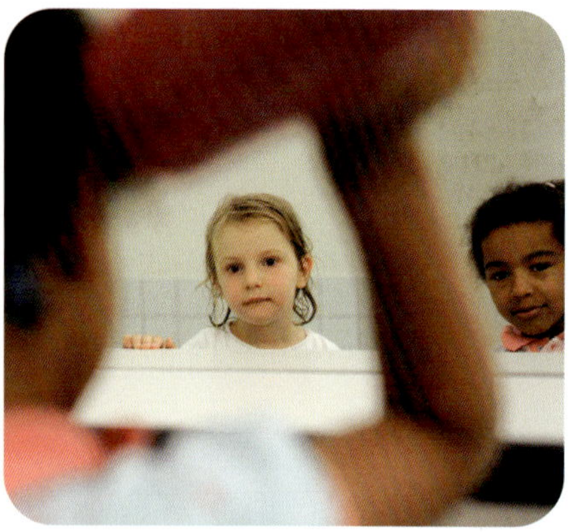

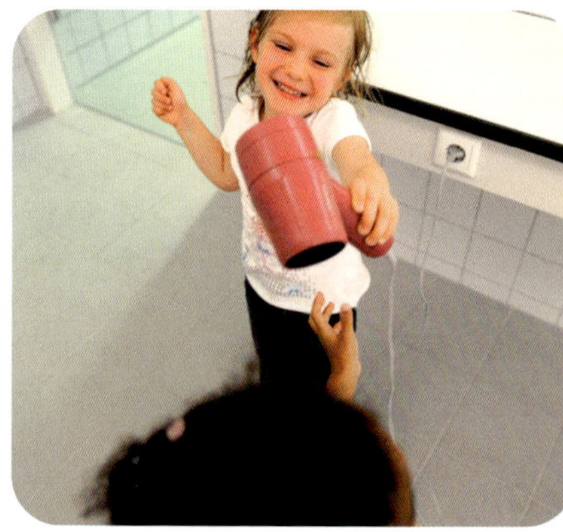

4.2.2 FÜR DEN UNTERRICHT IM SCHWIMMBAD

Weil der Schmuck beim Schwimmen stört,
dieser zuhause bleibt oder in die Schwimmtasche gehört.

Auf Fliesen gehe langsam mit Bedacht,
weil du sonst fällst, dein Kopf zu Boden kracht.

Schwimmbadfliesen, Schwimmbadfliesen, das ist wohlbekannt,
sind ganz nass und rutschig, drum wird nicht gerannt!
G – E – H – E – N !

Im Schwimmbad ist es wie im Straßenverkehr:
Nimm Rücksicht auf andere, das freut alle sehr.

Lehrer arbeitet mit Farbkarten, farbigen Schwimmbrettern o. ä.:
Bei *ROT*, da musst du STEHEN!
Bei *GRÜN* kann's weitergehen!

Bei AN-HAL-TEN bleiben alle stehen,
bei LOS kann's weitergehen!

Wenn der Lehrer spricht,
bleibt der Schnabel dicht!

Macht eure Ohren groß,
– hört zu, dann geht's gleich los!

Deine Hände sind für dich!
Niemanden schubsen – gilt für dich und mich.

Ist das Wasser frei, so darfst du springen,
mit den Füßen zuerst, sonst kann's Unglück bringen.

Spring und schwimme schnell voran,
damit der Nächste springen kann.

Misst das Wasser 2 Meter und mehr,
sind Kopfsprünge erlaubt, das freut alle sehr!

Wer taucht bis zum Boden, der weiß genau,
die Hände die schützen den Kopf – sehr schlau!

1, 2, 3 das Schwimmen ist vorbei,
alle Kinder groß und klein,
gehen duschen und dann heim.
1, 2, 3, das Schwimmen ist vorbei.

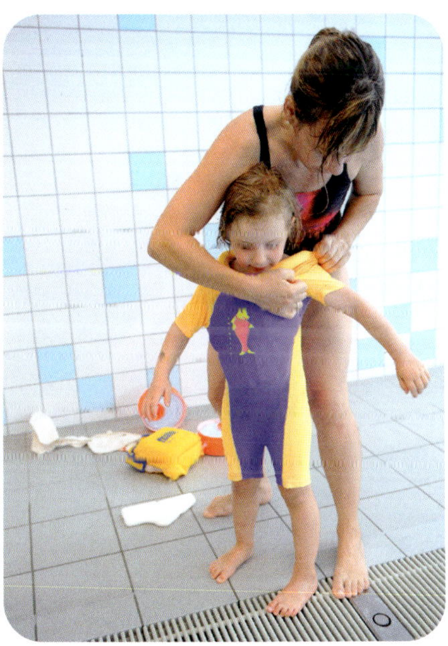

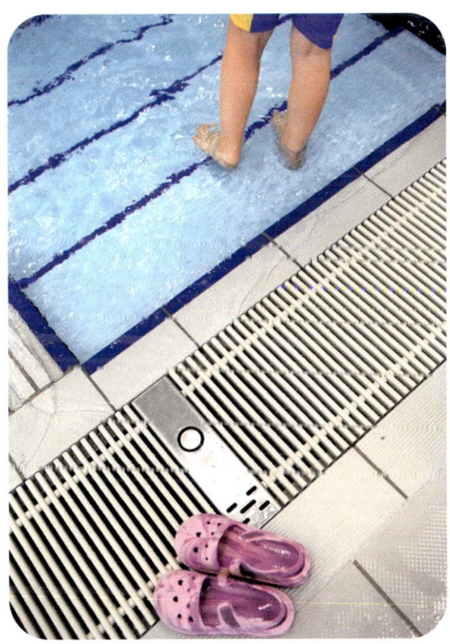

4.2.3 ZUR SELBSTRETTUNG

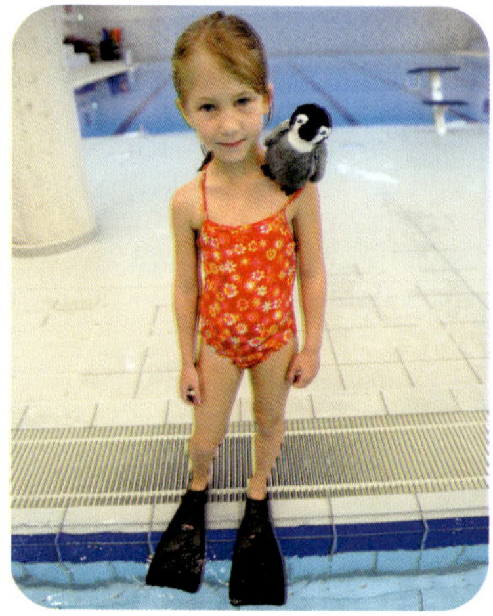

Sich selbst zu retten ist erste Pflicht.
Das gilt für jedes Kind und jeden Wicht.

Wer sagt, dass er sich selber retten kann,
der muss es dann auch schaffen:
Sechs Meter zum Rand hundeln sind lang,
so lang wie der Hals von Giraffen.

Unter Wasser Augen auf und schau genau,
wo kannst du dich retten, anfassen, schlau.

Bei Rückenlage:
Nase und Mund schauen zum Atmen aus dem Wasser heraus,
drehst du dich bäuchlings, dringt Wasser ein, deshalb blas' Luft hinaus.

Nur wer so oft übt wie die Pinguine, das Kopfeintauchen, Springen, Gleiten,
der wird ein sicherer Schwimmer werden – bis in große Weiten.

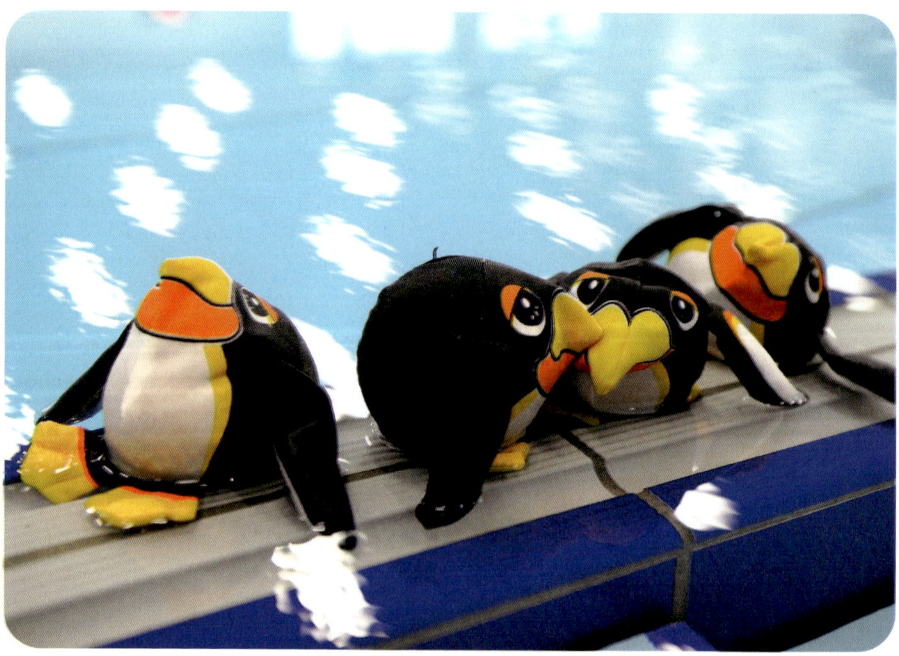

4.2.4 FÜR FREIGEWÄSSER UND URLAUB

Müll im Wasser ist abscheulich,
Müll in die Tonne ist erfreulich.

Willst im Meer du baden gehen,
wo auch stark die Winde wehen,
lass die Luftmatratz' zu Haus,
die treibt aufs Meer, das Spiel ist aus.

Wenn es am Himmel grollt
und dunkle Wolken ziehen,
schnell die Sachen eingerollt,
vor Blitz nach Hause fliehen.

Beim Schwimmen in Sonne und Meer,
schütze die Haut mit Creme, sonst verbrennt sie sehr.

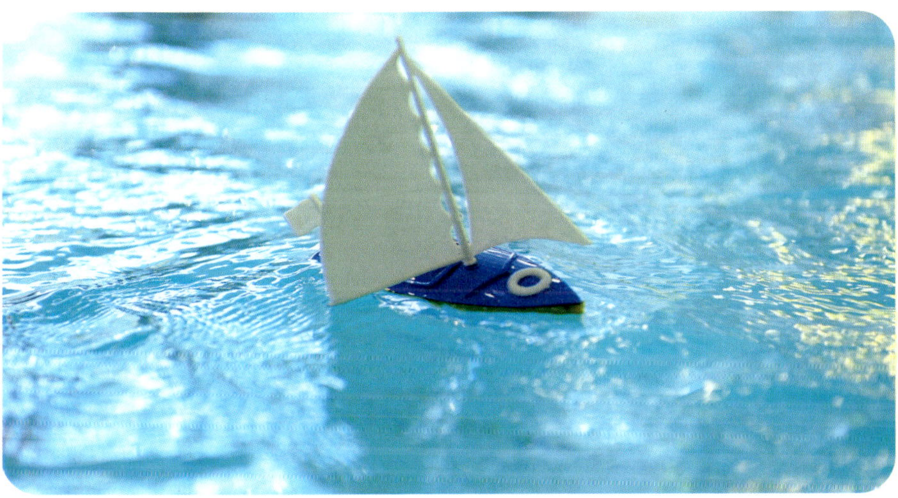

Wo Schiffe fahr'n und Brücken steh'n,
darf niemand schwimmen oder ins Wasser geh'n.

Ein unbekanntes Ufer kann gefährlich sein,
in Sumpf und Pflanzen besser nicht hinein.

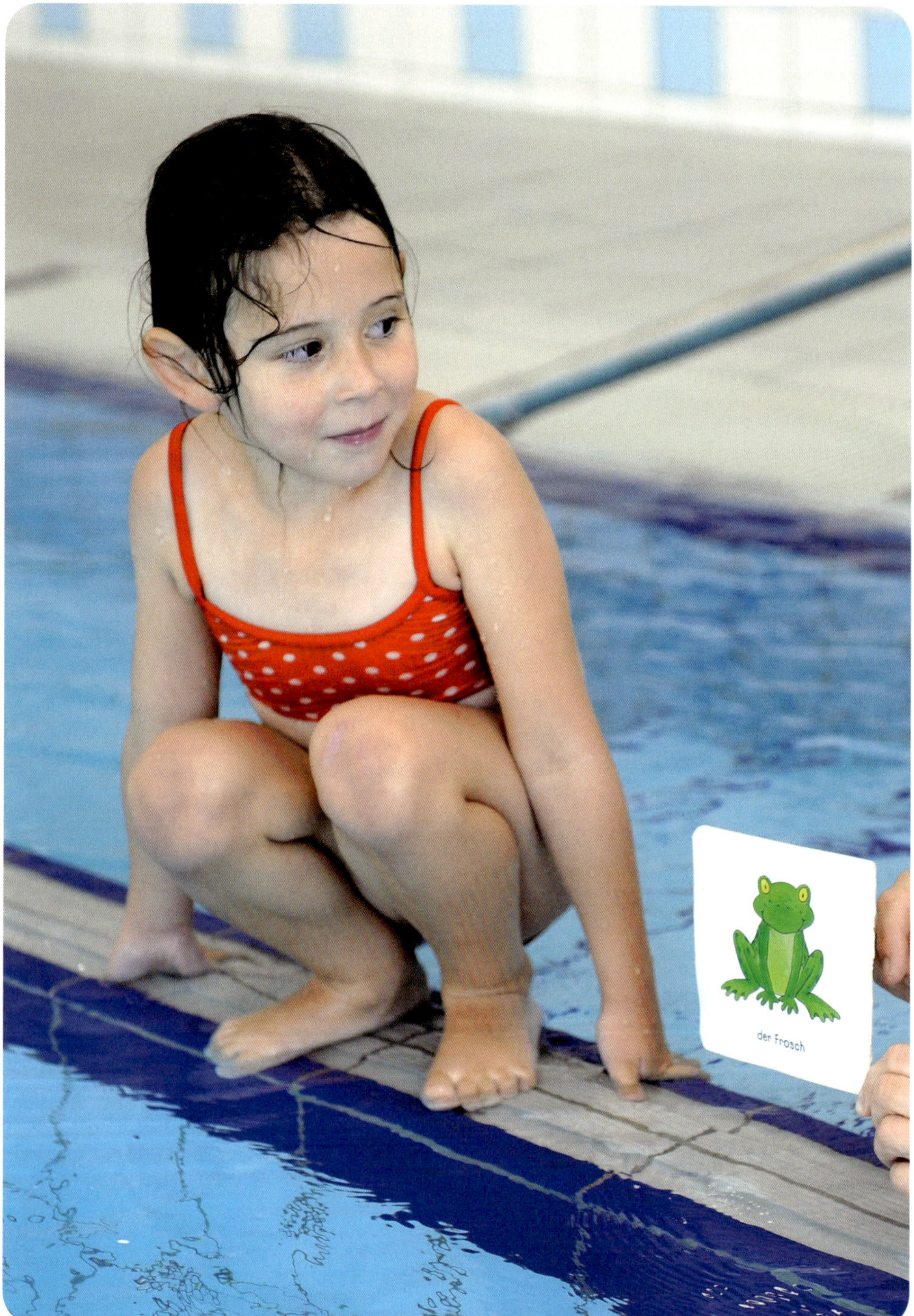
der Frosch

5 PRAXIS MIT UND IM WASSER

Beim Spielen binden Kinder ihr gesamtes Umfeld und Lebensspektrum ein und verarbeiten ihre Erlebnisse daraus emotional und kognitiv. Lieder und Reime aktivieren sie gleichermaßen. Melodischen Texten und rhythmischen Reimen folgen sie geradezu spielend, sprechen und machen mit, dem Bewegungsschema entsprechend. Dabei ist festzustellen, mit welcher Freude und gleichfalls mit welchem Ernst sie sich engagieren. Das beflügelt sie und macht sie ausdauernder.

Die Themen für die insgesamt 36 Übungseinheiten werden alle unter bestimmte Leitthemen gestellt. Sie sind in drei aufeinander aufbauende Kurse à 12 Übungseinheiten aufgeteilt. Jede Übungseinheit (30-45 min) läuft in vier Phasen ab. Die Dauer der Phasen stellt Richtwerte dar, also kein starres Schema. Der sinnvolle Rhythmus und der Übergang in die nächste Phase sind situativ - je nach Bewegungsintensität, Tagesform und Wassertemperatur - zu ermessen.

Die erzieherischen Anliegen sind *Sicherheit, Vielseitigkeit, sozialer Bezug* und *Kreativität.* Die Altersstreuung der *altersgemischten Gruppe* wird berücksichtigt. Die Lehrsituation ist interaktiv, d. h., Lehrperson und Kinder befinden sich in einem handlungsbetonten Dialog zwischen Erklären, Vormachen, Handeln, Fragen, neue Ideen einbringen und Gelerntes präsentieren. Freie Gewöhnungs- und Spielphasen können - abhängig von der Verfassung der Kinder - in den Unterricht als Zeit für individuelles, selbstbestimmtes, exploratives Spiel eingebaut werden.

Die Lehrperson schließt jede Vor- und Nachbereitung einer Übungseinheit mit Anmerkungen oder weiteren vertiefenden Anregungen zum Thema ab. Im Vorschulalter fühlen sich die Kinder noch eng an ihre Lehrperson gebunden. Sie genießt deren Vertrauen. So ist ihnen auch ihre körperliche Nähe im Wasser wichtig. Die (An-)Sprache sollte zwar sachlich, aber auch kindgerecht, d. h. melodisch und einprägsam, sein. Die Kinder sollen in einer bilderreichen Sprache aus ihrer Vorstellungswelt mit kurzen, motivierenden Aufgabenstellungen, durch Bildertafeln oder aufgestellte Gegenstände zum Thema und deutliches Vormachen der Bewegung von der Lehrperson angesprochen werden. Die Kinder sollen die Aufgaben grundsätzlich selbstständig lösen. Die Lösungen der Kinder unterscheiden sich je nach ihrem Können. Beim Abverlangen der verschiedenen Aufgaben mit variablen Anforderungen kann ein Mutiger herausgefordert werden, der weniger Mutige erhält bei Bedarf eine leichtere Aufgabe, eine kleine Hilfestellung oder wird gezielt ermuntert, bis er so weit ist *(innere Differenzierung).* Deshalb sind die Aufgabenstellungen in den Schwierigkeitsgraden bewusst differenziert. Beim Springen und Tauchen sei nochmals darauf hingewiesen, dass die Lehrperson besonders gefordert ist, den Kindern die Reihenfolge, Form und Abstände klar vorzugeben und zu überwachen (vgl. Kap. 4.1).

5.1 KURS WASSERGEWÖHNUNG: FREUND MIT DEM WASSER WERDEN

Kurs in 12 Übungseinheiten

„MEIN KOPF WIRD NASS, DAS MACHT MIR SPASS!"

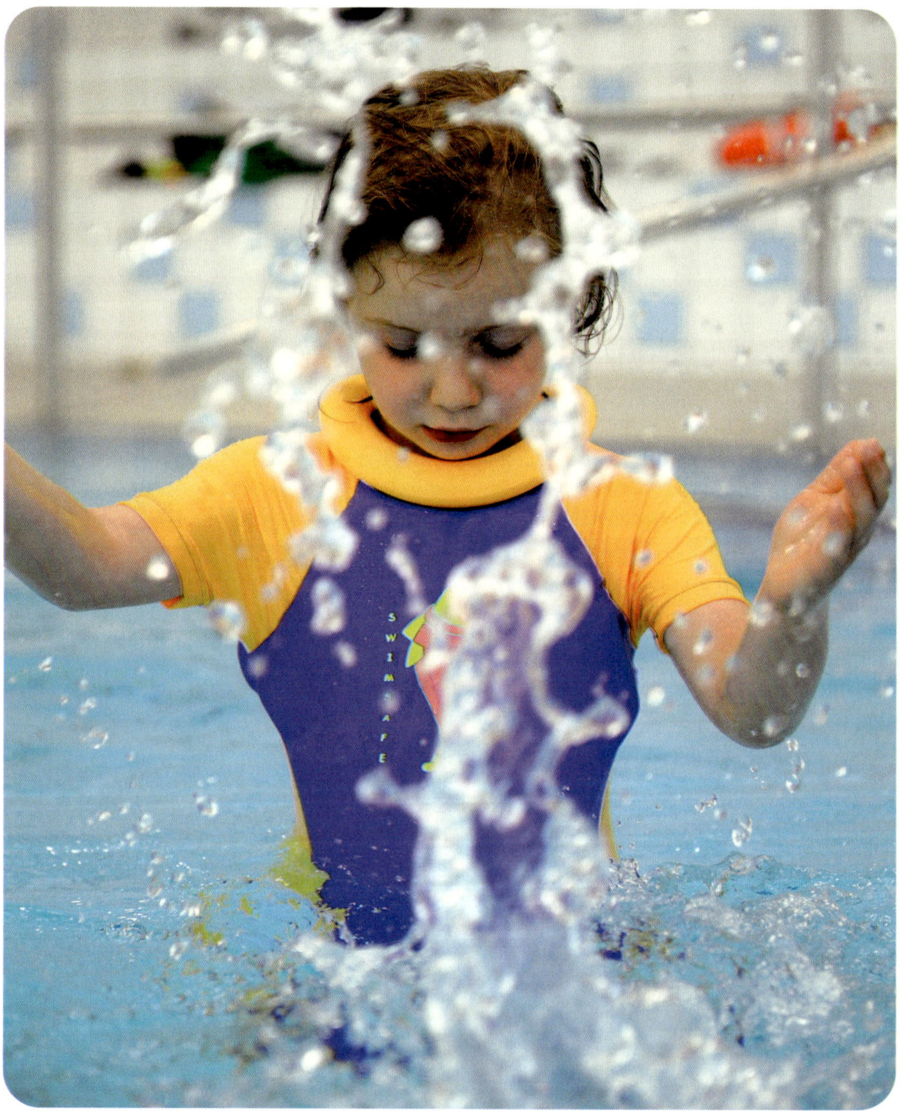

1. ÜBUNGSEINHEIT

Thema	Wasser ist zum Trinken, Zähneputzen, Händewaschen da!
Aufgabe	Wasser im Alltag bewusst erleben
Material	Trinkbecher aus Kunststoff
Regel/Sicherheit	Gießen – kein Spritzen!
1 Kindergarten Gruppenraum	•Begrüßen im Stuhlkreis mit rhythmischer Klatsch- und Stampfbegleitung: *„Heut ist ein Wi-Wa-Was-ser-tag, heut ist ein Wi-Wa-Was-ser-tag, kommt her, kommt her, und macht al-le mit." (Melodie z. B. „Ich ziehe meine Hose an.")* Die Becher verteilen, umgedreht zwischen die Knie klemmen und darauf mit den Zeigefingern klopfen oder in einer Hand halten und mit der anderen flachen Hand darauf trommeln.
2 Gruppenraum	•Auskleiden und Sprache üben: Jeder zieht sein Oberteil aus, legt es zusammen und platziert es auf seinem Stuhl. Die Oberteile können im Detail beschrieben und mit anderen verglichen werden.
3 Badezimmer	Übungen und Spiele am Waschbecken: •*„Wozu ist das Wasser da, Wasser da, Wasser da?"*, fragt die Lehrperson, die Kinder antworten: *„Zum Trinken, Lecken, Schlucken, Gurgeln, Ausspucken usw."* •Hände und Gesicht sowie Arme waschen, Hände zur Schüssel formen und daraus Wasser trinken oder auch mit Nase und Mund hineinblasen, Hände trocken schütteln, Augenzwinkern (Scheibenwischer), um das Augenwischen zu vermeiden. Dazu singen: *„Hände waschen, Hände waschen, das kann jedes Kind. Hände waschen, Hände waschen, bis sie sauber sind."* Das Lied wiederholen und „Hände" durch andere Körperteile ersetzen.
4 Küche Gruppenraum	•Ausklang: Wasser ist zum Trinken, Kochen, Reinigen da. Kinder waschen und trocknen ihren Becher ab und stellen sie zurück. •Zurück im Stuhlkreis: *„Ich ziehe meinen Pullover an, ich ziehe meinen Pullover an, schaut her, schaut her, was ich schon alles machen kann."*

Anmerkung: Ein Bild kann ausgemalt oder gemalt werden, auf welchem Kleidungsstücke vorgezeichnet sind oder auf das Figuren hinzugemalt werden.

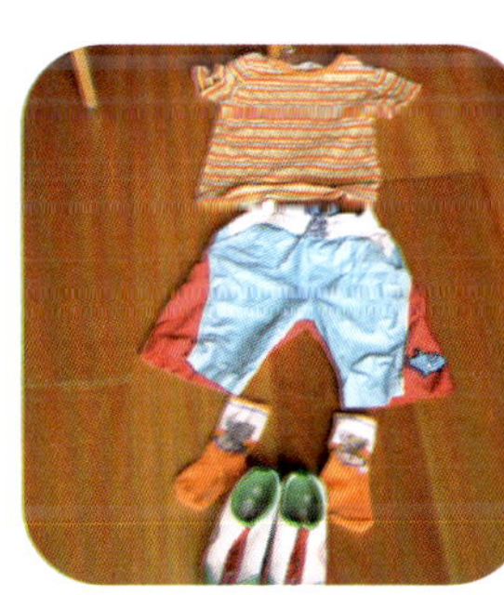

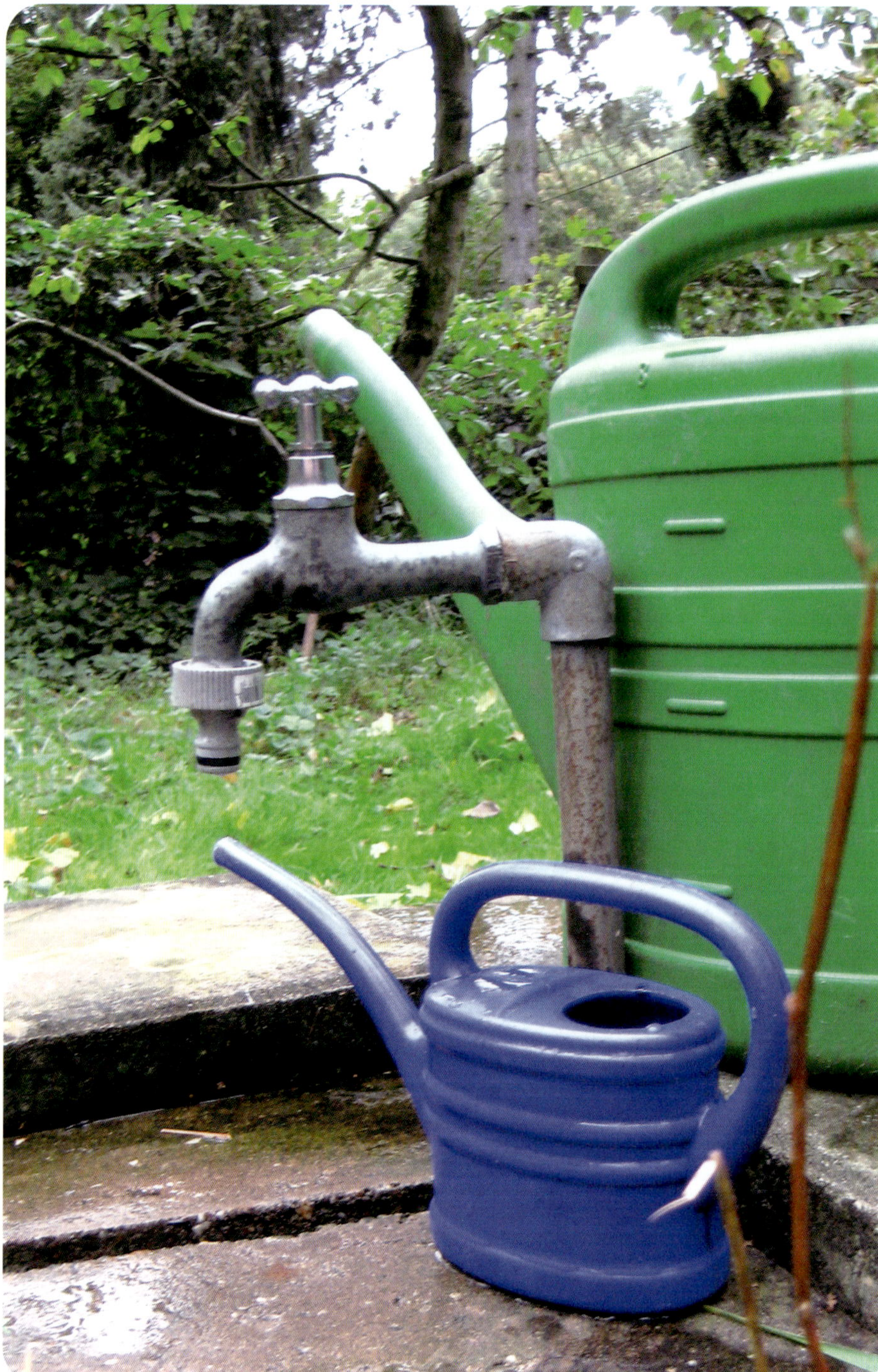

2. ÜBUNGSEINHEIT

Thema	Wasser ist zum Matschen da!
Aufgabe	Kennenlernen der Elemente Wasser und Sand
Material	Wasseranschluss mit Schlauch, Gießkannen, kleine Eimer
Regel/Sicherheit	Matschen und patschen (- keinen Sand werfen)!
1 Kindergarten Gruppenraum	•Begrüßen im Stuhlkreis mit rhythmischer Klatsch- und Stampfbegleitung: Die Lehrperson zeigt eine Sandkiste oder einen Strand in einem Bilderbuch: *„Heute geht's nach drau-ßen, nach drau-ßen, nach drau-ßen, was werden wir dort machen – kommt, sagt es mir!"* Ideen der Kinder abfragen. •Umkleiden üben: Badebekleidung anziehen, Eimer oder Gießkannen verteilen.
2 Außengelände Schlauch	•Wasser holen: *„Wir gehen nun zum Wasser-schlauch, Wasser-schlauch, Wasser-schlauch, wir gehen nun zum Wasser-schlauch, – kommt mal alle mit!"* •Wasser zum Sandkasten transportieren: Viel und wenig, schwer und leicht, vorsichtig und schnell usw. und dieses dort ausgießen, damit Matsch entsteht.
3 Außengelände Sandkasten	•Mit Wasser bauen (Wer baut was mit wem?): Wasserburgen, Flüsse,Seen, Bäche, Meer, Strand, Inseln, Teiche, Tümpel, Moor. •Kinder zu ihren Bauten befragen wie: Welche Tiere leben hier?
4 Außengelände Schlauch Gruppenraum	•Ausklang: *„Wir ge-hen nun zum Wasser-schlauch, Wasser-schlauch, Wasser-schlauch, wir gehen nun zum Wasser-schlauch, – duscht euch alle ab!"* Kinder säubern Gesichter und Körper gegenseitig mit Wasser aus Gießkannen und Eimern, trocknen sich mit Handtüchern ab und benennen dabei die Körperteile. •Ankleiden im Stuhlkreis: *„Ich ziehe meine (Unterhose) an, ich ziehe meine (Unterhose) an, schaut her, schaut her, was ich schon alles machen kann."*

Anmerkung: Eine Baderegel anhören, besprechen oder ausmalen, die zum Thema passt, vgl. Kap. 4.2.4 bzw. Anhang (DLRG-Baderegel-CD oder Malbuch).

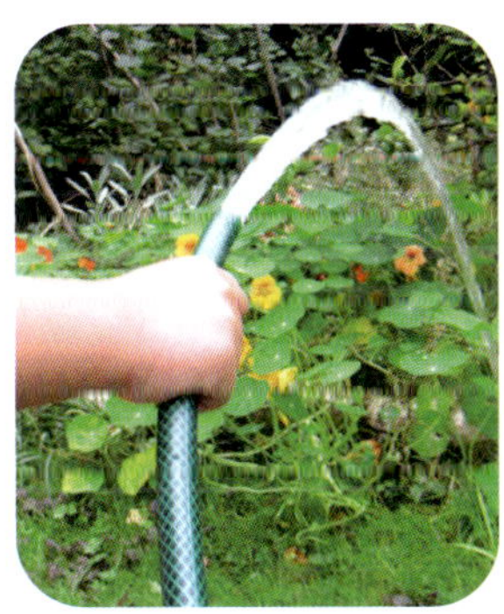

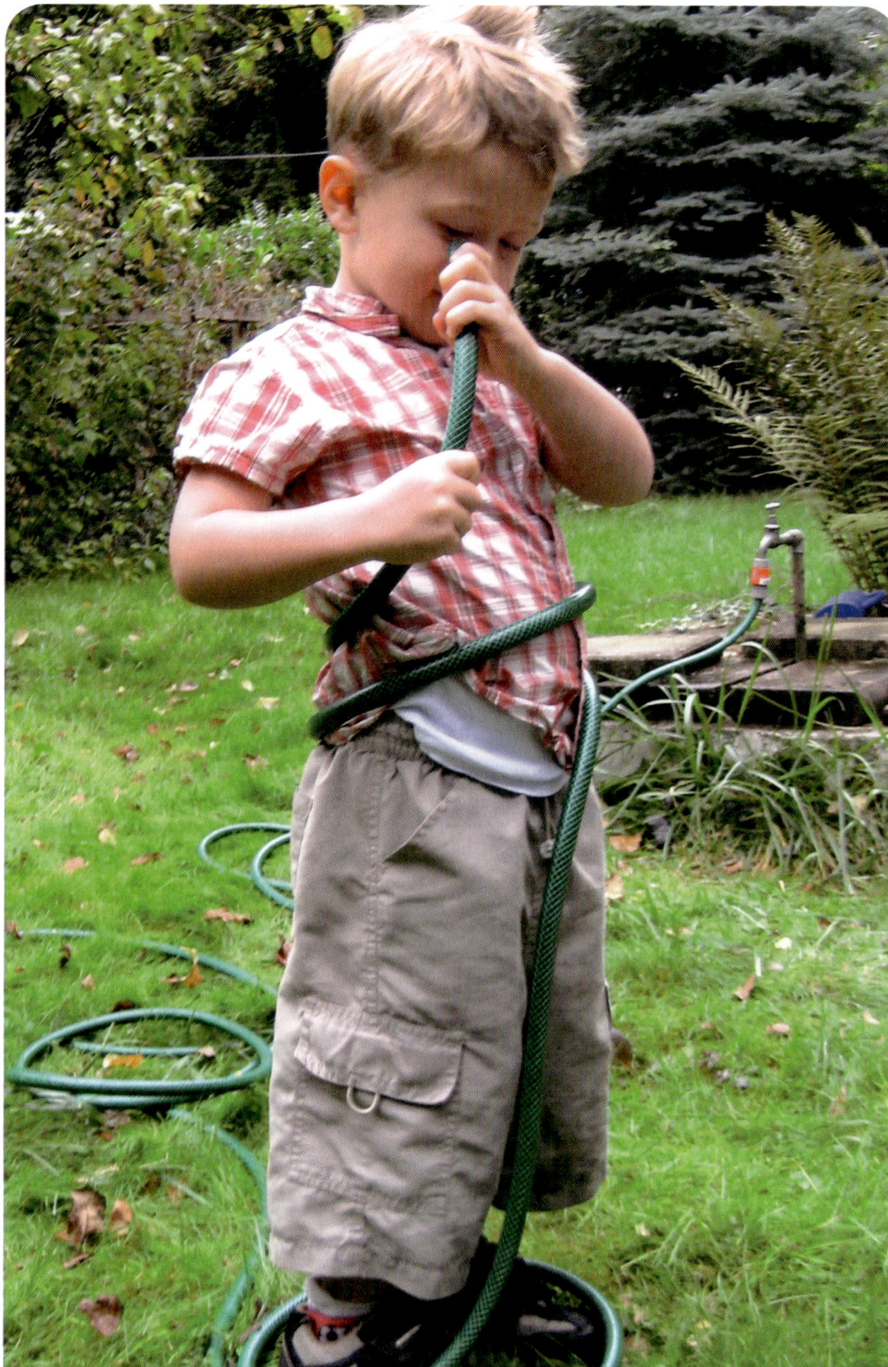

3. Übungseinheit

Thema	Wasser ist zum Planschen da!
Aufgabe	Spielen mit Wasser
Material	2-3 Planschbecken, Eimer, kleine Gießkannen, 1 große Gießkanne
Regel/Sicherheit	Laufen mit Abstand (kein Schubsen)!
1 Kindergarten Gruppenraum	•Begrüßen im Stuhlkreis mit rhythmischer Klatsch- und Stampfbegleitung: Ein Planschbecken liegt ungefüllt in der Kreismitte: *„Wozu ist dies' Be cken da, Becken da, Becken da? – Das Becken ist zum Planschen da, ist zum Planschen da!"* (Melodie: *„Wozu sind die Hände da?"*). Ideen der Kinder abfragen. •Umkleiden üben: Badebekleidung anziehen. Eimer oder Gießkannen verteilen, Planschbecken nach draußen tragen.
2 Außengelände Wasserschlauch	•Planschbecken füllen: *„Wasser holen, Wasser holen, das kann jedes Kind, Wasser holen, Wasser holen, das geht ganz geschwind!"* Die gefüllten Gefäße mal seitlich, mal vor dem Bauch, mal auf dem Kopf tragen. Wasser in die Becken mal weit, mal hoch hineinschütten.
3 Außengelände	Übungen und Spiele im Planschbecken: Wanderzirkus: *„Wir wandern, wir wandern, von einem Becken zum ander'n."* Die Kinder stampfen durch die Becken mit den Güssen, sie krabbeln und robben, blubbern mit dem Mund und tauchen mit dem Gesicht ein. Die Kinder nach ihren Ideen fragen.
4 Außengelände Gruppenraum	Ausklang •Planschbecken leeren: *„Wasser ist zum Blumengießen, Sträuchergießen da, Bäumegießen, Wasser ist zum Rasengießen da."* •Duschen unter großer Gießkanne: *„Kommt her zu mir, wir duschen hier, kommt her zu mir, wir duschen hier. Ich ruf (den/die Name), ich bin schon da, kommt her zu mir, wir duschen hier."* Eine Lehrperson hält die Gießkanne und ruft die Kinder einzeln zum Abduschen zu sich. •Ankleiden im Stuhlkreis.

Anmerkung: Arbeitsblatt mit einer Umrisszeichnung einer Schwimmtasche. Merkblatt erstellen mit der Frage: *„Was muss ich mitnehmen, wenn ich ins Schwimmbad gehe?"*

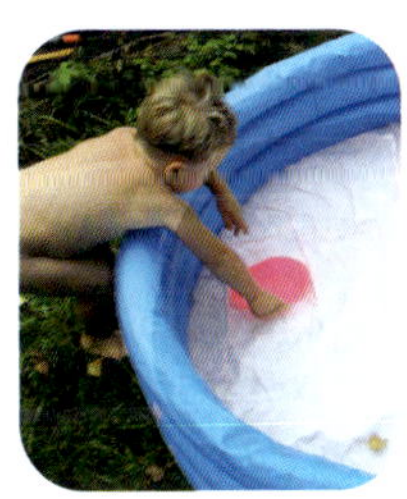

4. ÜBUNGSEINHEIT

Thema Aufgabe Material Regel/Sicherheit	Wasser ist zum Waschen da! Kennenlernen des Schwimmbads und Orientieren im Schwimmbecken Waschlappen, (Wäsche-) oder Trennleine *„Schwimmbadfliesen, Schwimmbadfliesen das ist wohlbekannt, sind ganz schnell glitschig, drum' wird nicht gerannt! G - E - H - E - N !"*
Im Bus Umkleide	•*„Wir fahren jetzt ins Schwimmbad, ins Schwimmbad, ins Schwimmbad,wir fahren jetzt ins Schwimmbad, und alle fahren mit. Es fährt ja auch (die/der Name) mit, (die/der Name) mit und (die/der Name)mit, es fährt ja auch (die/der Name), ja, alle fahren mit."* Umkleiden und Wiederholen: „Ich ziehe meine Kleidung aus."
1 Dusche	•Die Kinder vergleichen durch Reiben mit dem Fuß trockene und nasse Böden. •Duschgewöhnung: Kinder befeuchten die Waschlappen und singen dabei: *„Hände waschen, Hände waschen, das kann jedes Kind. Hände waschen, Hände waschen, bis sie sauber sind."* (Waschlappen befeuchten und verschiedene Körperteile waschen, auswringen über dem Kopf u. a.).
2 Schwimmbecken stütztiefes Wasser (0,30 m)	•Spiele mit Waschlappen im Sitz auf den Stufen: Waschlappen etwas hochwerfen („und") und fallen lassen („platsch"). Wasser aus dem Waschlappen tropfen lassen, dazu das Lied singen: *„Es regnet, es reg net, es regnet seinen Lauf. Und wenn's genug geregnet hat, dann hört es wieder auf."* Danach das Wasser aus dem Lappen über den Kopf fließen lassen: *„Es regnet, es regnet, es regnet auf den Kopf; jetzt bin ich schon, jetzt bin ich schon, ein nasser, nasser Tropf."* •Die Kinder geben die Waschlappen an die Lehrperson ab.

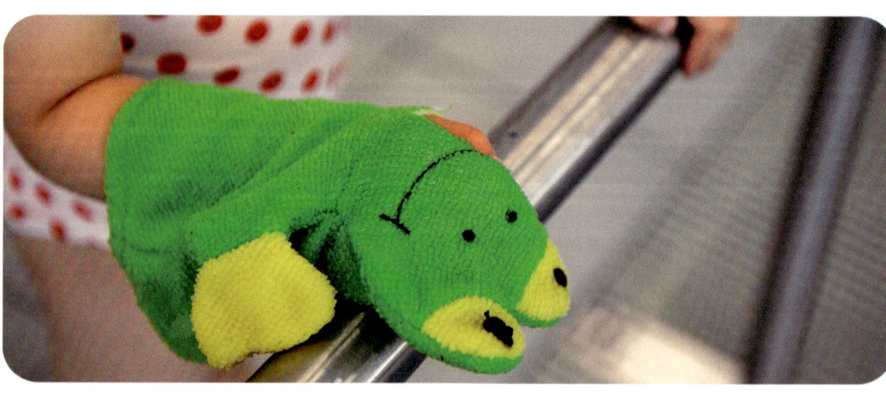

3	• Die Lehrperson spannt eine Leine im flachen Teil quer durch das Becken. Wasserwanderung: Kinder laufen im Wasser hintereinander im Uhrzeigersinn im Karree am Beckenrand und an der Leine entlang und halten sich bei Bedarf daran fest. Die Lehrperson: *„Wir wandern, wir wandern, wir wandern ringsherum. Und wenn ich in die Hände klatsch, dann lauft ihr andersrum."* (Kehrtwendung). Nach und nach sollten die Hände vom Beckenrand bzw. der Leine gelöst werden, und beim Laufen mit den Händen wechselseitig Wasser hinter sich drücken/schöpfen.
4	• Die Lehrperson spannt die Leine höher Schnurspiele: Waschlappen über die Schnur werfen, Waschlappen tropfnass aufhängen und darunter herlaufen, Waschlappen auf die Stufen werfen und hinterherhechten, Waschlappen auf die Leine hängen und im Hochspringen wieder herunterholen. • Strampelkonzert auf den Stufen in einer Reihe: Kinder legen sich in Bauchlage, strampeln, bis von 1 bis 10 gezählt wurde, und liegen bei Zuruf *„Und jetzt ganz still"* ruhig da, sollen auf ihren Atem hören und mit den Händen ihr Herz spüren. Danach selbiges in der Seit- und Rückenlage wiederholen. • Verabschieden: *„Eins, zwei, drei – das Schwimmen ist vorbei – und Tschüss!"* Bei *„Tschüss"* klatschen die Kinder mit den Händen auf das Wasser.

Anmerkung: Im Nachgang zum Schwimmen kann am nächsten Tag im Kindergarten eine Umrisszeichnung eines Körpers ausgeteilt werden. Die Kinder können darin das Herz einzeichnen. Außerdem kann das Thema *Körperschema* (Körperteile zeigen und benennen) und das Thema *Atmung* (Nase, Mund, Lunge) erarbeitet werden.

Auch die Baderegel spielerisch noch einmal abfragen, indem die Kinder im Stuhlkreis mit blauer Kreide ihre nackten Füße umrunden. Frage: *„Was müssen die Füße im Schwimmbad auf den Fliesen machen?"*

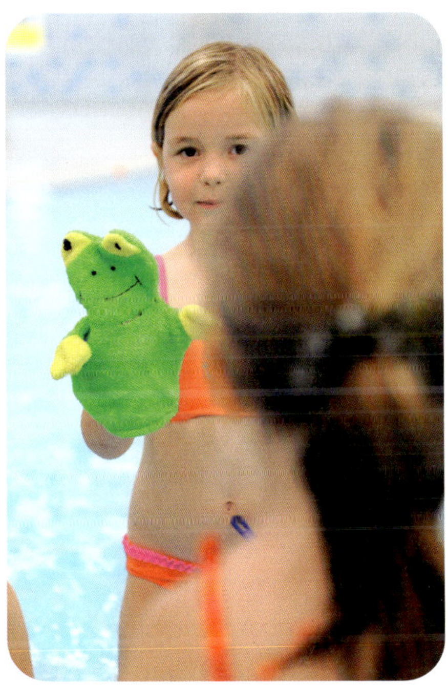

5. ÜBUNGSEINHEIT

Thema Aufgabe Material Regel/Sicherheit	Wasser ist eine Wundersuppe! Kennenlernen der Eigenschaften des Wassers Gefaltete (Glanz-)Papierschiffchen, gesäuberter flacher Stein (am Faden als Lot) *„Nur bis zur Brust darf der Nichtschwimmer ins Wasser gehen. Geht er tiefer, taucht er ab und ist für keinen mehr zu sehen."* *„Wo Schiffe fahr'n und Brücken steh'n, darf niemand schwimmen geh'n."*
Im Bus	•„Wir fahren jetzt ins Schwimmbad, ins Schwimmbad, ins Schwimmbad, wir fahren jetzt ins Schwimmbad, und alle fahren mit. Es fährt ja auch (der/die Name) mit, (der/die Name) mit und (der/die Name) mit, es fährt ja auch (der/die Name) mit, ja, alle fahren mit." •Umkleiden (Wiederholung: „Ich ziehe meine Kleidung aus").
1 Dusche Schwimmbecken stütztiefes Wasser (0,30 m)	•Die Kinder legen die Materialien auf den Beckenrand und gehen duschen. (Lernen: Wasser ist eine Flüssigkeit) •Strampelkonzert im Sitzen auf den Stufen: Die Lehrperson fragt und singt, die Kinder antworten: *„Wozu sind die Beine da, Beine da, Beine da?" „Die Beine sind zum Strampeln da, sind zum Strampeln da."* (Wiederholen in Bauchlage; dann Strampeln ersetzen durch Händepatschen, Mundblubbern, Mundfüllen und Ausspucken in den Ablauf am Beckenrand, Tauchen u. a.).

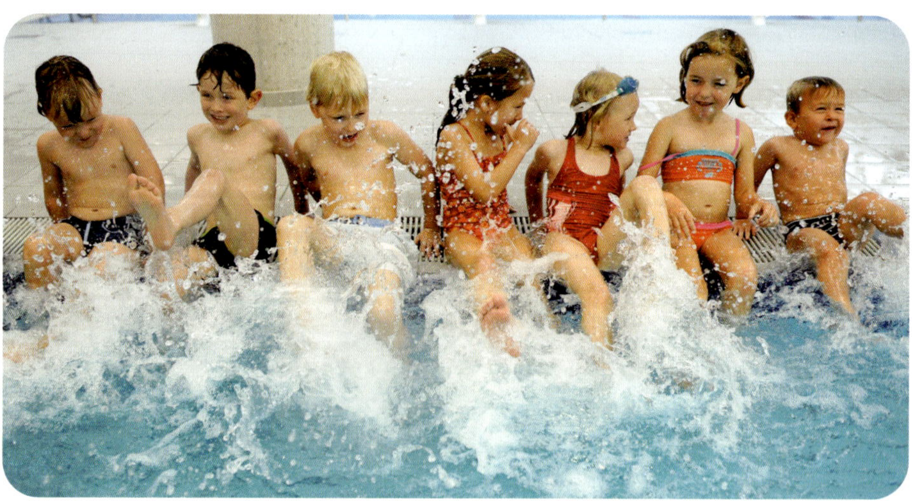

2 Schwimmbecken	(Lernen: Wasser bietet Widerstand) •Rühren am Ort im Kreis: *„Lirum, larum, Löffelstil, Wundersuppe koch ich viel, mit den Armen rühr ich ringsherum und dann auch mal andersrum!"* •Laufen und Strömung erzeugen: *„Eins, zwei, drei, im Sauseschritt laufen alle Kinder mit. Eins, zwei, drei, im Sauseschritt strömt das Wasser mit uns mit."* •Laufen gegen die Strömung und Widerstand spüren: *„Eins, zwei, drei, mit Kraft und Tritt, laufen alle Kinder mit. Eins, zwei, drei, mit Kraft und Tritt, laufen alle Kinder mit."* Richtungswechsel.
3	•Bootsfahrt: Die Papierschiffchen ins Wasser nehmen und durch leichtes treiben. •Vergleich: Das Boot schwimmt oben, die Beine der Kinder auch, sowohl im Handstütz in Bauchlage als auch im Handstütz rücklings in Rückenlage. Wellenschlagen mit den Händen, durch Pusten oder Hüpfen vorwärts •Wer traut sich, in der Bauchlage das Gesicht einzutauchen, danach wieder aufzustehen (die Beine unter den Körper anhocken, dabei Kinn zur Brust) und das Wasser durch Kopfschütteln und Augenblinkern loszuwerden?
4	Die Lehrperson sammelt Schiffe ein und teilt Steine an der Schnur aus. •Steinbeobachtung: Die Steine an der ersten Treppenstufe sinken lassen (oder als Lot absenken), Gesicht eintauchen und den Stein angucken. Nach dem Eintauchen unter Wasser kräftig durch die Nase ausatmen (hörbares Schnauben). •Abschlussspiel: *„Alle Vögel fliegen hoch"* (ersetzen durch Boote, Steine, Tiere u. a.). •Verabschieden: *„Eins, zwei, drei, - das Schwimmen ist vorbei - und Tschüss!"* Bei *„Tschüss"* atmen die Kinder hörbar ins Wasser aus.

Anmerkung: Die Baderegel „Wassertiefe für Nichtschwimmer" *(„Nur bis zur Brust darf der Nichtschwimmer ins Wasser gehen. Geht er tiefer, taucht er ab und ist für keinen mehr zu sehen.")* und „Badeverbot im Schiffsverkehr" *(„Wo Schiffe fahr'n und Brücken steh'n, darf niemand schwimmen geh'n.")* sowie die „Kraft des Freigewässers" *(„Willst im Meer du zum Baden gehen, wo auch stark die Winde wehen, lass die Luftmatratz zu Haus, die treibt aufs Meer, das Spiel ist aus.")* und die damit verbundenen Gefahren besprechen, musikalisch untermalen (Baderegel-CD) oder mit Bildern (Plakate) verdeutlichen (vgl. Anhang).

6. ÜBUNGSEINHEIT

Thema Aufgabe Material Regel/Sicherheit	Spritzspiele mit dem Flutschfinger Sammeln vielfältiger Bewegungserfahrungen Mit Wasser gefüllte Einweggummihandschuhe *„Bei AN-HAL-TEN bleiben alle stehen, bei LOS kann's weitergehen!"*
1 Dusche Schwimmbecken hüfttiefes Wasser (0,60 m)	•Die Kinder duschen, erhalten je einen Handschuh und füllen diesen mit Wasser. Wir nennen ihn Flutschfinger. Die Lehrperson hilft beim Zuknoten. •Flugtest: Die Kinder probieren das Werfen und Fangen mit dem Flutschfinger im Becken aus. •Tausch: Zwei Kinder stehen sich gegenüber und tauschen durch Zuwerfen (rechte und linke Hand) die Flutschfinger aus.
2	•Torwurf: Die Kinder stehen in einer Reihe vor dem Beckenrand, werfen den Flutschfinger in die Rinne und hechten nachfolgend mit ausgestreckten Armen und eingetauchtem Gesicht (bis zu den Ohren) zum Beckenrand, um ihn wieder zu holen. •Sicherheits-/Selbstrettungstest: Ohne den Beckenrand zu berühren, sich in Bauchlage legen (Gesicht im Wasser), die Beine anhocken, das Kinn zur Brust und mit Armbewegungen von hinten nach vorn rudernd im Wasser abdrücken, dass man zum Stand kommt.

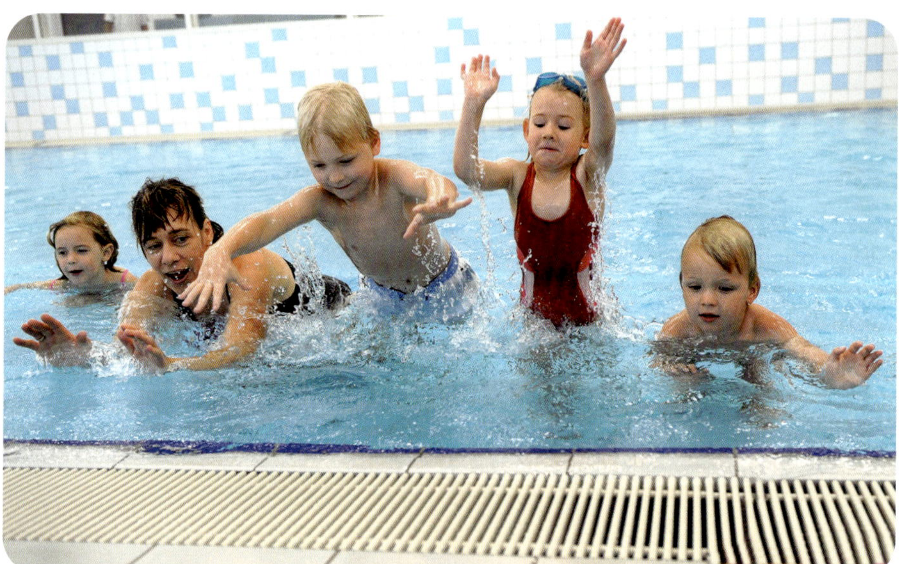

3	•Sprung: Die Kinder stehen am Beckenrand und werfen den Handschuh ins Wasser. Mit einem Fußsprung folgen sie dem Handschuh und nehmen ihn wieder auf. •Fingerzählen: Die Kinder versuchen paarweise, abwechselnd abzutauchen und unter Wasser mit geöffneten Augen die Finger des Handschuhs zu zählen.
4	•Blubbertanz: Die Kinder bilden einen Kreis, fassen beide Nachbarn auf den Schultern und tauchen mit ihren Schultern im Gleichtakt auf und nieder, wobei durch Mund und Nase geräuschvoll ins Wasser ausgeatmet wird. •Die Lehrperson beginnt, in der Mitte stehend, und tippt einem Kind mit dem Flutschfinger an den Kopf, welches sodann abtaucht und sich ausatmend auf den Beckenboden setzt. Nach dem Auftauchen wechselt dieses in die Mitte und setzt das Tippspiel mit einem anderen Kind fort, usw. •Verabschieden: *„Das Spiel ist nun aus, wir geh'n jetzt nach Haus. Wenn ihr müd seid, legt euch nieder, wenn es schön war, dann kommt wieder. Das Spiel ist nun aus, wir geh'n jetzt nach Haus."* •Die Kinder geben die Handschuhe bei der Lehrperson ab.

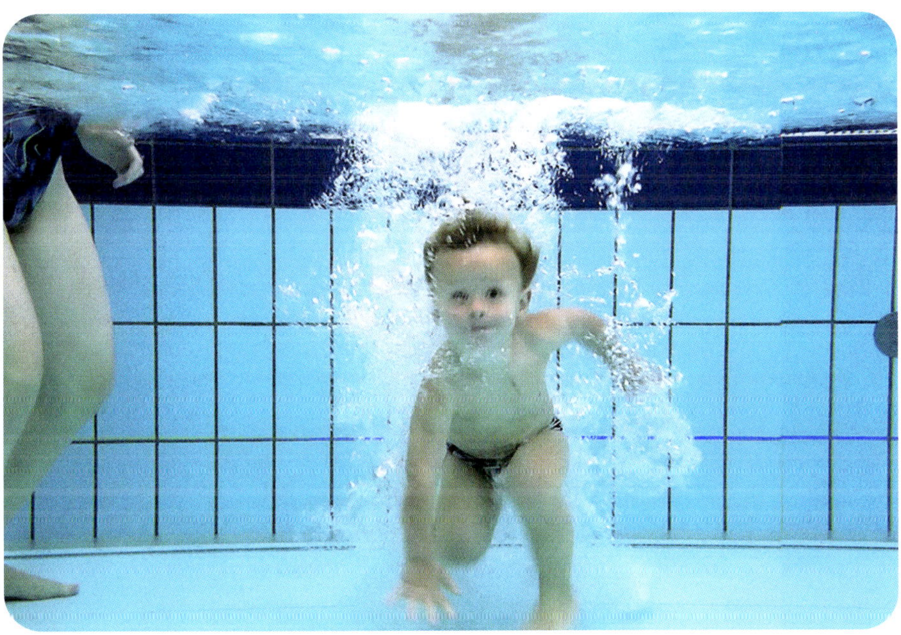

Anmerkung: Kinder, die den Sicherheitstest (siehe 2. Phase) nicht bestehen, werden dokumentiert, damit mit diesen wöchentlich weitergeübt wird.

7. ÜBUNGSEINHEIT

Zur Vorbereitung dieses Unterrichts wird das Thema *Ente* mit Bilderbüchern und Geschichten thematisiert. Als Übung zur Feinmotorik werden Enten aus Kork mit Feder, Schraube und Moosgummikopf gebastelt.

Thema Aufgabe Material Regel/Sicherheit	Alle meine Entchen! Gewöhnen an das Ausatmen ins Wasser und Tauchen Korkenten (verschiedene farbig), verschiedenfarbige Schwimmbretter o. Ä. zum Kennzeichnen *„Bei AN-HAL-TEN bleiben alle steh'n, bei LOS kann's weitergeh'n!"*
1 Schwimmbecken hüfttiefes Wasser (0,60 m)	•Die Kinder versammeln sich nach dem Duschen auf den Stufen. Die Lehrperson wirft die Enten ins Wasser. •Enten retten: Die Kinder laufen durch das Wasser und bringen die Enten wieder zu den Stufen zurück. Die Lehrperson wirft die Enten mehrmals, bis die Kinder vom Laufen etwas ermüden.
2	•Enten sortieren: Die Lehrperson kennzeichnet drei Beckenränder durch Aufstellen von verschiedenfarbigen Schwimmbrettern. Die Kinder bringen die Enten vom Wasser zum entsprechenden Beckenrand. •Auf dem Rückweg zu den Stufen rudern sie mit wechselnden Armen durch das Wasser, um zügig voranzukommen und versuchen, kurz vor den Stufen die Arme zu strecken, das Gesicht ins Wasser zu legen und sich bäuchlings ins Wasser zu legen. •Die Hände stützen sie auf den Stufen ab, um den Körper aufzurichten. Anschließend noch 4-6 x üben.

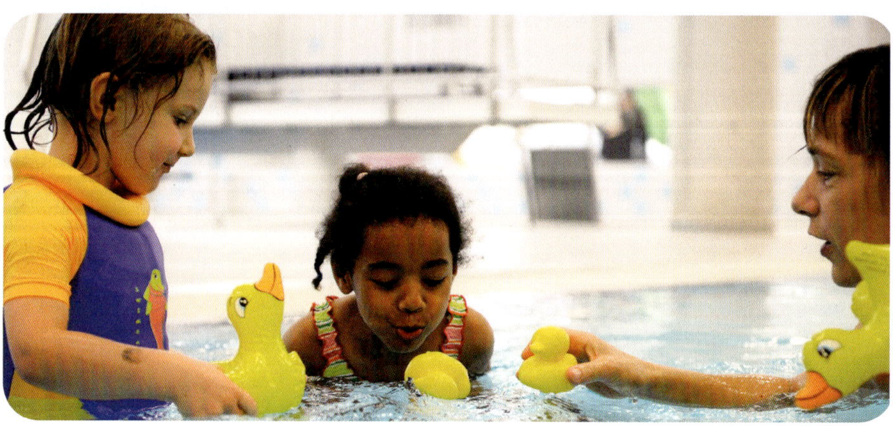

3	•Die Lehrperson singt das Entenlied, die Kinder queren das Schwimmbecken auf die gegenüberliegende Seite mit den Übungen. •Ausatmen an der Wasseroberfläche: *„Alle meine Entchen schwimmen ganz geschwind, schwimmen ganz geschwind, weil wir kräftig pusten, pusten wie der Wind!"* •Ausatmen ins Wasser: *„Alle meine Entchen schwimmen ganz geschwind, schwimmen ganz geschwind, Blubberblasen treiben, treiben wie der Wind!"* •Tauchen: *„Alle meine Kinder tauchen wie ein Stein, tauchen wie ein Stein, Popo auf den Boden, ja, so soll es sein!"* •Fortbewegen mit den Armen (Brusttechnik, Beine laufen nur mit. Bewegungsvorstellung: Puddingschüssel auskratzen): *„Alle meine Kinder schwimmen hier umher, schwimmen hier umher, müssen kräftig ziehen, ziehen ist nicht schwer!"* •Fortbewegen mit Beinen (Wechselschlagtechnik, Bewegungsvorstellung: Motor) und Armen (Brusttechnik): *„Alle meine Kinder schwimmen hier umher, schwimmen hier umher, müssen kräftig strampeln, strampeln ist nicht schwer!"*
4	•Entenfüße: Im Sitz am Beckenrand demonstriert die Lehrperson die Brustbeinbewegung. Beim Korrigieren die Füße (am Vorfuß) führen im Rhythmus: An(beugen) - aus(wärtsdrehen) - K-r-e-i-s - zu(schließen): Erst im Sitz und dann in Bauchlage. •Verabschieden: „Eins, zwei, drei, die Entenstunde ist vorbei." Die Kinder dürfen die Enten zum Dekorieren der Badewanne mit nach Hause nehmen.

Anmerkung: Die Bewegungsbilder „Puddingschüssel" und „Motorboot" können im Kindergarten als Material für zukünftige Schwimmstunden gemalt und einlaminiert werden. Vielleicht können bei einem Ausflug an einen Teich die Enten einmal bewusst in ihrer Fortbewegung beobachtet werden.

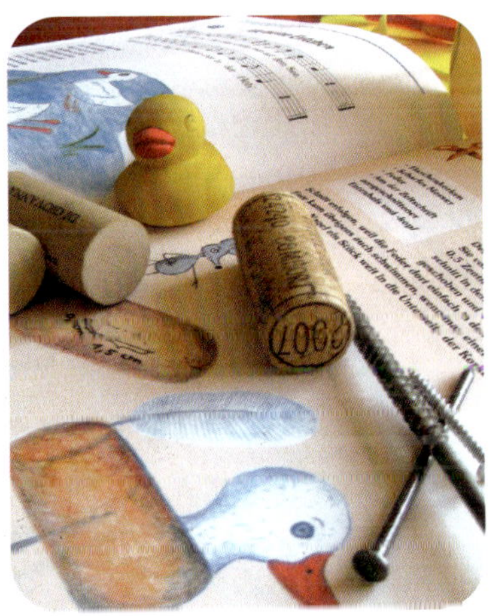

8. ÜBUNGSEINHEIT

Im Vorfeld der Übungseinheit haben die Kinder mit Werkzeug Löcher in gesammelte Joghurtbecher oder -schüsseln gestanzt. Es lassen sich auch Kaffeefilter, Salatsiebe und Trichter alternativ benutzen.

Thema	Wasser ist nass wie Regen!
Aufgabe	Mit Bewegungs- und Wettergeschichten den Kopf an das Wasser gewöhnen
Material	Gelöcherte Plastikgefäße und ähnliche Gefäße
Regel/Sicherheit	*„Wenn es am Himmel grollt und dunkle Wolken ziehen, schnell Sachen eingerollt, vor Blitz nach Hause fliehen."*
1 Schwimmbecken hüfttiefes Wasser (0,60 m)	Die Kinder versammeln sich nach dem Duschen auf der Einstiegstreppe. •Wettergeschichte: Die Lehrperson erzählt eine Wettergeschichte. Die Kinder bewegen sich dazu passend durch das Becken mit entsprechendem Körpereinsatz. •Feuer-Wasser-Blitz: Die Lehrperson erzählt eine Geschichte, bei der die Kinder bei „Feuer" löschen, bei „Wasser" sich an den Beckenrand retten und bei „Blitz" aus dem Becken/Wasser herausklettern müssen. Dazu die o. a. Baderegel erläutern.
2	•Schüssel- und Bechertest: Die Lehrperson stellt die Schüsseln und Becher am Beckenrand auf. Die Kinder holen sich diese nach freier Wahl zum Ausprobieren •Regenmacher: Die Kinder hüpfen und werfen das Wasser aus ihren Bechern in die Luft und singen dabei: „Es regnet, es regnet, es regnet seinen Lauf. Und wenn's genug geregnet hat, dann hört es wieder auf."

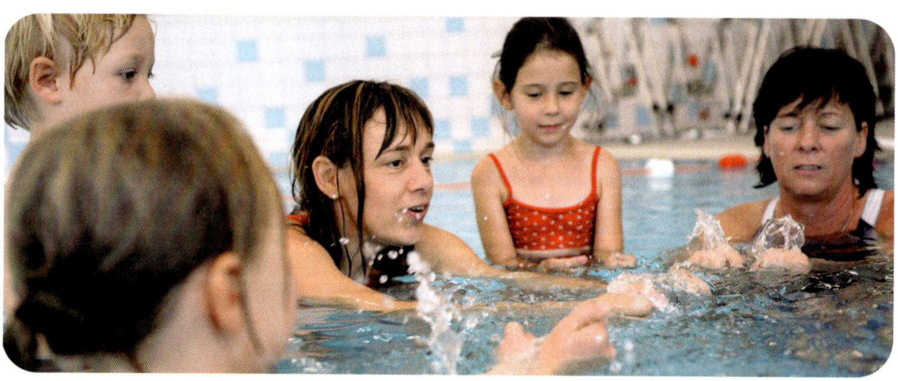

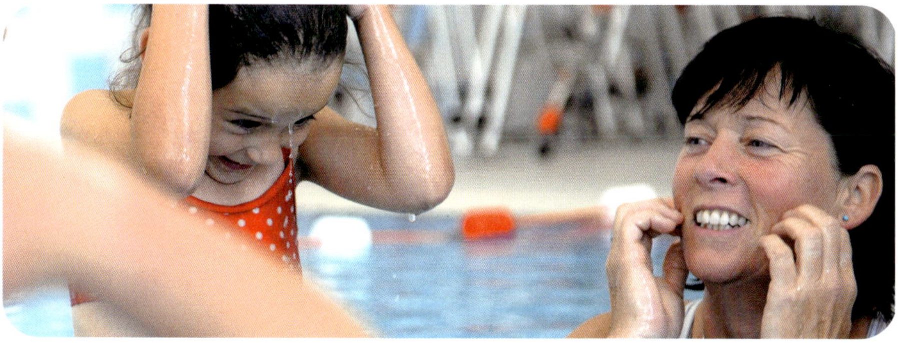

3	•Ausatmen: Die Kinder pusten bei „eins, zwei, drei" das Wasser aus ihrem Becher. Die Übung steigern durch Ausatmen in den Becher, Ausatmen beim Sichübergießen mit Wasser, Ausatmen beim Untertauchen. •Wettkippen: Die mit Wasser gefüllten Becher stehen auf zwei gegenüberliegenden Beckenrändern. Bei „Auf die Plätze, fertig, los" sollen die Kinder mit wechselnden Armschlägen durch das Wasser rudern, um zügiger zum einen Beckenrand zu gelangen, dort die Becher umkippen und wieder zur anderen Seite eilen usw., während die Lehrperson diese wiederum schnellstmöglich mit Wasser füllt. Die Schultern tauchen dabei bereits ins Wasser ein •Auch mit Brustarmbewegungen und Kraulbeinbewegungen und eingetauchtem Gesicht probieren, vorwärts zu kommen..
4	•Sprungtore: Die Kinder markieren mit den Bechern an zwei gegenüberliegenden Beckenrändern Tore. Im Tor stehend, springen sie ins Wasser und eilen durch das Wasser auf die andere Seite, um von dort erneut zu springen. •Jedes Kind soll sich zwei verschiedene Sprünge ausdenken. Bei einem Sprung soll es viel spritzen, beim anderen Sprung nicht. Dazu die Sprungregel vermitteln: „Ist das Wasser frei, so darfst du springen, mit den Füßen zuerst, sonst kann's Unglück bringen." Die Lehrperson beobachtet, ob sie fähig sind, Beine und Arme zu schließen (Körperzusammenschluss, -spannung). •Verabschieden: „Eins, zwei, drei, das Springen ist vorbei. Wir sagen nun zum guten Schluss, mit dem Mund tschuss, tschuss, tschuss (dabei ins Wasser blubbern). Eins, zwei, drei, das Springen ist vorbei."

Anmerkung: Im Nachgang die Baderegel zum Verhalten am Wasser bei Wetterumschwung (Gewitter) erläutern (vgl. Kap. 4.2.4), dazu das Bild ausmalen oder die Baderegel-CD anhören.

9. ÜBUNGSEINHEIT

Thema	Am, im und unter Wasser kann man Farben sehen!
Aufgabe	Mit Farbspielen unter Wasser orientieren lernen
Material	Bunte Wäscheklammern und Wäscheleine
Regel/Sicherheit	*„Macht eure Ohren groß, - hört zu, dann geht's gleich los!"* *„Zeigt der Lehrer ROT, heißt das: Bleib stehen!* *Und gibt es GRÜN, so kannst du weitergehen."*
1 Schwimmbecken hüfttiefes Wasser (0,60 m)	•Die Kinder versammeln sich nach dem Duschen auf der Einstiegstreppe. Jedes Kind erhält eine rote, eine gelbe, eine grüne und eine blaue Klammer und klemmt sich diese an die Badebekleidung. DieLehrperson übt bei jedem Spiel-/Übungswechsel mit der Gruppe, auf die Unterrichts- und Sicherheitsregeln zu reagieren, indem sie auf die Ohren hinweist bzw. das rote oder grüne Signal hochhält und die Regel laut aufsagt. •Farbenlied: Die Kinder hüpfen im Wasser, die Lehrperson singt: „Rot, rot, rot sind alle meine Farben, rot, rot, rot ist alles, was ich mag." Die Kinder halten die farblich entsprechende Klammer hoch.
2	•Farborientierung: Die Lehrperson legt an jedem der vier Beckenrändereine Wäscheklammer als Markierung aus. Auf Zuruf „blau" laufen die Kinder schnellstmöglich zum blau markierten Beckenrand, um dort ihre Klammer abzulegen. Auch die anderen Farben werden genannt. •Wenn die Kinder keine Klammern mehr an ihrer Badebekleidung haben, werden die Kommandos schneller gegeben, damit sich die Kinder möglichst schnell orientieren lernen, mit ausgestreckten Armen und eingetauchtem Gesicht gegen den Widerstand des Wassers anlaufen lernen und zum Beckenrand hinhechten.
3	•Leinenspiel: Die Lehrperson spannt die Wäscheleine im Becken. Die Kinder holen auf Zuruf „rot" die farblich entsprechende Klammer und stecken diese an die Leine. Auf dem Rückweg zum Beckenrand sollen sich die Kinder mit ausgestreckten Armen in Vorhalte, Gesicht eingetaucht, fortbewegen (Motorboot). •Farbentauchen: Die Kinder verteilen ihre vier Klammern auf die vier verschieden tiefen Einstiegsstufen im Wasser und versuchen, diese eingetaucht mit geöffneten Augen zu sehen, danach zu greifen und sie hochzuholen. Beim Auftauchen das restliche Wasser kräftig aus der Nase ausschnauben.

4	Wäscheleine über die Stufe gespannt. Wäscheklammern angesteckt. •Entspannen in Rückenlage: Die Kinder legen sich mit auf den Stufen gestützten Händen in die Rückenlage, blicken zur Wäscheleine und versuchen, ihre Ohren ins Wasser einzutauchen und der Stille unter Wasser zu lauschen. •Verabschieden: Die Baderegel wird pantomimisch dargestellt und gemeinsam gesprochen: „Nach dem Schwimmen - das war wunderschön -, Anzug/Hose aus und trocknen mit Handtuch und Föhn."

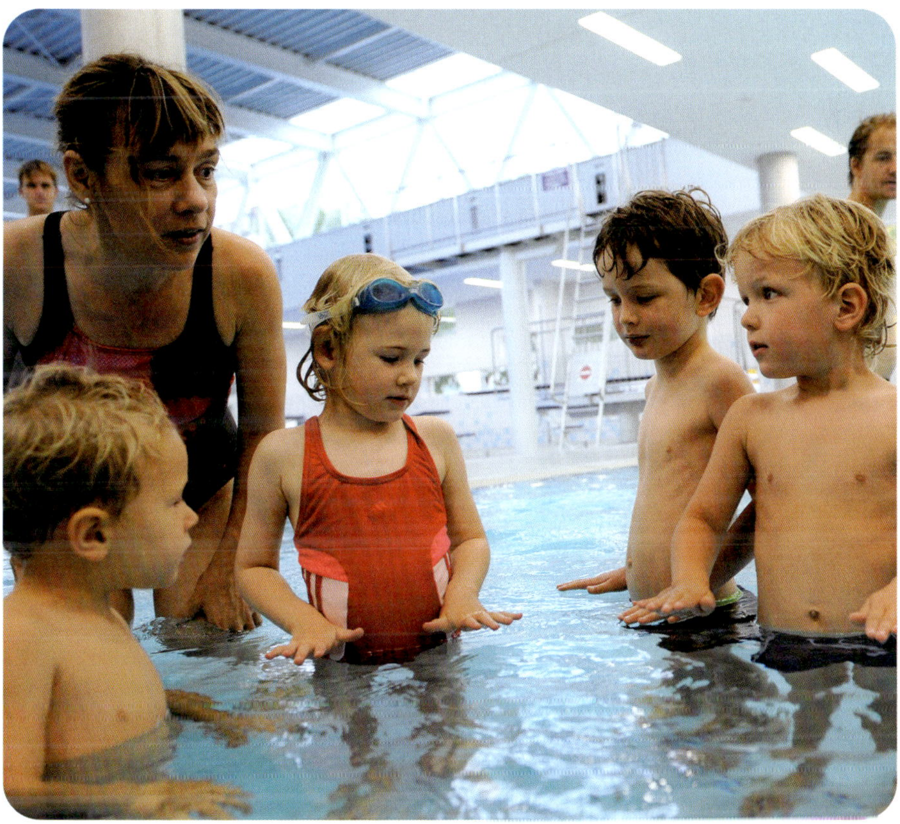

Anmerkung: Im Nachgang kann besprochen werden, wie wir uns bei roten Ampeln im Straßenverkehr und wie bei roten Absperrleinen im Schwimmbad zu verhalten haben. Wo ist es flach, wo ist es tief? Wo ist der Bereich für Nichtschwimmer, wo der für Schwimmer?

10. ÜBUNGSEINHEIT

Thema	Wassernudeln tragen uns und wir paddeln!
Aufgabe	Antriebsmöglichkeiten mit Armen und Beinen erproben
Material	Poolnudeln
Regel/Sicherheit	Bei *„Hin-le-gen"* heben die Beine ab, bei *„Auf-ste-hen"* werden die Füße an den Boden gebracht! *„Ruft der Lehrer: ‚Das Schwimmen ist aus!' – verlassen die Kinder das Wasser – hinaus!"*
1 Schwimmbecken hüfttiefes Wasser (0,60 m)	•Die Kinder duschen, erhalten je eine Nudel und bewegen sich zwischen Stufen und Trennseil. •Krafttraining für die Arme: Die Kinder drücken die Poolnudel kräftig herunter. *„Auf und nieder, auf und nieder, immer wieder auf und nieder."* •Gleichgewicht halten: Die Kinder halten sich an der Nudel fest und bewegen ihre Beine in alle Richtungen und halten die Füße aus dem Wasser (Lagesicherheit entwickeln): Dazu singen: *„Zeigt her eure Füße, zeigt sie her im Nu, und sehet den fleißigen Schwimmkindern zu. Sie strampeln, sie strampeln, sie strampeln den ganzen Tag. Sie strampeln, sie strampeln, sie strampeln den ganzen Tag."*
2	•Schweben mit der Nudel: Die Kinder legen ihre Arme über die Nudel (Schultern ins Wasser eintauchen) und laufen, bis die Lehrperson ruft: *„Füße laufen, Füße laufen, Füße schweben plötzlich hoch."* Dann mit den Füßen strampeln und Füße stillhalten. Wiederholen.
3	•Zugpferd: Ein Kind legt sich über zwei Nudeln und wird von einem anderen durch das Wasser gezogen. Rollenwechsel.
4	•Ritt auf der Nudel: Die Kinder setzen sich auf jeweils eine Nudel und versuchen, sich so hüpfend oder laufend, später ohne Bodenkontakt, vorwärts zu bewegen. •Rückenschwimmen mit der Nudel: Die Kinder legen die Nudel wie einen Schal um den Hals, halten sie fest und legen sich in die Rückenlage. Die Beine können strampeln oder stoßen, um in Fahrt zu kommen. •Verabschieden: *„Eins, zwei, drei, – das Schwimmen ist vorbei. Alle Kinder, groß und klein, – sammeln nun die Nudeln ein. Eins, zwei, drei, – das Schwimmen ist vorbei!"* •Regel zum Schluss: *„Ruft der Lehrer: ‚Das Schwimmen ist aus!', – verlassen die Kinder das Wasser – hinaus!"*

Anmerkung: Im Nachgang der Stunde kann darüber gesprochen werden, in welchen Situationen man die Tragkraft (den Auftrieb) des Wassers auch noch sehen und erleben kann.

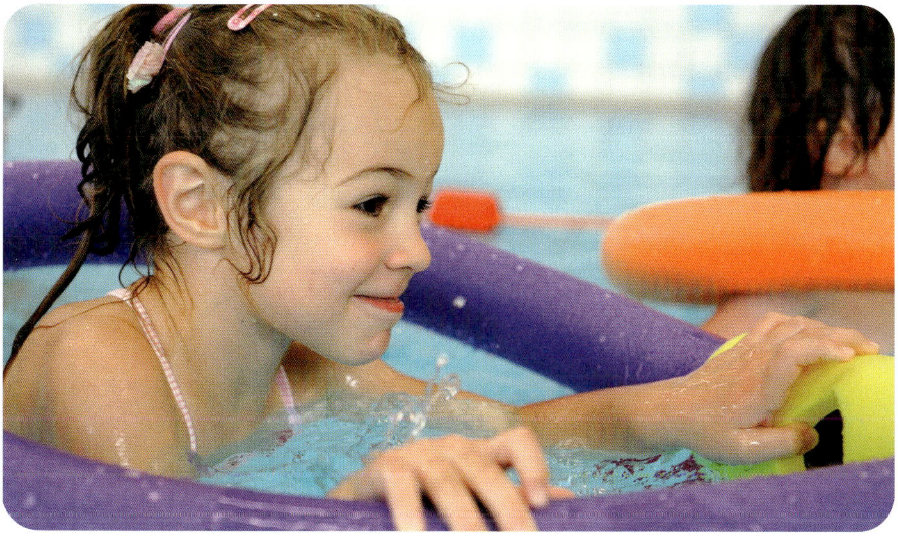

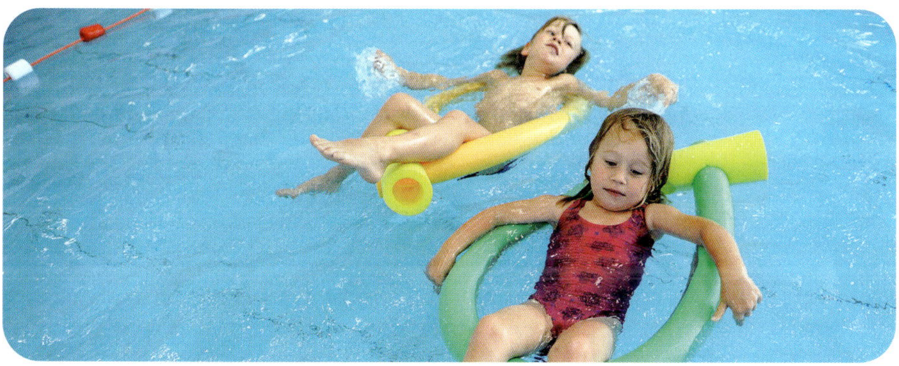

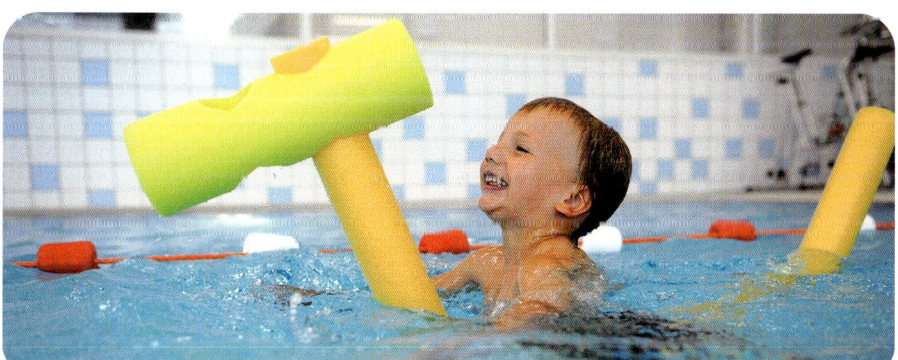

11. ÜBUNGSEINHEIT

In der Vorbereitung werden Musikinstrumente gebastelt. Leere Shampooflaschen werden von den Kindern mit Kieselsteinen gefüllt, die Verschlüsse und Öffnungen mit Klebstoff verschlossen. Der Lehrer setzt diese Rasseln als akustisches Signal zum *„Anhalten"* und Ankündigen der nächsten Übung im Unterricht ein.

Thema Aufgabe Material Regel/Sicherheit	Wenn wir unsere Rasseln schwingen! Rhythmisches Bewegen im Wasser zu Liedern und Musik Mit Kieselsteinen gefüllte Shampooflaschen und Schwimmbretter *„Bei AN-HAL-TEN und Handzeichen PST bleiben die Rasseln still, weil jeder der Lehrperson lauschen will!"*
1 Schwimmbecken hüfttiefes Wasser (0,60 m)	Die Kinder versammeln sich nach dem Duschen auf der Einstiegstreppe. Jedes Kind bekommt eine Rasselflasche. • Kinder hüpfen und singen das Rassellied: „Wenn wir unsere Lieder singen, können wir die Rasseln schwingen. Rasseln rütteln, Rasseln schütteln: Musik liegt in der Luft." • Wasserorchester: Die Lehrperson summt die Melodie, spricht den Text vor und singt mit den Kindern: „Es klappert die Mühle am rauschenden Bach, klipp-klapp, klipp-klapp, klipp-klapp. Bei Tag und bei Nacht ist der Müller stets wach, klipp-klapp (3 x). Er mahlet das Korn zu dem täglichen Brot, und haben wir dieses, so hat's keine Not. Klipp-klapp, klipp-klapp, klipp-klaaap! Klipp-klapp, klipp-klapp, klipp-klapp." Bei „klipp-klapp" wird gerasselt und mit der Flasche auf das Wasser geschlagen. Das Lied summend („lalala") während des Laufens auf die andere Beckenseite wiederholen und „klipp-klapp" ersetzen durch „hüpf-hoch", „tauch-tief", „lauf-schnell", „steh-still", „Luft-raus".
2	• Rhythmusübung: Aufstellung in einer Reihe. Die Lehrperson steht mittig und demonstriert den Kindern Armbewegungen (Brust, Kraul, Rücken). „Schaut her, schaut her, wie man so schwimmen kann." Die Kinder ahmen die Bewegungen nach, wesentliche Ausführungsmerkmale werden dann von der Lehrperson rasselnd und sprechend begleitet (z. B. bei Brust: Armziehen (laut), Vorschieben (leise); bei Kraul und Rücken: rechts und links wechselnd gleichmäßig ziehen.

3	•Flaschentransport: Die Flaschen werden auf Schwimmbretter gelegt und im Laufen von einer auf die andere Beckenseite geschoben (auch als Wettspiel möglich). Den Schwierigkeitsgrad steigern, indem die Kinder sich mit der Brust auf das Brett legen und mit Kraulbeinschlag auf dem Brett die Balance halten (ohne Flasche). Der Abstoß von der Beckenwand sollte bewusst und kräftig sowohl aus dem Einbeinstand als auch beidbeinig angehockt erfolgen. Die Flaschen werden eingesammelt. •Badewanne: Die Kinder halten das Brett mit beiden Händen an den Längskanten fest, sodass sie eine „Badewanne" vor sich haben. Nun wird der Kopf bis zu den Ohren in die „Badewanne" gelegt und der Rasselmusik unter Wasser gelauscht. Wer kann etwas hören? Ist es unter Wasser laut oder leise? Wer kann selbst mit dem Mund unter Wasser laut und leise sein (ausatmen, Luft anhalten)?

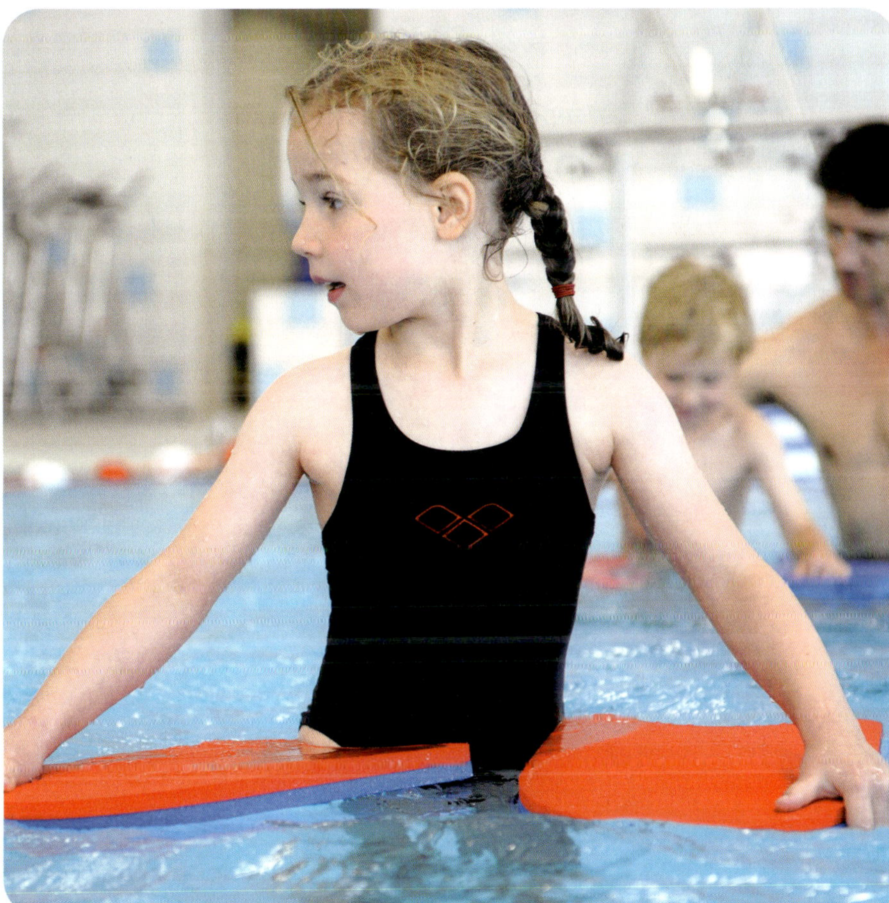

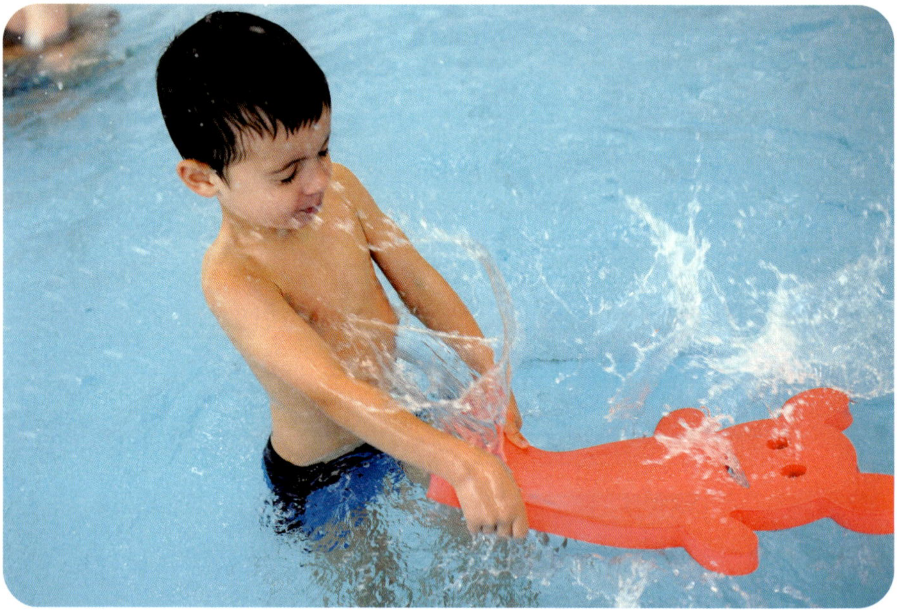

4	Als Beobachtung vorweg: Schwimmt die Flasche auf dem Wasser? •Rückenlage mit Kopfkissen: Die Kinder legen sich das Brett hinter den Kopf und halten sich mit den Füßen an der obersten Treppenstufe fest. Die Lehrperson zieht sie einzeln an den Brettern 3-4 m durch das Wasser und übt mit jedem das Aufstehen aus der Rückenlage (Beine anhocken, Brett loslassen, sich in die Bauchlage drehen, aufrichten) (Längsachsenrotation). Das Aufrichten aus der Rückenlage direkt (Breitenachsenrotation) ist oft schwieriger (Beine anhocken, Kinn zur Brust, Brett loslassen und die Arme einmal seitlich zum Abstützen ins Wasser herunterdrücken). •Seestern mit Brett: Die Kinder halten sich das Brett vor den Bauch und legen sich nach hinten in die Rückenlage ganz ruhig auf das Wasser (Ohren im Wasser). •Rasselmann: Wer traut sich, die Augen zu schließen und zu lauschen? „Es gehet hier im Kreis herum, der Ri-Ra-Ri-Ra-Rasselmann, er rasselt hier und rasselt da und dreht sich auch mal um, widebum." (nach der Melodie vom ‚Bi-Ba-Butzemann'). •Wassertrommel: „Ene-mene-mitze, jetzt ist Schluss mit dem Gespritze, ene-mene-maus, wir geh'n nach Haus." Die Flaschen einsammeln.

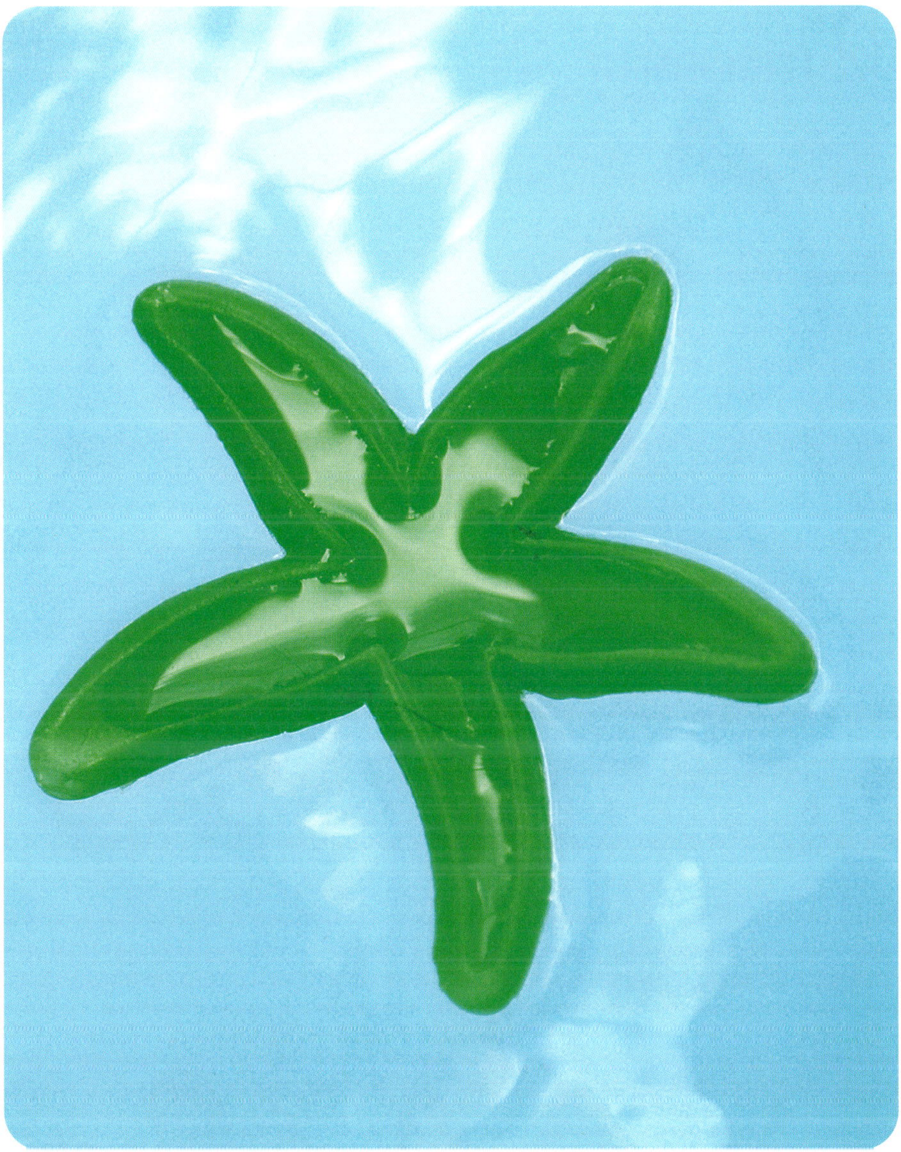

Anmerkung: Der Seestern (Kind mit ausgespreizten Armen wie ein Stern) kann als Bildvorlage zum Ausmalen den Kindern ausgeteilt werden (vgl. Brooks/Bunday, 2001). Falls vorhanden, einen getrockneten Seestern zeigen, vorsichtig betasten und betrachten lassen.

12. ÜBUNGSEINHEIT

Thema Aufgabe Material Regel/Sicherheit	Wie fit und fidel seid ihr im Wasser? Durchführen des Wassergewöhnungstests, Wiederholen der Baderegeln, Vorzeigen des Quietschfideldiploms bei den Eltern Tierbilder für den Beckenrand, Baderregel und Urkunden für alle Kinder *„Bei AN-HAL-TEN bleiben alle steh'n, bei „LOS kann's weitergehen!"*
1 Schwimmbecken hüfttiefes Wasser (0,60 m)	•Begrüßungslied: Die Lehrperson summt die Melodie vor und spricht dann den Text vor: „Wir sind alle quietschfidel, quietschfidel, quietschfidel, wir sind alle quietschfidel und machen alle mit." Verschiedene Bewegungen (hüpfen, patschen, drehen) werden von der Lehrperson vorgeführt, von den Kindern nachgemacht. Auch Vorschläge der Kinder abfragen und ausführen.
2+3	•Im Stationsbetrieb wird der Stand der Wassergewöhnung überprüft und für jedes Kind dokumentiert. Die Lehrperson hat fünf Tierbilder vorbereitet, die symbolisch als Übungsaufgaben an den Stationen aushängen. Die Lehrperson führt die Kinder durch den Parcours und macht die Übungen einmal vor. •Seerobbe: Die Kinder stützen sich auf die Stufen, laufen auf den Händen und ziehen die gestreckten Beine hinter sich her. Sie schnauben dabei 3 x kräftig mit Nase und Mund ins Wasser. •Äffchen: Die Kinder hangeln sich am Beckenrand mit Händen ohne Bodenkontakt der Füße entlang.

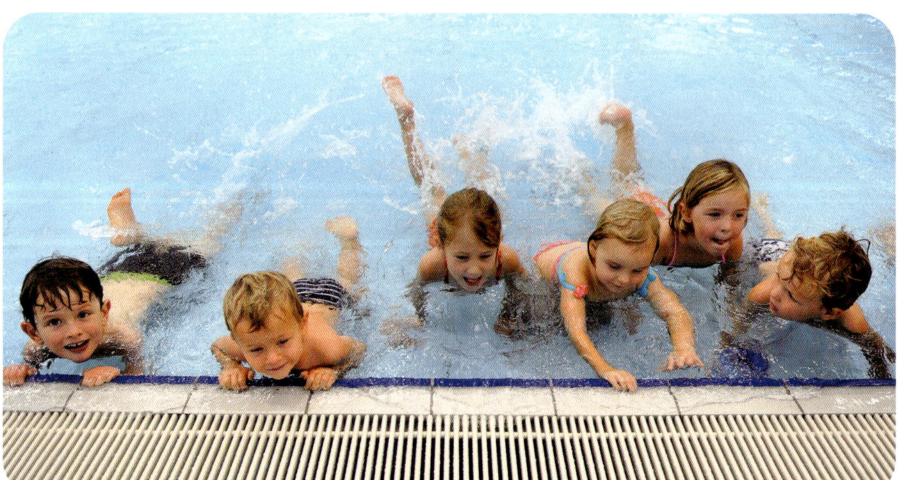

	•Blubberfisch: Die Kinder hangeln sich am Beckenrand ohne Bodenkontakt entlang und versuchen, 3 x senkrecht abzutauchen, auszuatmen und dabei den Boden mit den Füßen zu berühren. •Seestern: Die Kinder zeigen in Bauchlage die Schwebelage mit eingetauchtem Kopf (Ohren im Wasser). Ängstliche Kinder können sich nach Bedarf mit den Händen am Beckenrand festhalten. •Känguru: Die Kinder hüpfen beidbeinig eine Querbahn. Zum Abschluss erfolgt ein großer Fußsprung vom Beckenrand ins brusttiefe Wasser. Eine weiche Landung mit gebeugten Knien sollte das Ziel sein, wobei auch der Kopf dabei kurzfristig ins Wasser taucht.
4	Zum Abschluss dürfen sich die Kinder ein Spiel wünschen. •Baderegeln mal anders: Angelehnt an das Ratespiel „Ich sehe was, was du nicht siehst", fragt die Lehrperson durch Blick und Blickrichtung auf bestimmte Dinge in der Umgebung bei den Kindern die Bade- und Verhaltensregeln (Dusche, WC, Fliesen, Schwimmbecken, Badebekleidung, u. a. vgl. Kap. 4.2.1 und Kap. 4.2.2) ab. •Urkunden nach dem Ankleiden ausgeben.

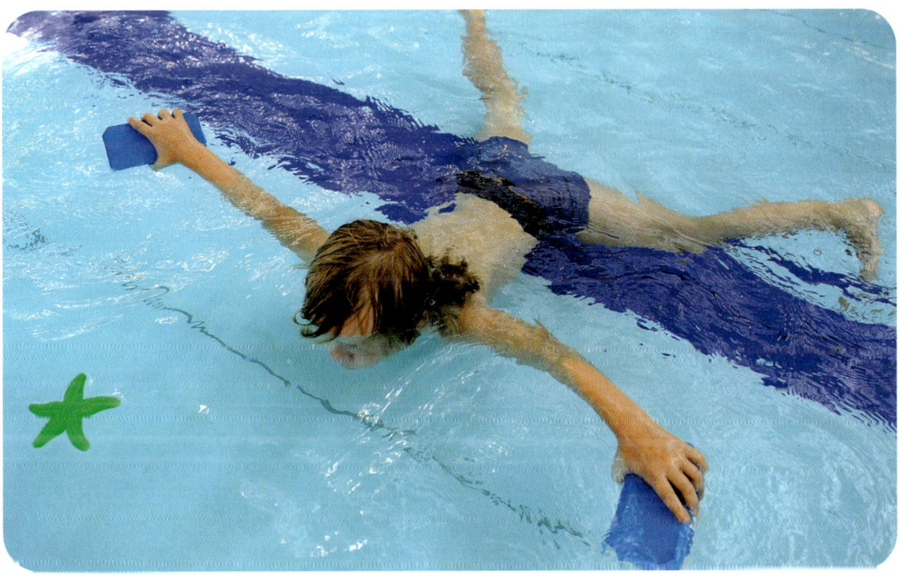

Anmerkung: Um die Baderegeln fest einzuprägen, können Kindern Bilder zum Ausmalen mitgegeben werden. Die Baderegeln als Lieder auf der CD lassen sich beim Hören auch pantomimisch und tänzerisch umsetzen.

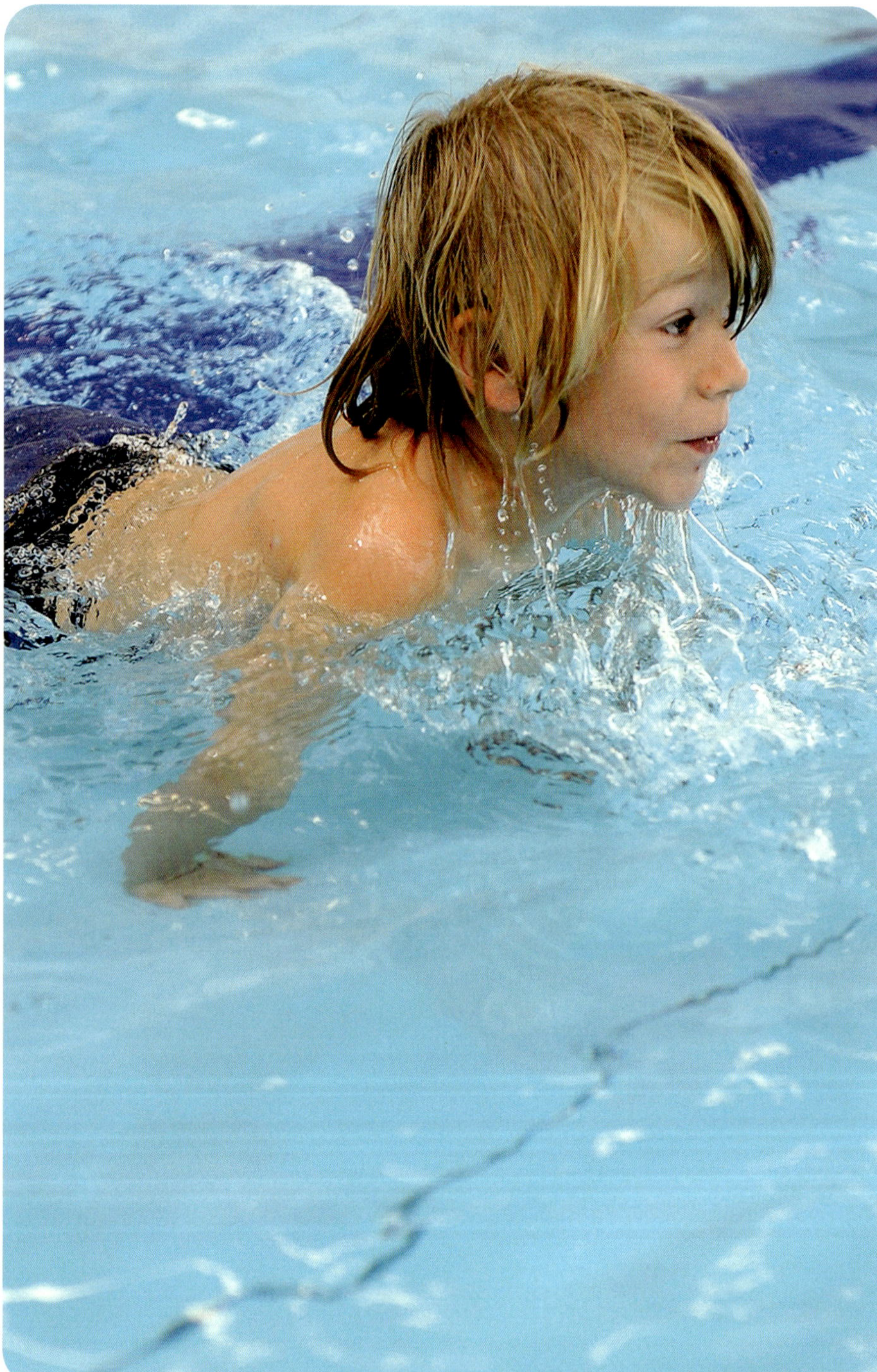

Quietsch-Fidel-Diplom

für ____

Bravo 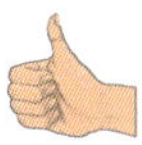 Du hast dein 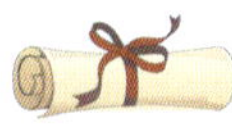 bestanden. Du warst bei ___ von 12 Übungseinheiten dabei.

Kängurusprung 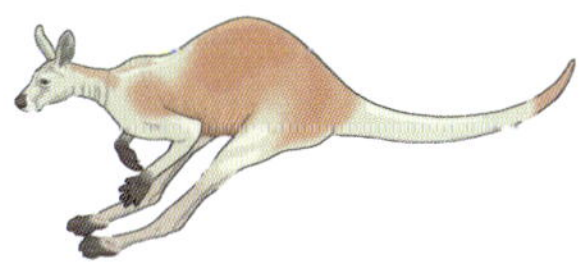 O Springen

Fisch-Blubbern 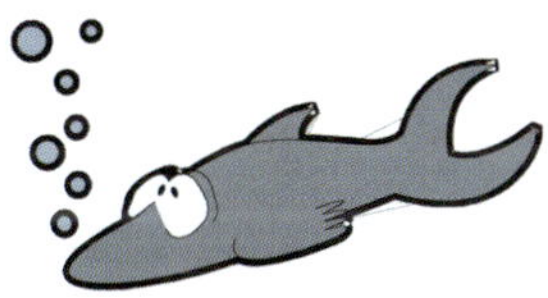 O Atmen

Seestern 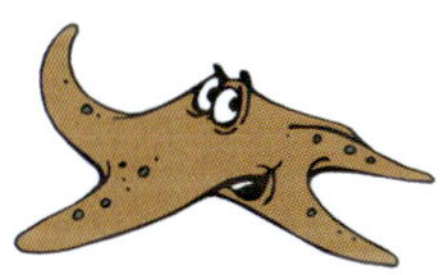 O Auftreiben/Schweben

Pinguintauchen 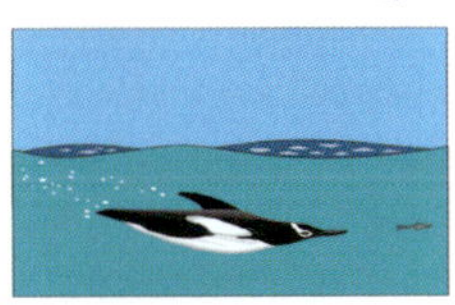 O Tauchen

Motorboot 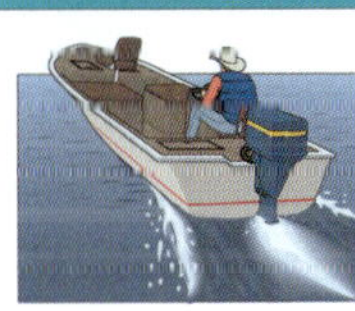 O Fortbewegen
Antreiben

Es gratuliert 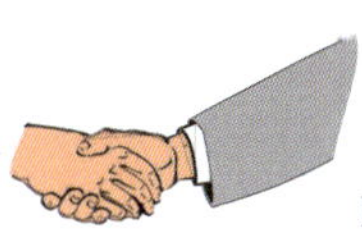 Dein Schwimmlehrer ______________________

5.2 WASSERBEWÄLTIGUNG: DER TRAGKRAFT DES WASSERS VERTRAUEN

Kurs in 12 Übungseinheiten

„IM WASSER IST ES NETT, DORT LIEGT MAN WIE IM BETT."

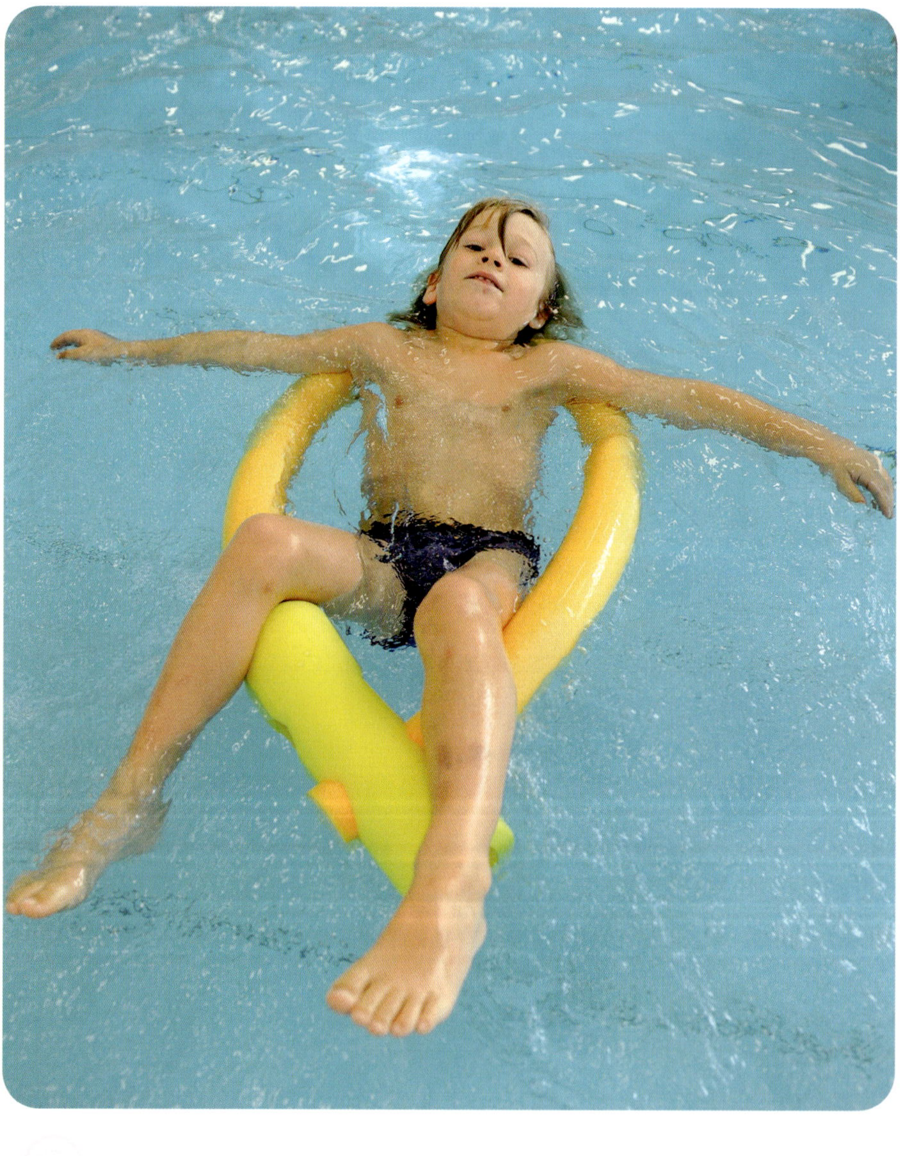

Nachdem sich die Kinder ausreichend an das Wasser, die Abläufe und das Schwimmbecken gewöhnt haben, sollen sie nun allmählich ihre aufrechte Körperstellung in eine flache, widerstandsarme Bauch- und Rückenlage verändern. Das erfordert sicheres Eintauchen des Kopfs, gekonntes Regulieren der Atmung und Tarieren des Körpers.

Dieser an den vorangegangenen nun anschließende Kurs soll, auch wegen eventueller Unterbrechungen (Ferien), möglichst im flachen Wasser gestartet werden, bevor es danach ins tiefere Wasser geht.

Das Kind lernt:

- den Kopf bis zu den Ohren in Bauch- und Rückenlage einzutauchen;
- zum Einatmen den Kopf zu heben oder sich dazu auf den Rücken zu drehen;
- die Luft bei gesenktem Kopf oder unter Wasser auszuatmen;
- die Arme einzusetzen, um sich aufzurichten oder zu drehen;
- die Tauchzeit zu verlängern und
- die Augen zum Orientieren über und unter Wasser stets geöffnet zu halten.

Das Kind beginnt zu tauchen, indem es die Luft anhält. Erst allmählich lernt es, seine Atmung zu regulieren, das heißt, bewusst über Wasser einzuatmen und unter Wasser auszuatmen. Wenn es diesen reflexartigen Ablauf verstanden hat, es nun das Wasser in Bauch- und Rückenlage entspannt und bewegungslos liegend bewältigt, ist es mit dem Wasser vertraut.

Anfangs werden noch Auftriebsmittel zu Hilfe genommen, die dieses Schweben unterstützen. Nach einiger Übung kommen die Kinder ohne Auftriebsmittel im Wasser zurecht.

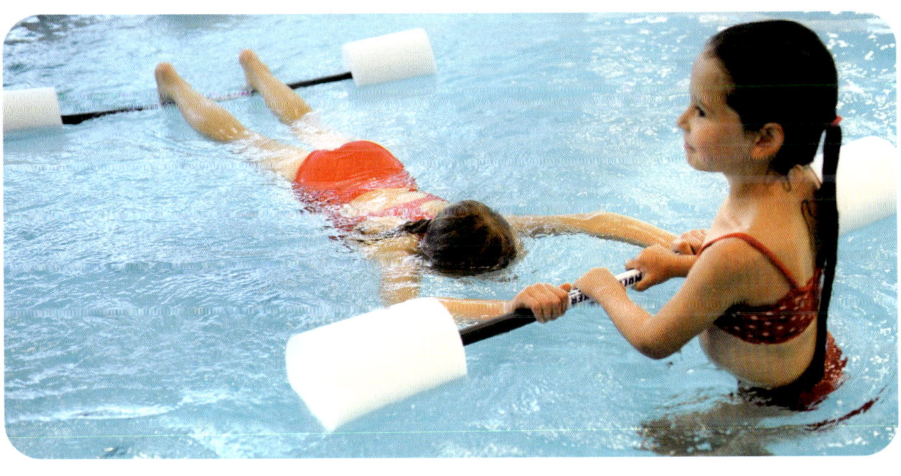

1. ÜBUNGSEINHEIT

Auf der Fahrt ins Schwimmbad kann bereits über das Thema erzählt und im Bilderbuch gezeigt werden (Seerobbe).

Thema	*„A-i-u-e-o, jetzt spielen wir im Wasserzoo. Heute ist die Seerobbe dran, wir schauen, was sie machen kann."*
Aufgabe	Sich bäuchlings im Wasser bewegen
Material	Tennisringe, Tunnel, ein Gummitier Seerobbe zum Zeigen, evtl. Tauchstäbe
Regel/Sicherheit	Bei *„STOPP"* bleiben die Seerobben stehen, bei *„LOS"* kann es weitergehen!
1 Schwimmbecken hüfttiefes Wasser	Die Tennisringe verteilen. •In der Reihe als Gruppe über die Querbahn laufen: „Komm, wir wollen laufen, laufen, laufen, komm, wir wollen laufen, laufen hin und her. Laufen hin, laufen her, laufen fällt uns gar nicht schwer, laufen hin, laufen her, laufen fällt uns gar nicht schwer." Danach erprobt jedes Kind die Strecke in seinem Tempo.
2	Die vorderen Flossen der Seerobbe (Gummitier) zeigen: •Armstütz auf den Treppenstufen: „Eins, zwei, drei, alle Seerobben stützeln nun herbei!" •Tunnel durchqueren: Die Kinder klettern am Beckenrand hinaus, krabbeln durch den Tunnel und stützen sich watschelnd über die Stufen ins Wasser. Als Rundlauf organisieren. Die Schwanzflosse der Seerobbe (Gummitier) zeigen: •Armstütz mit Beinstrampeln: „Die Beine schlagen auf und ab, klapp, klapp, klapp!"

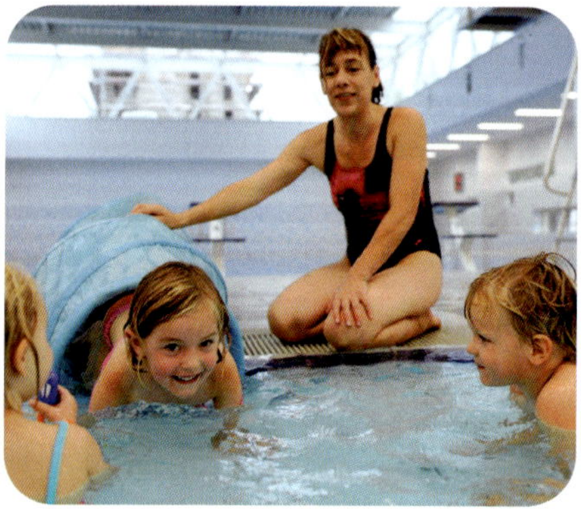

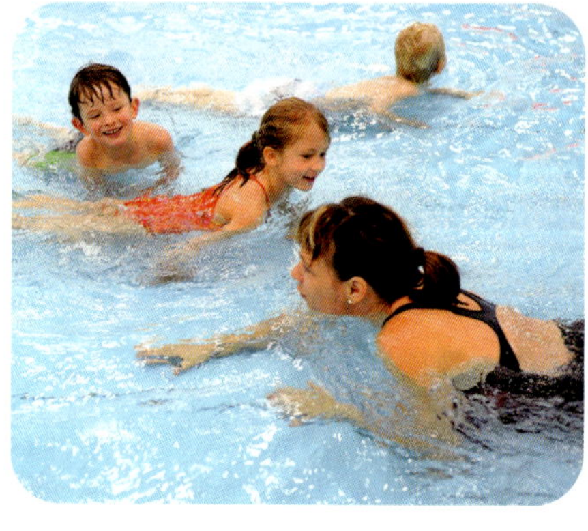

	•Armstütz mit Beinstrampeln und Ausatmen: „Seerobben schnauben ins Wasser hinein, das ist fein!" Die Seerobbe (Gummitier) unter Wasser halten. •Armstütz und Gesicht eintauchen: „Tauch nun mal ab, und schau hinab."
3	Die Nasenspitze der Seerobbe zeigen und wie sie damit balancieren kann. •Körperbewusstsein und Kunststücke: „Wer kann das Balancieren probieren?" •Robbentanz: „Zwei Kinder tanzen auf und ab und hin und her, das gefällt den beiden sehr!" •Abschleppen als Gleiterlebnis: Ein Kind ist nun müde und wird von einem anderen Kind gezogen. „Wer kann den Kopf eintauchen und unter Wasser schlafen?"
4	•Verabschieden im Kreis: Alle Kinder halten sich an den Ringen fest, laufen im Kreis und singen: *„Ringel, Rangel, Robbe, im Kreis geht's im Galoppe, wir sagen nun auf Wiedersehen, zusammen war es wieder schön"*, schnauben 3 x kräftig ins Wasser und schütteln das Wasser vom Kopf. Mit Richtungswechsel wiederholen. •Aufstecken: „Alle Kinder, groß und klein, sammeln die Ringe auf dem Arm der Lehrerin ein."

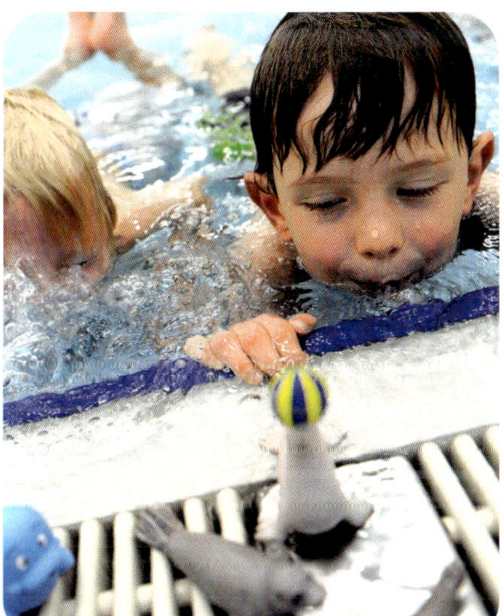

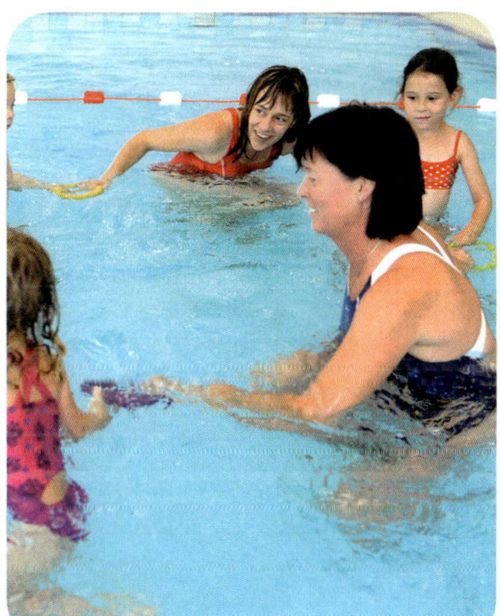

Anmerkung: Weitere Geschichten über Seerobben und Bilder zum Thema können im Kindergarten bearbeitet werden.

2. ÜBUNGSEINHEIT

Auf der Fahrt zum Schwimmbad wird das Thema *Storch* mit Liedern, Geschichten und im Gespräch gemeinsam vorbereitet.

Thema Aufgabe Material Regel/Sicherheit	*„A-i-u-e-o, jetzt spielen wir im Wasserzoo. Heute ist der Storch mal dran, wir schauen, was er machen kann."* Steigern der schwimmerischen Grundfertigkeiten in Bewegungs-, Sing-und Klatschspielen Frösche als Waschlappen (als Handschuh) oder in Ballform, Gummi oder Spritztiere, Fliegenklatschen oder Gläserbürsten mit gebasteltem Froschkopf (grüne Schwammtücher, Eicheln als Augen, Haushaltsgummis) Sicherheitsabstand halten! Gezielte Bewegungsaufgaben (kein Herumfuchteln!). „Im Schwimmbad ist es wie im Straßenverkehr: Nimm Rücksicht, das freut alle sehr."
1 Schwimmbecken hüfttiefes Wasser	Gespräch über den Storch, den großen Schnabel und seine Lieblingsspeise. Verteilen der Fliegenklatschen oder den Schnabel mit den Armen darstellen. • Storchenlied im großen Kreis: „Auf unserer Wiese gehet was, watet durch die Sümpfe. Es hat ein schwarzweiß Röcklein an, trägt auch rote Strümpfe. Fängt die Frösche schnapp, schnapp, schnapp, klappert lustig klapper-die-klapp. Wer kann das erraten?" • Wasserklatschen: Zum Gewöhnen an das Wasser mit Fliegenklatsche oder Hand hier und dort fest auf die Wasseroberfläche patschen, dass es spritzt und knallt.
2	• Fangspiel: Die Lehrperson spielt den Storch. Die Kinder stieben als Frösche davon. Die Übung mit verschiedenen Aufgaben wiederholen, z. B. die Kinder hechten an den Beckenrand oder verstecken sich unter Wasser, wenn der Storch kommt. • Bein- und Armübung: Der Brustbeinschlag (Stoßgrätsche) wird am Beckenrand erprobt; erst in Rückenlage mit visueller Selbstkontrolle der Beine, dann von der Lehrperson geführt in Bauchlage (Fremdkontrolle), anschließend eigenständig auf die gegenüberliegende Seite mit eingetauchtem Gesicht und Armziehen (Puddingschüssel) schwimmen (Bewegungskontrolle). • Spring- und Stützübung: Die Kinder stützen sich mit den Händen auf den Beckenrand und springen mit beiden Beinen hoch. „So hoch springt der Frosch, so hoch springt der Frosch, so hoch, ja, so hoch, springt der Frosch!"

3	•Angleiten üben: Die Frösche machen einen Weitsprung zum Beckenrand, Arme nach vorn, festhalten. Bei Wiederholung das Gesicht zwischen den Armen bis zu den Ohren eintauchen und zum Beckenrand gleiten. Bei weiteren Wiederholungen die Beine schließen. Der Abstand wird durch die Tauchfreude und Körperlänge des Kindes individuell bestimmt. •Ausatmen üben: Sich mit den Händen am Beckenrand festhalten: Rhythmisches Tauchatmen üben. „Wer schafft es 6 x hintereinander?"
4	•Baderegel: „Ist das Wasser frei, so darfst du springen, mit den Füßen zuerst, sonst kann's Unglück bringen!" •Springen vom Beckenrand aus der Hocke: „Der Frosch, der springt ins Wasser weit, er macht es gern, zu zweit, zu zweit." Jeweils zwei Kinder zählen bis drei und springen zeitgleich ins Wasser. •(Schlori-)Schwimmflügel (Modell Frosch): Wenn Exemplare vorhanden sind, Kinder mit diesen üben lassen. •Verabschieden: „Auf Wiedersehen, auf Wiedersehen, das Storchenspiel war wieder schön. Jetzt springt mit einem großen Satz, der Frosch hinein ins Nass, Nass, Nass!" Die Kinder winken, hüpfen danach kräftig auf und ab und patschen dabei mit den Armen. Wiederholen.

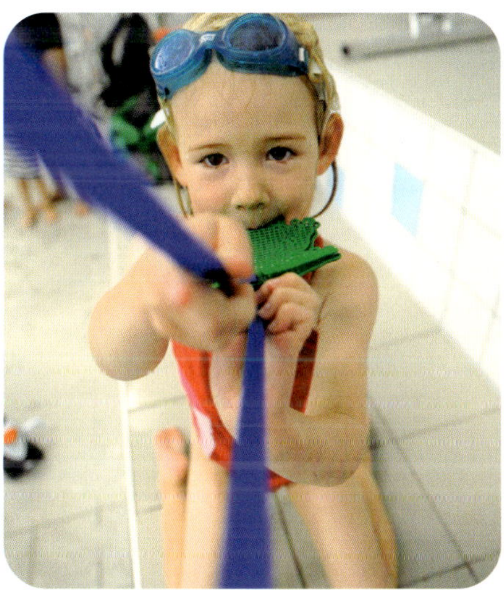

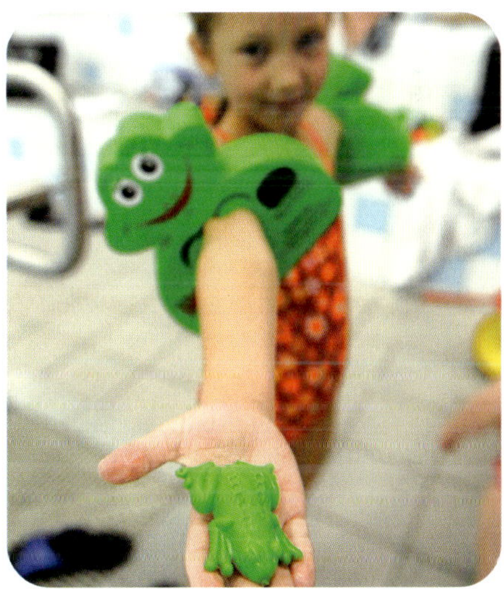

Anmerkung: Der Film „Spaß im Nass" sollte nach Möglichkeit im Kindergarten gezeigt werden. Darin schwimmen ein Frosch und ein Kind und zeigen die Technik des Brustschwimmens.

3. ÜBUNGSEINHEIT

Thema Aufgabe Material Regel/Sicherheit	„A-i-u-e-o, jetzt spielen wir im Wasserzoo. Heute ist die Schildkröte dran, mal schauen, was sie machen kann." Sich auf allen Vieren – mit Armen und Beinen – bewegen Schildkröte (Gummitier), Tauchringe, Poolnudeln mit Verbindungsstücken *„Immer langsam voran, damit auch jeder mitkommen kann."* Rücksicht nehmen lernen. Nach jeder Bahn wird gewartet, bis es wieder losgeht. Baderegel: *„Im Schwimmbad ist's wie im Straßenverkehr: Nimm Rücksicht, das freut alle sehr."* Baderegel: *„Deine Hände lass bei dir, sie sind für dich! Stoße niemanden hinunter, – auch nicht mich."*
1 Schwimmbecken hüfttiefes Wasser	Die Lehrperson zeigt den Kindern die Schildkröte und lenkt ihre Aufmerksamkeit insbesondere auf ihre vier Extremitäten. •Körperbewusstsein: *„Wozu sind die Arme da, Arme da, Arme da? Die Arme sind zum Kraulen da, sind zum Kraulen da!"* Gleicher Text mit *„Beinen"* wiederholen. Dazu Strampeln im Sitz; dann erweitern in Bauch- und Rückenlage auf den Treppenstufen. •Schildkrötenwanderung: *„Die Schildkröten wandern, von einer Seite zur ander'n."* Die Kinder krabbeln auf den Treppenstufen entlang. Danach die Aufgabe mit Ringtransport, wechselnden Handstützen und Beinstrampeln variieren.
2	•Ausatmen und Tauchen: *„Schaut euch mal diese Schildkröte an, sie feste schnauben kann"* oder *„(...) wie gut sie auch tauchen kann."* Ein Kind demonstriert, die anderen beobachten und machen die Bewegung nach. Die Lehrperson begleitet die Kinder rhythmisch zählend.

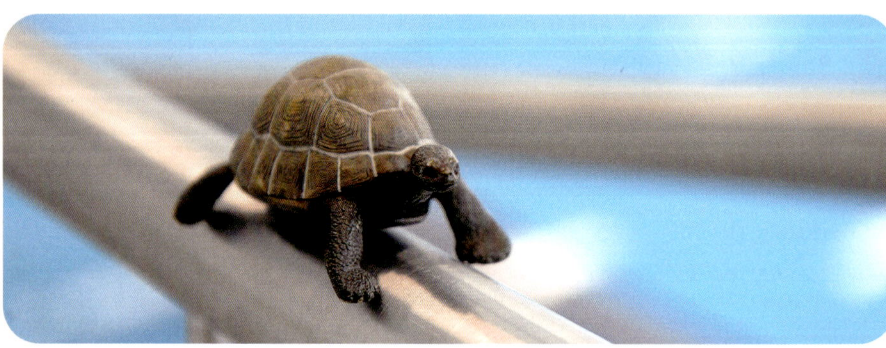

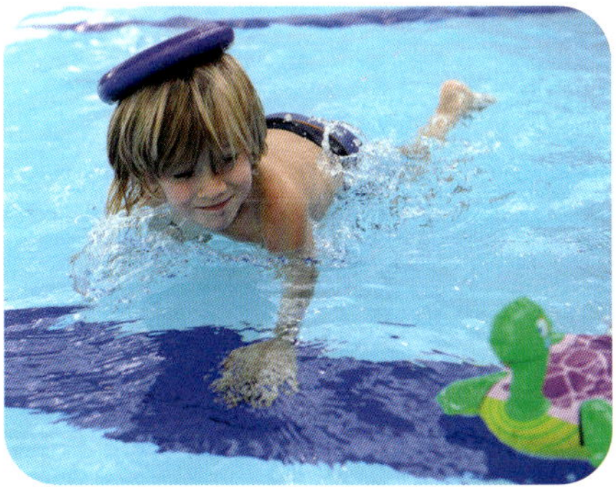

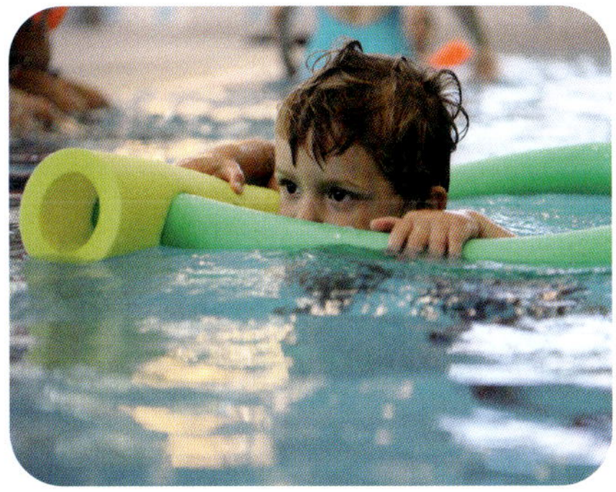

3	Die Lehrperson zeigt den Panzer der Schildkröte und weist auf die Kreisform hin. Nun werden die kreisrund zusammengesteckten Poolnudeln an die Kinder verteilt. •Fortbewegen wie Schildkröten: Die Kinder legen die Arme über die Poolnudel und bewegen sich, mit Armen und Beinen kraulend und strampelnd, vorwärts. Die Lehrperson betont die Arm- und Beinbewegungen und korrigiert die Kinder einzeln (lange Beine, lange Füße beim Beinkick; Arme kraulen abwechselnd unter Wasser, Hand taucht ins Wasser ein wie ein Messer in die Butter, (hineinschneiden, ohne zu spritzen und zu patschen). •Springen in den Panzer: Die Kinder stehen am Beckenrand, legen den Poolnudelring vor sich auf die Wasseroberfläche und springen mit einem Fußsprung hinein. •Baderegel: „Deine Hände lass bei dir, sie sind für dich! Stoße niemanden hinunter, – auch nicht mich."
4	•Schildkrötenpause: Die Kinder legen sich in Rückenlage mit Nacken und Kniekehlen auf die runde Poolnudel (Ohren tauchen ins Wasser ein). •Verabschieden im Kreis: Die Lehrperson ruft: *„Alle Schildkröten, groß und klein, kommen in den Kreis hinein."* Die Kinder liegen mit ihren Armen über der Poolnudel und fassen rechts und links die Poolnudel des Nachbarn, sodass ein geschlossener Kreis entsteht. Sie legen sich mal in Bauch-, mal in Rückenlage, sodass die Beine schweben. Die Lehrperson dreht singend das Karussell: *„Hier bei uns im Schwimmbad steht ein Wasserkarussell, manchmal fährt es langsam, manchmal fährt es schnell!"* Anhalten und Richtungswechsel. Alle steigen aus und geben die Poolnudeln ab.

Anmerkung: Die Baderegeln zum Thema *Rücksicht beim Schwimmen* besprechen und auch mit Beispielen aus dem Alltag des Kindergartens verknüpfen.

4. ÜBUNGSEINHEIT

Auf der Fahrt zum Schwimmbad wird das Thema *Ente* mit den Kindern vorbereitet. Wer hat schon Enten am See beobachtet? Was machen sie (Geräusche, Bewegungen, Nahrung ...)?

Thema Aufgabe Material Regel/Sicherheit	„A-i-u-e-o, jetzt spielen wir im Wasserzoo. Heute ist die Ente dran, mal schauen, was sie machen kann." Bewegen über und unter Wasser Schwimmbretter, Enten zum Aufblasen, als Gummitier oder Förmchen Zuhören lernen: *„Wenn der Lehrer spricht, bleibt der Schnabel dicht!"*
1 Schwimmbecken brusttiefes Wasser	• Enten darstellen: Die Lehrperson lässt die Kinder Enten im Wasser darstellen. Die Kinder stellen ihre Lösungen in der Gruppe vor und wiederholen sie.
2	Jedes Kind erhält zwei Schwimmbretter als Flügel und greift diese mit dem rechten und linken Arm. • Fortbewegung: *„Alle meine Entchen schwimmen hier umher, schwimmen hier umher, schwimmen ganz schnell vorwärts, schwimmen ist nicht schwer."* Schwimmen vorwärts durch andere Aufgaben ersetzen (sich im Kreise drehen, rückwärts schwimmen, seitwärts schwimmen). • Ausatmen und Tauchen: *„Alle meine Entchen schwimmen hier umher, schwimmen hier umher, Kinder (blubbern) tauchen unter Wasser, (blubbern) tauchen ist nicht schwer."*
3	• Schweben: Die Lehrperson beginnt mit: *„Ene-mene-meck, alle Kindertauchen weg. Jeder liegt still, solange er will."* Luftanhalten üben: Die Kinder tauchen das Gesicht ein, die Beine treiben auf. Die Lehrperson zählt die Dauer. • Anschieben: Die Lehrperson leitet ein: *„Ene-mene-meck, ich schiebe alle Kinder weg. Jeder liegt still, solange er will."* Die Kinder werden von der Lehrperson durch Anschieben zum Gleiten gebracht.
4	• Ententreiben: Die Enten durch Wind (pusten = ausatmen) und Wellen (Hände) auf die andere Seite vorwärts bewegen. Abschlussspiel: *„Alle Enten fliegen hoch, alle Steine tauchen unter."* Die Kinder schlagen Begriffe vor. • Verabschieden: *„Das Schwimmen ist aus, die Enten fliegen und die Kinder gehen nach Haus."* Die Kinder schlagen mit den Armen kräftig seitlich auf das Wasser und gehen dann aus dem Wasser.

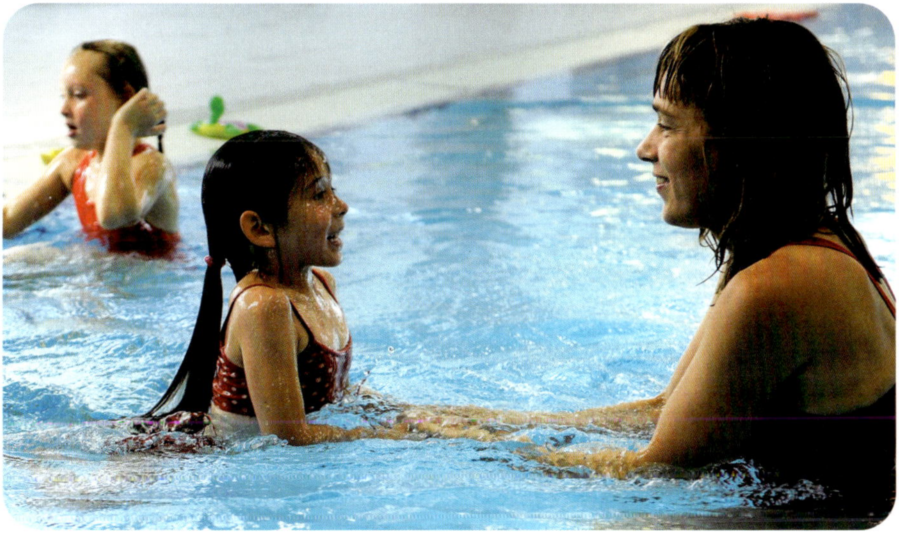

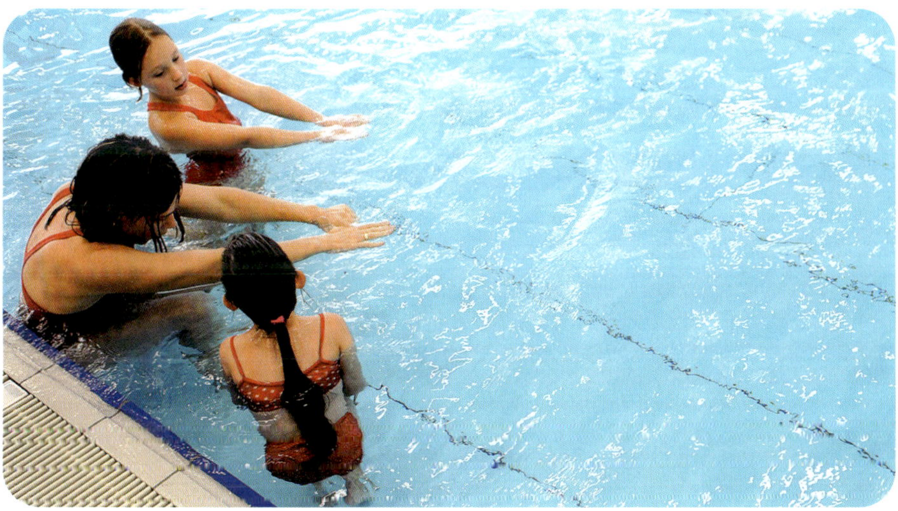

Anmerkung: Weitere Möglichkeit: Von den Kindern ein Bild mit See malen und eine Kollage anfertigen lassen (Enten aus einem vorgedruckten Papier ausschneiden und in den See einkleben). Dabei sollte der Rand des Sees nicht überklebt werden (Formen erkennen). Die Baderegeln: *„Ein unbekanntes Ufer kann gefährlich sein, in Sumpf und Pflanzen besser nicht hinein."* Und: *„Müll im Wasser ist abscheulich, Müll in die Tonne ist erfreulich."*

5. ÜBUNGSEINHEIT

Thema Aufgabe Material Regel/Sicherheit	*„A-i-u-e-o, jetzt spielen wir im Wasserzoo. Heute ist der Elefant dran, mal schauen, was der machen kann."* Kräftiges Ausatmen und Spritzen, Kennenlernen der Möglichkeiten und Gefahren des Schwimmreifens Trichter; Heulschläuche oder Plastikrohre zum Pusten, Elefantengummitiere, Schwimmreifen, Schwimmbretter Große Elefantenohren und Zuhören thematisieren: *„Macht eure Ohren groß, hört zu, dann geht's gleich los!"* Sicherheit beim Springen: *„Spring und schwimme schnell voran, damit der Nächste springen kann." „HILFE! darf nur schreien, wer ist in Wassernot. Erwachsene können helfen – wie ein Rettungsboot."*
1 Schwimmbecken hüfttiefes Wasser	Lehrperson befragt die Kinder zu Besonderheiten des Elefanten. •Elefantenrüssel: Die Kinder spielen im Wasser Elefant, ahmen den Rüssel mit einem Arm nach und spritzen dabei. *„Elefanten, groß und grau, wissen alles sehr genau, wie man rüsselt, wie man patscht, wie man spritzt und wie man klatscht."* •Elefantenpromenade: Ein Kind läuft mit dem Elefantenkopf (aufgeblasenes Gummitier) langsam los, die anderen schließen sich in einer Schlange an und singen dazu: *„Ein Elefant wollt bummeln geh'n, sich die weite Welt anseh'n. Bald ist er nicht mehr allein, alles trampelt hintendrein. Und schon singt das ganze Land – dieses Lied vom Elefant."*
2	•Ausatmen und nass spritzen: Die Kinder erzeugen beim Ausatmen Geräusche durch verschiedene Rohre und Trichter. Die Kinder pusten Wasser kräftig in die Luft, sodass es regnet. •Ein- und auftauchen: Die Kinder tauchen mit ihrem Kopf von unten in den Schwimmreifen oder legen den Reifen über sich um den Kopf und tauchen nach unten heraus.

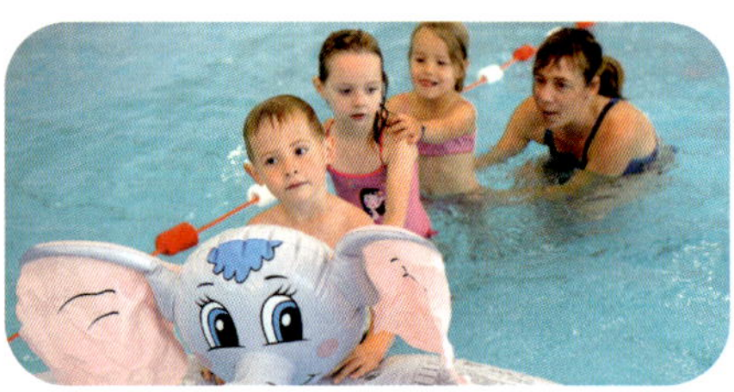

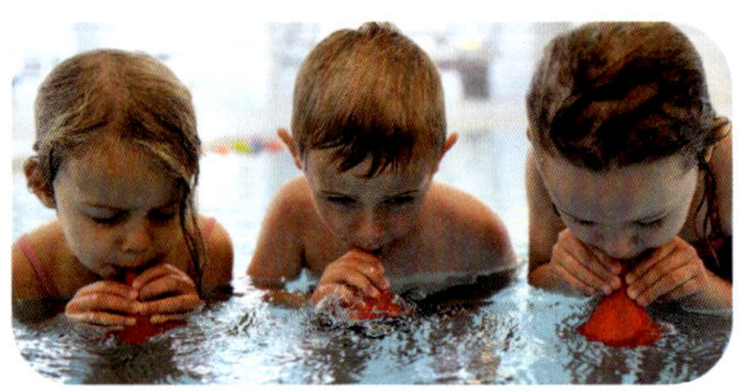

3	•Wechselbeinschlag und die Füße fangen: Die Kinder schwimmen im Wechselbeinschlag schnell auf die Gegenseite. Die Füße schlagen dabei mit langem Bein auf das Wasser. Die Lehrperson versucht, ihre Füße zu fangen. Sie werden mit *„schneller"* angefeuert. Schwierigkeit steigern: das Brett in Vorhalte nehmen, ins Wasser ausatmen und zum Einatmen auftauchen, dazu Beinschlag bis zum Ende der Bahn. Am Beckenrand hinausklettern: *„Der dicke graue Elefant, der rüsselt langsam sich an Land. Viderallala, viderallalla, viderallallallalla."* •Springen und sich befreien: Die Gefahr, wie die Füße beim Herabrutschen des Reifens gefesselt werden, wird von der Lehrperson mit einem flachen (schrägen) Sprung eines Kindes demonstriert. Die Kinder springen vom Beckenrand mit den Füßen, dabei Arme in Seithalte, in den Reifen. Variation: Die Kinder springen mit den Füßen, Arme in Hochhalte, durch den Reifen. •Die Lehrperson weist auf die Sicherheitsregel beim Springen hin: *„Spring und schwimme schnell voran, damit der Nächste springen kann."*
4	•Rettungsring: Die Kinder sollen sich in Bauch- und Rückenlage auf den Ring legen und schweben. •Dann sollen sich die Kinder eine Bahn in Bauchlage, eine in Rückenlage mit dem Reifen voranbewegen. Umschauen üben lassen. In Rückenlageposition muss die Lehrperson am Beckenrand die Köpfe der Kinder mit absichern. •Abschlusskarussell: Alle Kinder haben einen Schwimmreifen, bilden einen Kreis und haken sich mit ihren Armen von oben darin ein. Die Kinder treiben das Karussell mit Laufen an, dann das Gesicht zum Auftreiben/Schweben des Körpers in das Wasser legen. Die Lehrperson begleitet dies singend: *„Das Karussell saust ringsherum, gleich schweben alle Kinder stumm. Das Wasser trägt sie wunderbar, nun sind alle wieder da."* •Eisenbahn: *„Tuff, tuff, tuff, die Eisenbahn, wer will mit nach Hause fahren? Alleine fahren mag ich nicht, da nehm ich alle Freunde mit."* •Regel zum Unterrichtsschluss: *„Ruft der Lehrer: ‚Das Schwimmen ist aus!', verlassen die Kinder das Wasser – hinaus!"*

Anmerkung: Lehrperson und Kinder befragen den Schwimmmeister, wo der Rettungsring im Schwimmbad hängt, wann und wie er eingesetzt wird und funktioniert, und ob es noch andere Rettungsgeräte (Stange) gibt? Baderegel besprechen: *„HILFE! darf nur schreien, wer ist in Wassernot. Erwachsene können helfen – wie ein Rettungsboot."*

6. ÜBUNGSEINHEIT

Die Kinder sind nun so geübt, dass sie auch im brusttiefen Wasser schwimmen können. Schwimmflügel geben (je nach Bedarf) bei der neuen, ungewohnten Wassertiefe Sicherheit.

Thema Aufgabe Material Regel/Sicherheit	*„A-i-u-e-o, jetzt spielen wir im Wasserzoo. Heute ist der Wasserfloh dran, mal schauen, was er machen kann."* Gewinnen von Lagesicherheit und Einsetzen kräftiger Beinbewegungen Plüschtier Wasserfloh und Schwimmflügel (verschiedene Formen: Delfin-Scheiben, Flipper-Swim-Safe, Bema, Kraulquappen u. a.) *„Auf Fliesen gehe langsam mit Bedacht, weil du sonst fällst, dein Kopf zu Boden kracht."* „Schwimmflügel helfen immer dann, wenn man noch nicht schwimmen kann."
1 Schwimmbecken brusttiefes Wasser	•Nach dem Duschen geht die Lehrperson vor, die Kinder folgen ihr in bewusstem und rhythmischem Schritt, die Regel sprechend: *„Auf Fliesen gehe langsam mit Bedacht, weil du sonst fällst, dein Kopf zu Boden kracht."* •Die Kinder sitzen auf den Treppenstufen. Die Lehrperson erklärt: *„Das kleinste Tier im Wasserzoo, das ist der kleine Wasserfloh."* •Wasserflohlauf: Die Kinder laufen am Beckenrand entlang (eventuell eine Hand zum Sichern greifen lassen): *„Wasserflöhe, Wasserflöhe laufen überall, Wasserflöhe, Wasserflöhe, und die Fugen sind ihr Stall."* Die Finger laufen die Fliesenfugen entlang. Dann Variationen erfinden (Treppen, Einstiegsleitern, Wasseroberfläche, andere Kinder, den eigenen Bauch). •Hüpflied am Beckenrand: *„Wie hoch springt der Floh, wie hoch springt der Floh? So hoch, ja, so hoch springt er im Zoo!"* Das Hüpfen mit rhythmischem Ausatmen und Untertauchen kombinieren.
2	•Sitz am Boden: *„Der Floh, der ist froh, er atmet gern so."* Die Lehrperson demonstriert das Ausatmen, Hinsetzen am Boden und Aufstellen im Wasser, die Kinder machen dies nach. Im Weitergehen die Übung bis auf die andere Beckenseite wiederholen. •Fußsprung bis zum Boden: *„Der Floh ist froh, er springt gern so!"* Die Kinder klettern am Beckenrand heraus. Bein Hineinspringen berühren die Füße den Boden, der Kopf taucht unter. Die Lehrperson fordert die Kinder mit Zeichensprache (mit den Armen einen Kreis formen) zur Schwierigkeitssteigerung auf, sich unter Wasser zu orientieren und gezielt aufzutauchen: *„Tauch doch, tauch doch – in dies Wasserloch!"*

3	•Ab- und Angleiten: Die Kinder sitzen auf dem Beckenrand, formen mit den Armen über dem Kopf eine Zipfelmütze, beugen sich vor zum Wasser und drükken sich mit den Beinen von der Wand ab. Die Lehrperson nimmt die Hände der Kinder entgegen. Bei ängstlichen Kindern können die Hände gehalten werden, der Kopf soll jedoch ins Wasser eintauchen. Später gleiten die Kinder selbstständig vom Beckenrand mit Zipfelmütze. •Aus dem Stand, auf den Oberschenkeln der Lehrperson stehend, werden sie dann zurückgleitend an den Beckenrand geschoben. Die Kinder führen die Übung einzeln mithilfe der Lehrperson durch, stets mündlich begleitet: *„Jeder gleitet, so gut er kann, und dann ist der Nächste dran (Namen nennen)."* Beim Stand auf den Oberschenkeln die Kinder durch Berühren der Füße und Beine darauf hinweisen, sich mit den Füßen abzudrücken und die Beine zu strecken. •Sicherheitshinweis: Die Arme zum Schutz stets über den Kopf strecken (Kopfstoßen an der Wand vermeiden). •Sicherheitsregel: *„Unter Wasser schau' hinein, an der Wand siehst jeden Stein, siehst ihn ganz genau – wie ein Wasserfloh so schlau."* •Die Schwimmflügel werden am Beckenrand von den Kindern angezogen und von der Lehrperson aufgeblasen. •Fortbewegen: *„Wasserflöhe, Wasserflöhe schwimmen überall, und in Bauchlage auf jeden Fall."* Variationen finden: In Rückenlage drehen und Füße zeigen (Wasserflohtanz), Beinstrampeln, Armziehen, Schwimmbadleine. Die Kinder kommen mit Schwimmflügeln allgemein mit Brustarmziehen und dem Wechselbeinschlag der Beine in Bauchlage am besten zurecht.

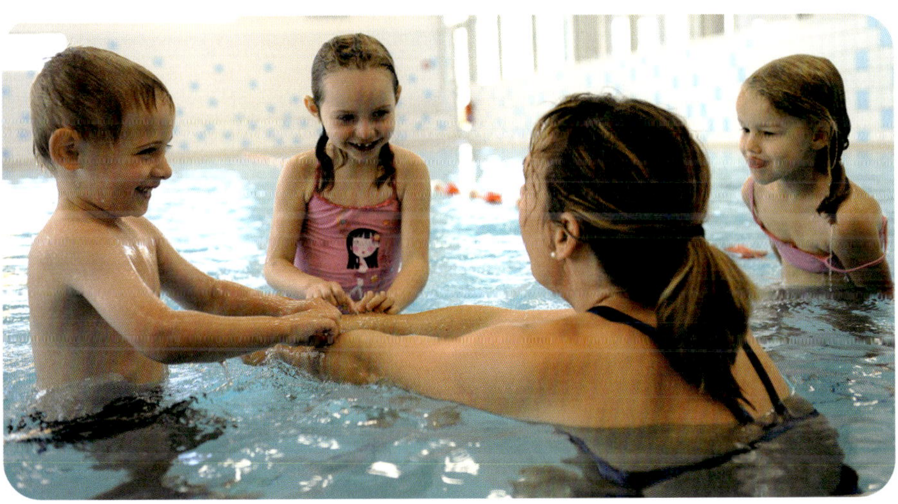

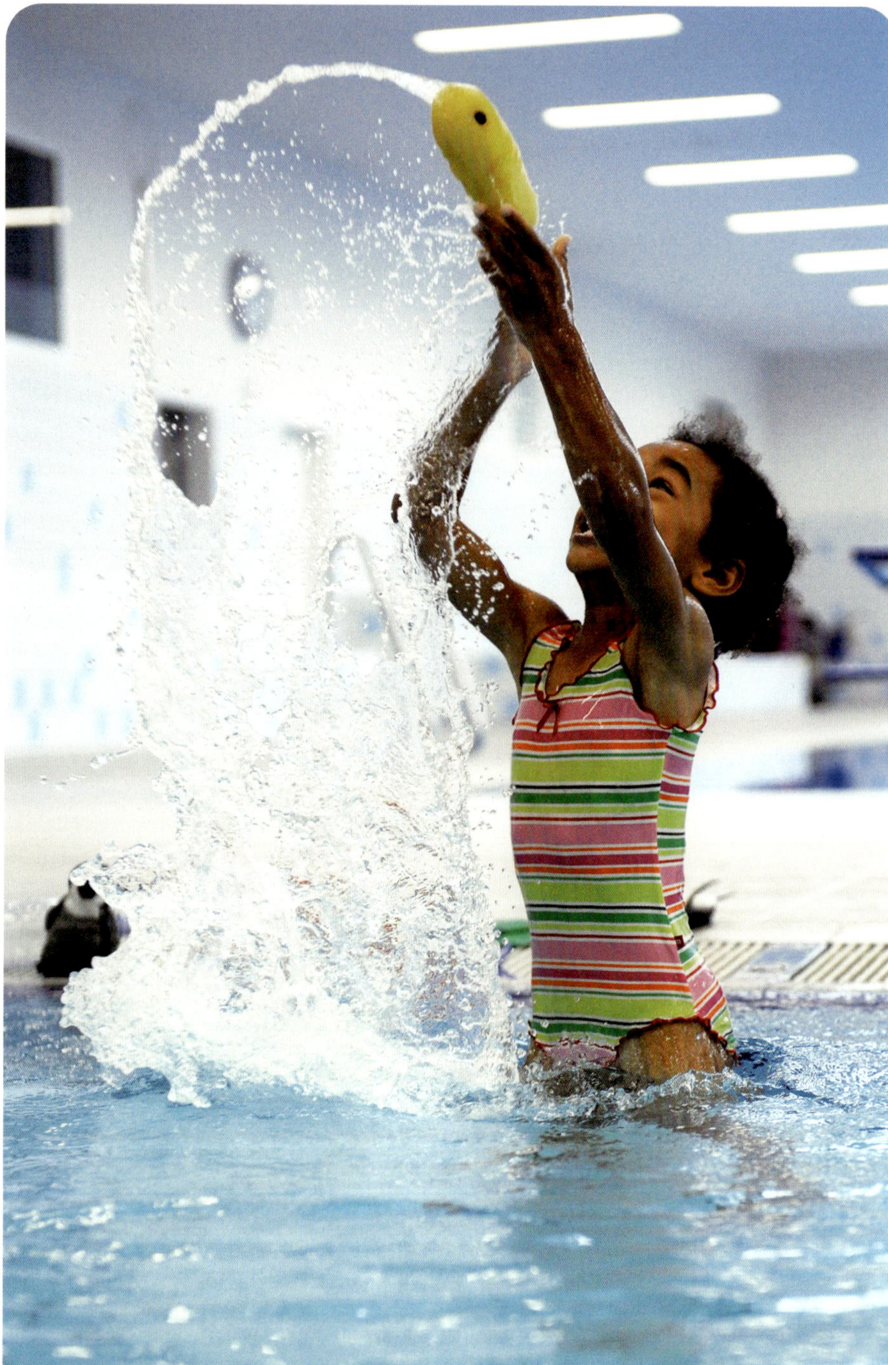

4	•Wasserflohfest: Die Lehrperson versammelt die Gruppe: *„Heut ist ein Fest bei den Flöhen am See, Ball und Konzert und ein großes Diner."* Die Lehrperson lässt die Kinder einzeln ihre Lieblingsbewegungen vorführen, begutachtet diese und befragt sie einzeln: *„Was macht den (Name) Floh denn froh?"* •Verabschieden im Kreis: *„Der Floh, der muss nach Haus, das Spiel, das ist nun aus!"* Nachdem die Lehrperson die Luft aus den Schwimmflügeln gedrückt hat, streifen die Kinder die Flügel selbstständig ab und fädeln diese auf eine Schnur.

Anmerkung: Eltern mit einem Informationsschreiben auf die Vor- und Nachteile von Schwimmhilfen hinweisen. Letztere sind nicht zum Schwimmenlernen geeignet, jedoch in Freizeit- und Urlaubssituationen hilfreich, die für die Aufsichtspflichtigen unübersichtlich sind (überfülltes Schwimmbecken, mit mehreren Kindern im Schwimmbad unterwegs, unbekanntes Schwimmbad, sich verändernde oder unbekannte Wassertiefen).

7. ÜBUNGSEINHEIT

Anhand eines Buches werden den Kindern verschiedene Fische gezeigt. Sie beschreiben, welcher Fisch ihnen am besten gefällt und warum.

Thema Aufgabe Material Regel/Sicherheit	„A-i-u-e-o, jetzt spielen wir im Wasserzoo. Heute ist der Fisch dran, mal schauen, was der machen kann." Unter Wasser schwimmen wie ein Fisch Aufblasbare Fische, Fischbälle, sinkbare Gummifische „Nur wer gesund und munter ist (wie ein Fisch), darf schwimmen, baden, tauchen und den Rand erklimmen." „Nur wenn die Tiefe misst zwei Meter, darf Kopfsprung sein – ohne Gezeter."
1 Schwimmbecken brusttiefes Wasser	In einem Buch wurden Fische und deren Flossen betrachtet. •Blaues Meer: Die Kinder gewöhnen ihre Arme an den Wasserdruck, indem sie stehend kräftig nach rechts und links durch das Wasser schwingen, sodass es seitlich nach hinten spritzt, und singen: *„In dem großen blauen Meer schwimmen die Fische hin und her."* •Fische fangen: Das Lied wird erweitert; *„(...) wissen nichts vom Fischermann, der mit Netzen fangen kann, hin und her, kreuz und quer, und wieder zurück ins offene Meer."* Die Kinder laufen und tauchen vor dem Fischermann (Lehrperson) mit Arm-, Bein- und Körperbewegungen davon.
2	•Forellen springen über Wasser: Die Kinder stehen im Kreis. Sie werfen und fangen die Fischbälle. •Fische schweben: *„Wische-wasche-wische, im Wasser schwimmen Fische. Sie schwimmen drin tagaus, tagein und schlafen auch im Wasser ein. Wische-wasche-wische."* Die Kinder erleben beim Eintauchen des Gesichts bis zu den Ohren, dass Wasser sie trägt. •Fische gleiten: Die Kinder fassen die Fische an den seitlichen Flossen, legen das Gesicht ins Wasser und gleiten zum Beckenrand, dazu mit den Füßen abdrücken (springende Forellen). Die Gleitstrecke wird verlängert, indem die Lehrperson anschiebt. Danach wird die Strecke nochmals durch kräftigen Wechselbeinschlag verlängert.
3	•Springen: Die Kinder stehen in einer Reihe und springen auf Zuruf: *„Warten, singen, klatschen, springen!"*, ins Wasser. Wer kann sich mit Händen und Füßen am Boden abfangen? •Springen und Tauchen: Wer kann nach dem Springen einen Fisch vom Beckenboden angeln?

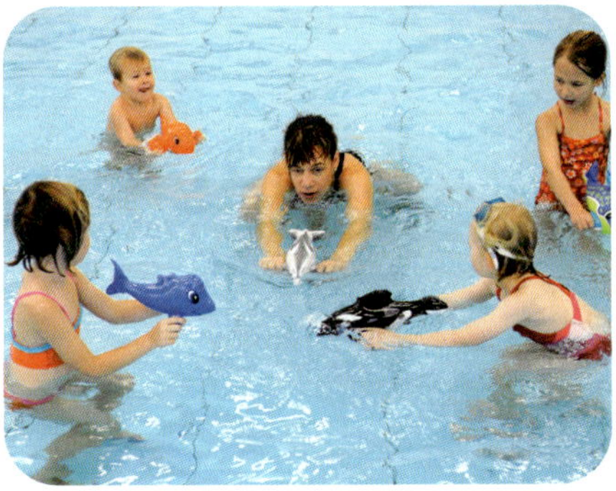

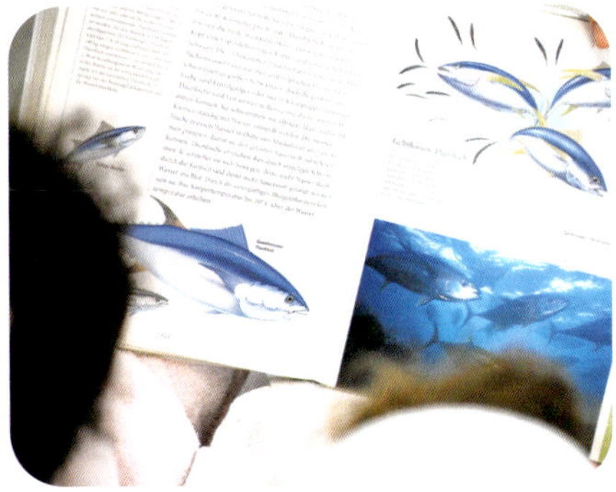

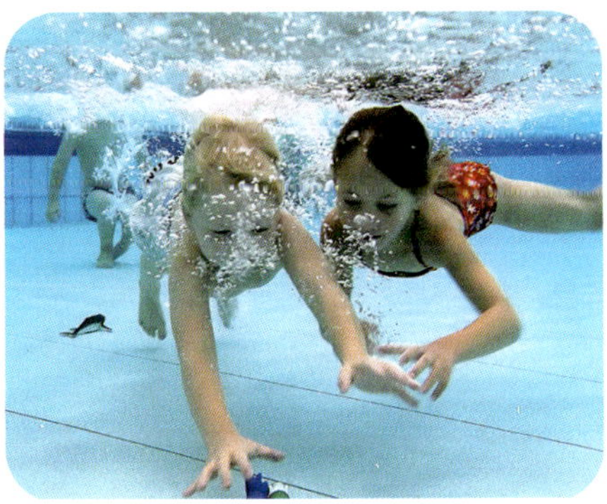

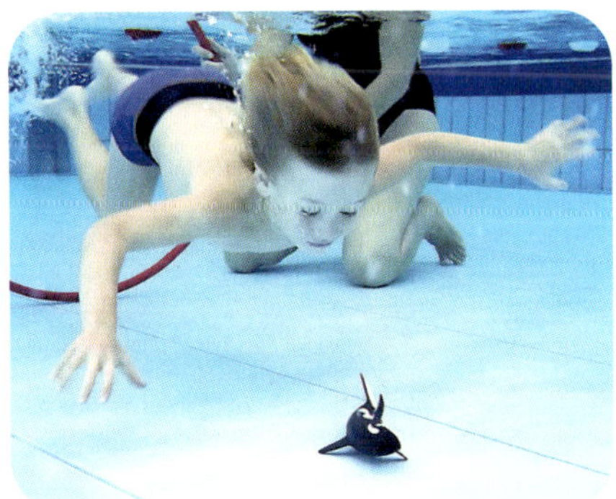

4	• Abschlussspiel: *„Fischer, Fischer, wie tief ist das Wasser?"* • Baderegel zum Springen: *„Nur wenn die Tiefe misst zwei Meter, darf Kopfsprung sein – ohne Gezeter."* Mit den Kindern am Tiefwasserbecken einen Tauchring an der Schnur absenken oder/und die Lehrperson zeigt durch Hineingehen und fußwärtiges Abtauchen auf den Beckenboden die echte Tiefe.

Anmerkung: Im Kindergarten ein Bild mit zwei Wassertiefen vorzeichnen und einen Fuß- und Kopfsprung entsprechend nach einem Vorgespräch hineinzeichnen lassen, damit sich die Kinder die Regel bildhaft einprägen. Mit Kreide malen alle ihren Lieblingsfisch, sodass ein großes Meer voller Fische im Kindergarten entsteht.

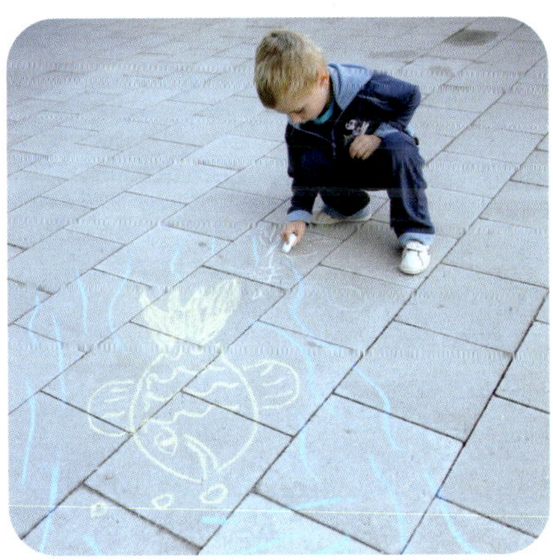

8. ÜBUNGSEINHEIT

Thema Aufgabe Material Regel/Sicherheit	„A-i-u-e-o, jetzt spielen wir im Wasserzoo. Heute ist der Eisbär dran,wir schauen, was er machen kann." Einschätzen von Distanzen beim Tauchen und Schwimmen sowie Grabenspringen 2 große Matten, Schwimmbretter, 1 Gummitier Eisbär Abwarten lernen: *„Jeder (rutscht) schwimmt, so gut er kann, und dann ist der Nächste dran."* Atmen in Rückenlage: *„Nase und Mund schauen zum Atmen aus dem Wasser heraus, drehst du dich bäuchlings, dringt Wasser ein, deshalb blas Luft hinaus."*
1 Schwimmbecken brusttiefes Wasser	•Hüpflied: Die Kinder stellen sich um die beiden Matten, stützen die Hände darauf, beginnen, mit der Lehrperson zu hüpfen und zu singen: *„Wir fangen mit dem Hüpfen an, Hüpfen an, Hüpfen an, wir fangen mit dem Hüpfen an, denn jetzt sind alle da. Es sind ja auch die Eisbären da, die Matten da, die Kinder da, es ist ja auch der Lehrer da, hurra, hurra, hurra."* Wiederholen mit Trommel- und Strampelbewegungen. •Mattentunnel vor dem Beckenrand: Kinder laufen durch den Mattentunnel, klettern auf allen Vieren im Hang zu beiden Seiten ein Stück weit am Beckenrand entlang und stellen sich erneut zum Tunnellauf an. Durch diesen Kreislauf wird eine Strömung erzeugt. Danach mit Anlauf, Arme in Zipfelmützenhaltung, Gesicht ins Wasser, zum Beckenrand mit der Strömung angleiten.

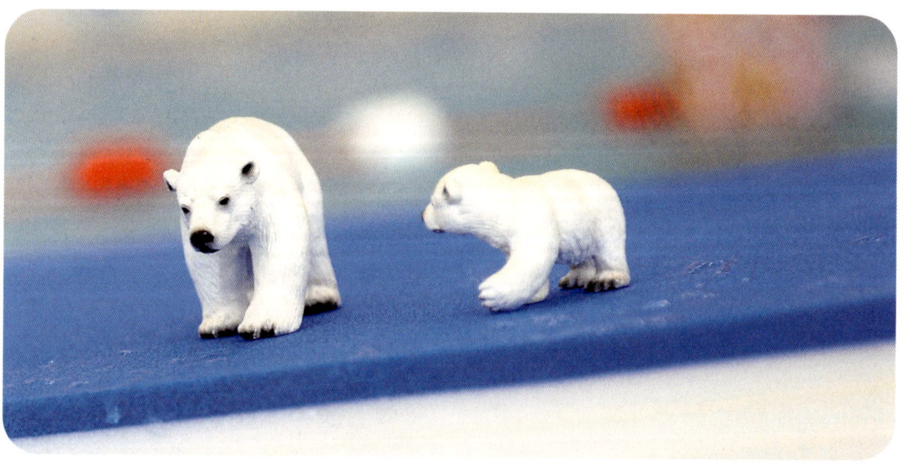

2	•Rutsche: *„Der Eisbär rutscht gern von der Scholle, er taucht gern unter, schüttelt sein Fell und findet's tolle."* Die Matte wird am Beckenrand auf den kleinen Schwimmbrettern als schiefe Ebene platziert und zum Rutschen nass gehalten. Die Kinder klettern beidseits der Matten am Beckenrand heraus und rutschen fußwärts in Bauchlage oder/und im Sitz hinunter. Den Schwung mit den Füßen am Boden abfangen; der Kopf taucht unter. •Eisbärenbrummen: Die Kinder kombinieren das Hineinrutschen und Untertauchen mit dem bewussten Ausatmen durch Mund und Nase. Die Kinder beobachten, ob Blasen an die Wasseroberfläche aufsteigen.

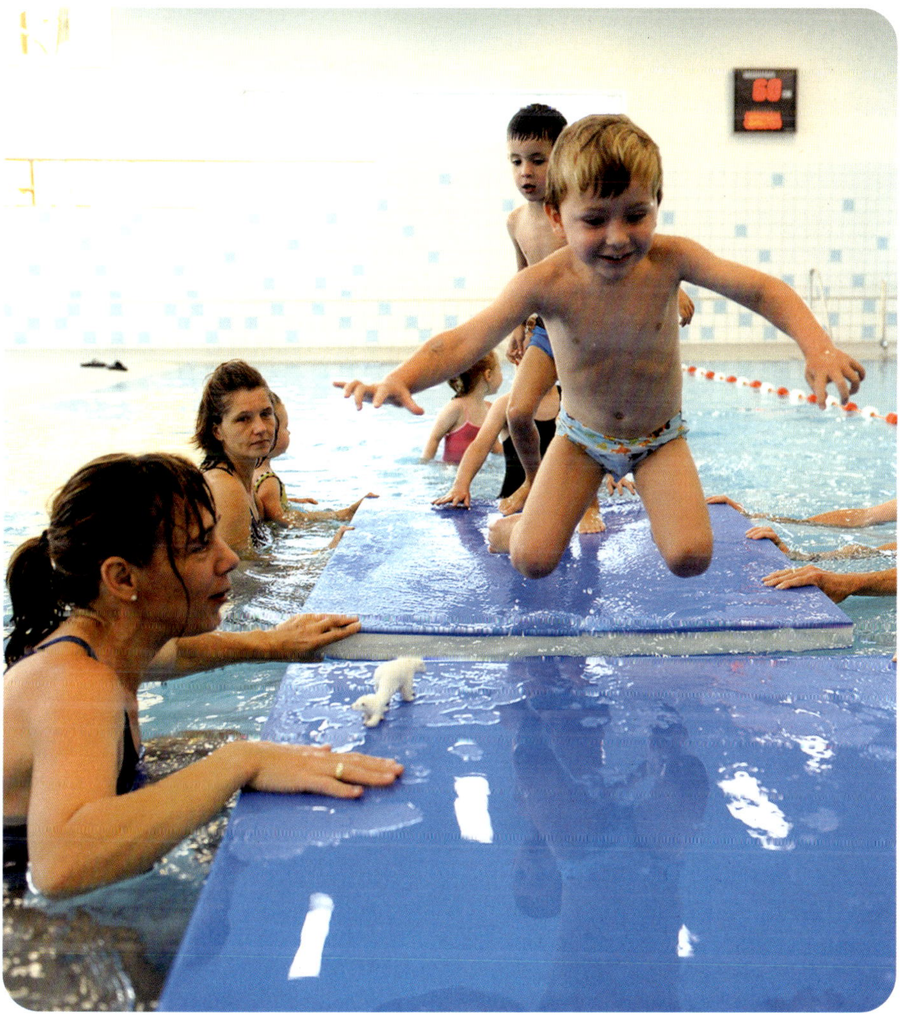

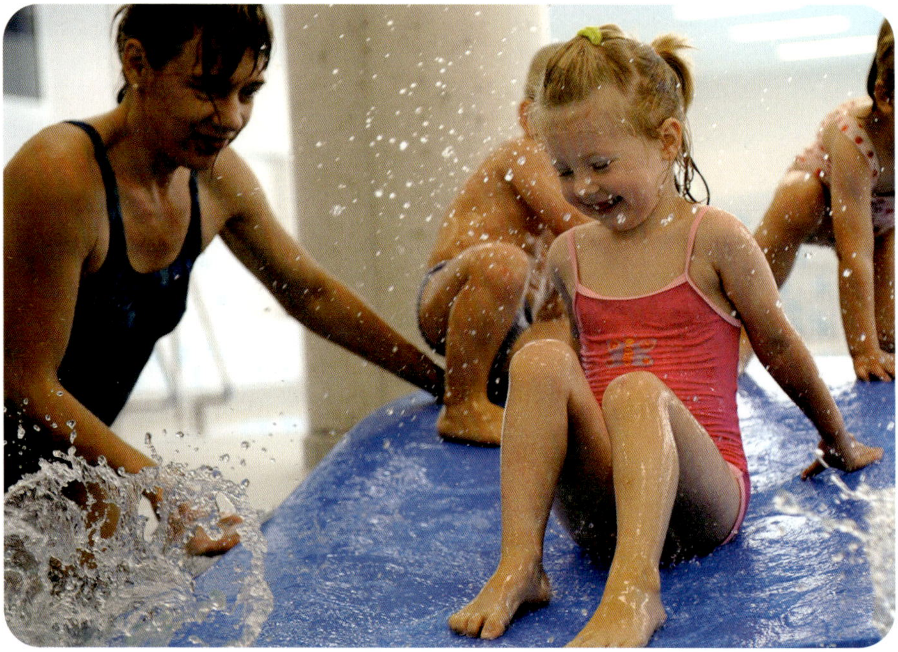

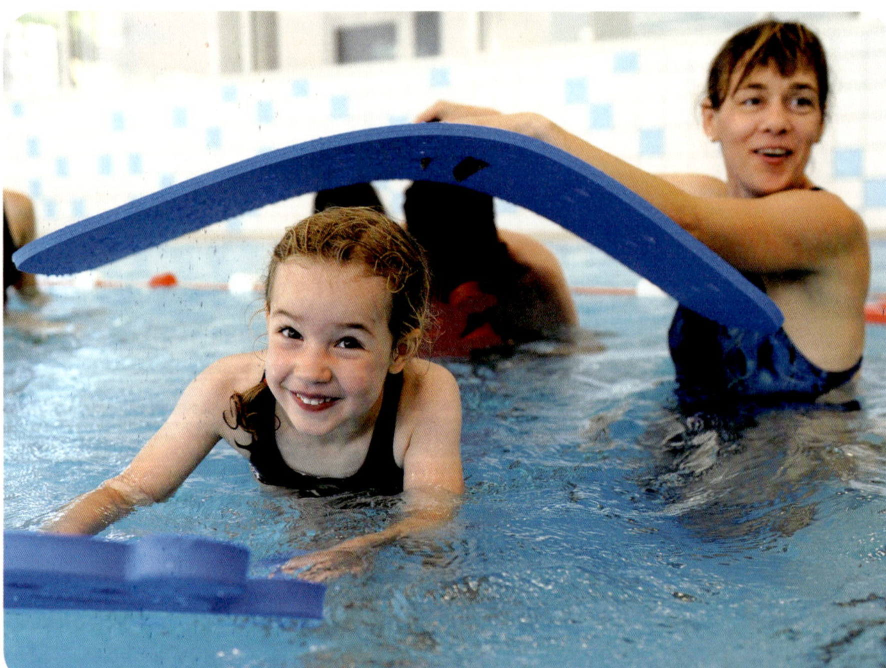

3	•Wettrennen: Zwei Gruppen schwimmen in Bauchlage, auf je einer Matte nebeneinanderliegend, mit Wechselbeinschlag um die Wette. Der Blick ist auf das Ziel (gegenüberliegende Beckenseite) gerichtet. Auch in Rückenlage mit Kopf auf der Matte mehrmals wiederholen. •Schollenklettern und Schwimmversuche: 2 Matten werden in 3-4 m Abstand vom Beckenrand mit etwas Zwischenraum hintereinandergehalten. Die Kinder gleiten aus dem Sitz am Beckenrand zur ersten Matte, erklettern diese, balancieren hinüber, springen zur nächsten Matte, knien sich auf diese, Zipfelmütze und Abgleiter im Knien und Fortbewegungsversuche mit allen Vieren bei eingetauchtem Gesicht bis zur gegenüberliegenden Seite. Die Lehrperson hilft den Kindern, flach von der Matte abzugleiten. Ein auf dem Wasser quer gehaltener Arm bietet den Kindern Hilfestellung; sie können sich bei Bedarf mit beiden Händen darauf abstützen. Der Kopfstellreflex (das reflexbedingte In-den-Nacken-nehmen des Kopfs) soll von den Kindern überwunden werden. Den Abstand zwischen den Matten individuell so verändern, wie jedes Kind sich steigern kann.
4	•Eisbärenruhe: Die Kinder halten sich mit den Armen an der Mattenkante fest und liegen in Rückenlage, mit Beinen und Körper flach unter der Matte, berühren diese. Die Lehrperson schiebt die Kinder kopfwärts bis zur Gegenseite. *„Eisbär hier im Wasser lag und schlief, lag und schlief, armer Eisbär, bist du krank, dass du nicht mehr stehen kannst. Eisbär, steh, Eisbär steh!"* (Melodie: „Häschen in der Grube"). Die Kinder richten sich nach dem Lied bei leichtem Mattentrommeln, das die Eisbären wecken soll, in den Stand auf. Die Kinder wechseln die Mattenseite und wiederholen die Übung zur Gegenseite. •Verabschieden: Die Kinder treffen sich im Kreis, summen, rudern mit den Armen und singen: *„Das Eisbärschwimmen ist nun aus und alle gehen vergnügt nach Haus. Viderallalalla, viderallalla, viderallallalala."* (Melodie: „Vogelhochzeit"). Die Kinder befragen: *„Was können die Eisbären noch?"* Ihre Ideen sogleich in Bewegung umsetzen.

Anmerkung: Im Kindergarten kann eine Eisbärengeschichte das Schollenschwimmen im Schwimmbad lebendig halten (vgl. de Beer 2002).

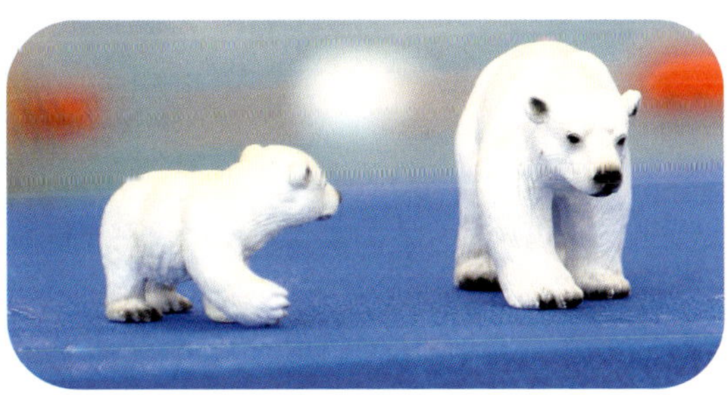

9. ÜBUNGSEINHEIT

Thema Aufgabe Material Regel/Sicherheit	*„A-i-u-e-o, jetzt spielen wir im Wasserzoo. Heute ist der Pinguin dran, wir schauen, was er machen kann."* Verbessern des Abdrucks aus den Beinen beim Abstoß, Geschwindigkeit bewusst erleben Schwimmflossen, Plüsch-Pinguin, Pinguin-Schwammbälle Schwimmflossen sind zum Schwimmen, nicht zum Gehen! An- und ausziehen direkt am Wasser. Üben ist wichtig: *„Nur, wer so oft übt wie die Pinguine, das Kopfeintauchen, Springen, Gleiten, der wird ein sicherer Schwimmer werden – bis in große Weiten."*
1 Schwimmbecken brusttiefes Wasser	• Begrüßungslied: *„Hurra, hurra, hurra, die Kinder sind nun da. Mit Händen und mit Füßen wollen wir das Wasser begrüßen. Hurra, hurra, hurra, die Kinder sind nun da."* Mit Händen und Füßen, Armen und Beinen patschen, kraulen, schlagen, hüpfen und strampeln, erst im Kreis, dann am Beckenrand. • Kontrastbewegungen: *„Wir können ganz leise, aber auch ganz, ganz laut."* Variationen: langsam – schnell, unten – oben. • Pinguin wandert: Der Plüsch-Pinguin wird im Kreis weitergereicht. *„Ping, Pong, Pinguin, ich hüpfe durch die Welt. Ping, Pong, Pinguin, weil mir das so gefällt."* Schwierigkeit steigern: *„Ping, Pong, Pinguin, ich tauche durch das Wasser. Ping, Pong, Pinguin, mein Kopf wird immer nasser."* Jedes Kind taucht mit dem Pinguin in der Hand einmal ab und setzt sich auf den Boden.
2	• Pinguinfüße: Die Kinder ziehen die Flossen am Beckenrand an und schwimmen am Beckenrand entlang. Die Kinder sollen sich dann damit von einem Beckenrand zum anderen bewegen. Ängstliche Kinder erhalten zusätzlich Schwimmflügel oder eine Poolnudel als Hilfe. • Die Kinder beobachten die Lehrperson sitzend am Beckenrand. Sie demonstriert in der Mitte die Wechselschlagbewegungen: *„Der Pinguin Fred, der zeigt euch nun, wie es geht!"* Danach schwimmen die Kinder im Karree am Beckenrand entlang, wobei die Lehrperson korrigiert: Die Flossen unter Wasser mit geringem Beinbeugen, langen nach innen gedrehten Fußspitzen schnell auf- und abbewegen. • Pinguinflossen: Die Kinder sollen ein kleines Stück tauchen, wobei die Arme seitlich am Körper als zusätzliche Flossen einzusetzen sind. • Eckenschwimmen: Dazu die Arme zum Hundekraulen unter Wasser einsetzen und über Eck zum Beckenrand tauchen.

3	•Pinguin rückwärts: Die Kinder probieren das Flossenschwimmen in Rückenlage aus. Anfangs kann eine Poolnudel oder ein Schwimmflügel unter den Kopf gehalten werden. Um sich nicht am Kopf zu verletzen, haben sich die Kinder vor Erreichen der Wand auf den Bauch zu drehen. Der Beckenrand kann zur besseren Orientierung z. B. mit Poolnudeln markiert werden. Empfehlenswert ist, die Übung zunächst am Beckenrand ausführen zu lassen. Vom Beckenrand rückwärts hin, in Bauchlage zurück. •Pinguinflug: Jedes Kind erhält einen Pinguin-Schwammball, wirft diesen voraus und hundelt ihm mit Blick nach vorn und Kopf über Wasser nach.
4	•Pinguinsprung: Die Kinder ziehen die Flossen an den Stufen aus und legen sie auf dem Beckenrand ab. •Sie gehen die Stufen langsam hinab, zählen und gleiten ins Wasser. Mit den Armen die Zipfelmütze formen, das Gesicht eintauchen, den Körper flach mit den Füßen von den Stufen nach vorne abdrücken. Die Kinder weiterhin zum Üben anhalten: *„Nur, wer so oft übt wie die Pinguine, das Kopfeintauchen, Springen, Gleiten, der wird ein sicherer Schwimmer werden – bis in große Weiten."* •Verabschieden: *„Ping, Pong, Pinguin, nun ist das Schwimmen aus. Ping, Pong, Pinguin, und alle geh'n nach Haus."*

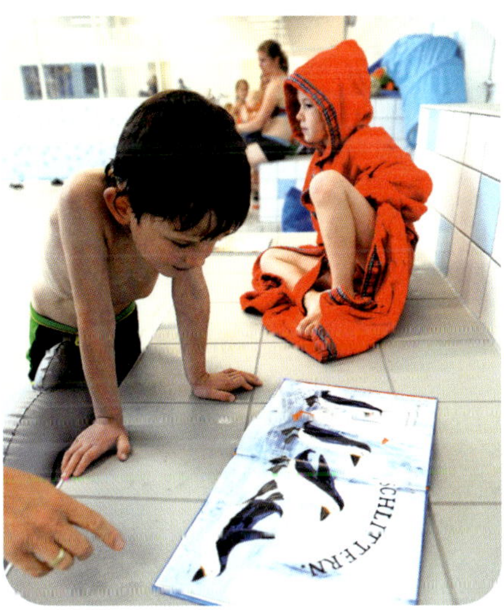

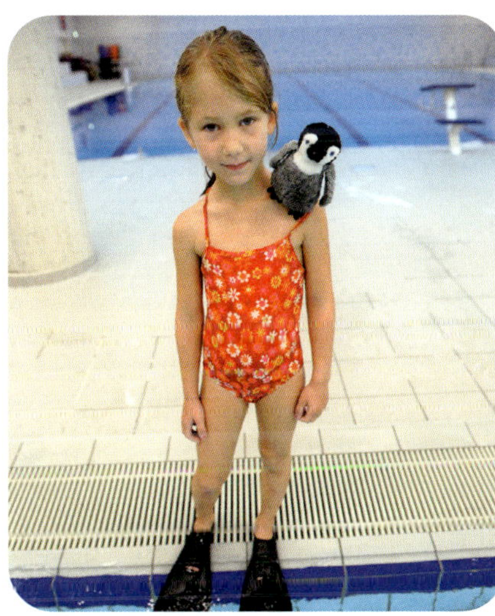

Anmerkung: Das Pinguinlied kann im Kindergarten auch getanzt und gesungen werden (vgl. Vahle 2009).

10. ÜBUNGSEINHEIT

Thema Aufgabe Material Regel/Sicherheit	„A-i-u-e-o, jetzt spielen wir im Wasserzoo. Heute ist der Schwan mal dran, mal schauen, was er machen kann." Verlängern der Tauchzeit, kopfwärtiges Eintauchen Schwimmsprossen, Matte, Gummitier Schwan *„Wer taucht bis zum Boden, der weiß genau, den Kopf muss man schützen mit den Händen – wie schlau!"* (Zipfelmütze) *„Sich selbst zu retten, ist erste Pflicht. Das gilt fürs Kind und jeden Wicht."* (Abgleiter zum Beckenrand)
1 Schwimmbecken brusttiefes Wasser	•Schwan darstellen: Die Kinder stellen einen Schwan dar, die Lehrperson fordert alle auf: *„So groß ist der Schwan, so groß ist der Schwan, so groß, so groß, so groß."* Wiederholen mit *„breit fliegt"*, *„schnell schwimmt"*, *„tief taucht"*, *„laut faucht"*. •Schweben mit ausgebreiteten Flügeln und Beinen: *„Wer sagt, dass er schweben kann, der taucht den Kopf jetzt wie ein Schwan!"* Schwimmsprossen austeilen, das Schweben einmal vormachen, die Kinder machen es nach. Wer kann schweben, ohne sich an der Schwimmsprosse festzuhalten? Wer schwebt mit dem Oberkörper (Teilkörperschwebe) und wer mit dem ganzen Körper (Ganzkörperschwebe)? Wer kann es gehockt (Hockqualle) und wer gestreckt (Seestern)?
2	•Futterzeit: Die Lehrperson steht auf der gegenüberliegenden Seite, ruft *„Futterzeit!"* und alle Kinder (Schwäne) kommen schnell angeschwommen. Sie tauchen Mund und Nase ins Wasser und atmen dabei aus. Dabei den Wechselbeinschlag und den Kraularmzug unter Wasser (Hundeln) üben. •Schwanenpaar: Ein Kind läuft und zieht die Sprossen, die ein anderes rechts und links unter den Achseln hält. Letzteres schwimmt dabei auf. Danach Rollentausch. Variationen: Geht das auch in der Rückenlage?
3	•Schwanenschlaf: Ein Kind legt sich längs zwischen die Sprossen, hält die eine dabei mit den Armen vorn fest, hakt die Füße in die hintere Sprosse ein und wird dann von einem anderen gezogen. Auch in Rückenlage im Kniekehlenhang mit Nackenstütze ausprobieren. Die Kinder zählen gegenseitig die Dauer des Schlafs (Tauchzeit). •Bauch- und Rückenlage: Die Kinder schwimmen in Bauchlage mit Wechselbeinschlag, auf Zuruf *„Rücken"* schwimmen sie in Rückenlage, auf Zuruf *„Bauch"* wieder in Bauchlage. Die Lehrperson steht ausnahmsweise auf dem Beckenrand und zeigt die Körperteile, weil die Kinder so die Kommandos besser wahrnehmen können.

	•Tauchen: *„Ein Schwan, der wollte tauchen geh'n, sich unter Wasser die Welt anseh'n."* Die Kinder tauchen unter ihrer Sprosse durch. Auf die Bewegung wie ein Schwanenhals und die mit dem Kopf beginnende Tauchbewegung (Kopfsteuerung) aufmerksam machen. •Springen: *„Ein Schwan, der wollte fliegen geh'n, sich in der Luft die Welt anseh'n."* Die Kinder klettern am Beckenrand heraus und springen weit bis zu ihrer Schwimmsprosse ins Wasser hinein. Fußsprünge oder Abgleiter aus dem Knien von der Matte weiterüben. •Die Schwimmsprossen am Beckenrand ablegen.
4	•Mattenschiff: Alle Kinder sitzen auf der Matte. Die Lehrperson schaukelt diese und singt: *„Wie der Schwan auf dem Teich – schaukelt das Schiff in den Wellen so weich."* Nach Aufruf durch die Lehrperson schwimmt jedes Kind von der Matte abgleitend an den Beckenrand. Übung mit Baderegel wiederholen: *„Sich selbst zu retten, ist erste Pflicht. Das gilt für's Kind und jeden Wicht."* Variation der Übung: Vom Beckenrand zum Boot (Matte) schwimmen. •Abschlussfahrt und Verabschiedung: Alle Kinder liegen bäuchlings auf der Matte. Die Lehrperson zieht die Matte zum Aussteigen an die Treppe und singt: *„Ahoi, ahoi, das Schiff fährt los. Die ganze Mannschaft strampelt los. Ahoi, ahoi, gleich sind wir da. Fahrt ist vorbei, wie wunderbar!"*

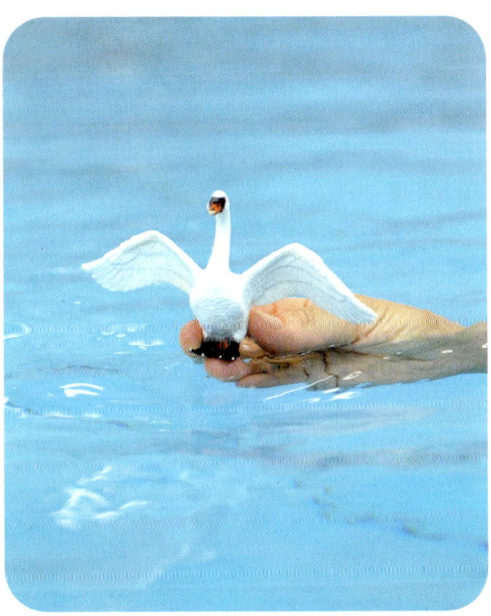

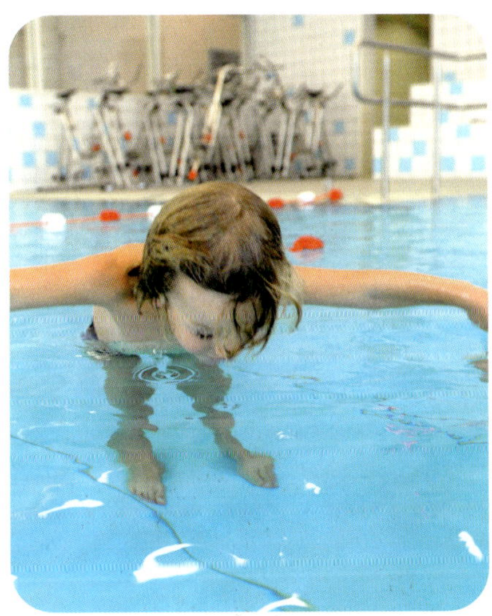

Anmerkung: Schwäne bei Gelegenheit bei einem Spaziergang an einem Teich beobachten. Auch Sachbücher bieten Wissenswertes über das Tier.

11. ÜBUNGSEINHEIT

Thema Aufgabe Material Regel/Sicherheit	*„A-i-u-e-o, jetzt spielen wir im Wasserzoo. Heute ist der Delfin dran, mal schauen, was er machen kann."* Kopfwärtiges Eintauchen, Gleiten und die Schwimmstrecke steigern Aufblasbare Delfine (viele kleine und einen großen) *„Wer taucht bis zum Boden, der weiß genau, den Kopf muss man schützen mit den Händen – wie schlau!"* (Zipfelmütze) „Wer sagt, dass er nun schwimmen kann, der muss es dann auch schaffen: Sechs Meter zum Rand zurück sind lang, so lang wie der Hals von Giraffen." „Ist das Wasser frei, so darfst du springen, mit den Füßen zuerst, sonst kann's Unglück bringen."
1 Schwimmbecken brusttiefes Wasser	•Delfin fangen: Die Lehrperson läuft mit einem großen Delfin durch das Wasser. Die Kinder haben die Aufgabe, diesen zu fangen. Wiederholen. •Die Kinder erhalten je einen kleinen Delfin. Delfinschwimmen: Die Kinder queren mit den Delfinen das Becken, begleitet von der Lehrperson: *„Eins, zwei drei, im Sauseschritt, alle Kinder laufen mit."* In Variationen (springen, tauchen, gleiten, ausatmen) wiederholen.
2	•Abstoßen und Gleiten: Die Kinder halten die Delfine an beiden Seiten an den Flossen in Vorhalte, tauchen den Kopf zwischen den Armen ins Wasser, stoßen sich kräftig mit den Füßen vom Beckenrand ab und gleiten nach vorn. Wiederholen und dabei auf die geschlossene Körperhaltung (Gesamtkörperstreckung) achten. Die Strecke verlängern, indem der Wechselbeinschlag dazu eingesetzt wird. •Werfen und Aufgreifen: Die Kinder werfen die Delfine ein Stück weit voraus und schwimmen unter Wasser (hundelnd) nach. Die Lehrperson begleitet: *„Alle Delfine springen weit, die Kinder folgen im Geleit."*

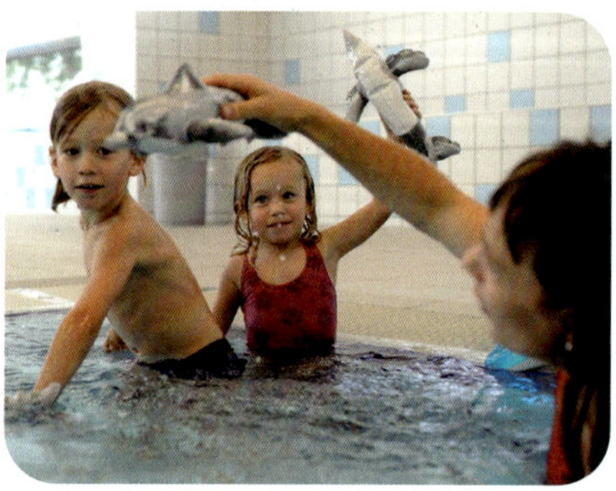

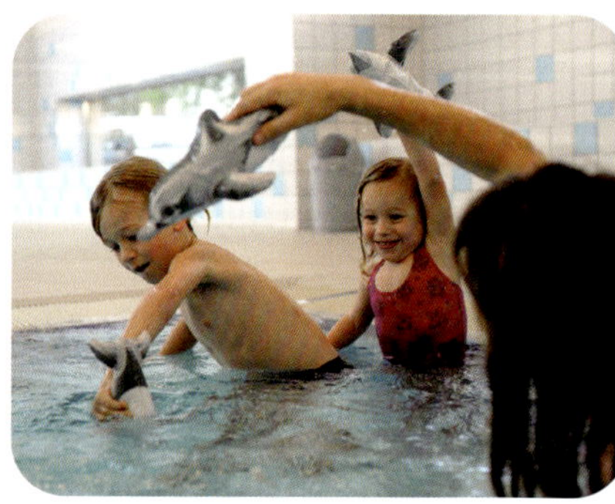

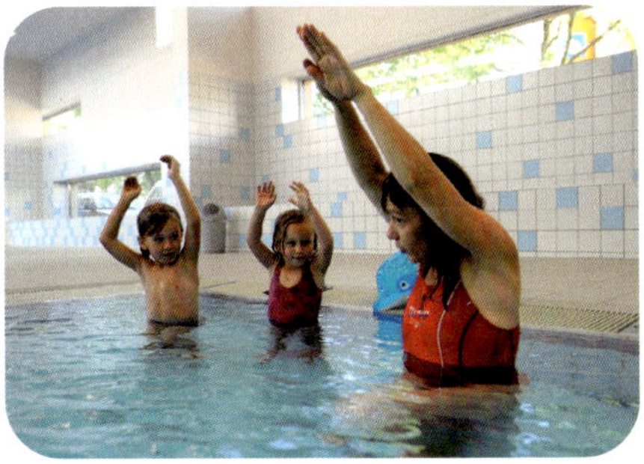
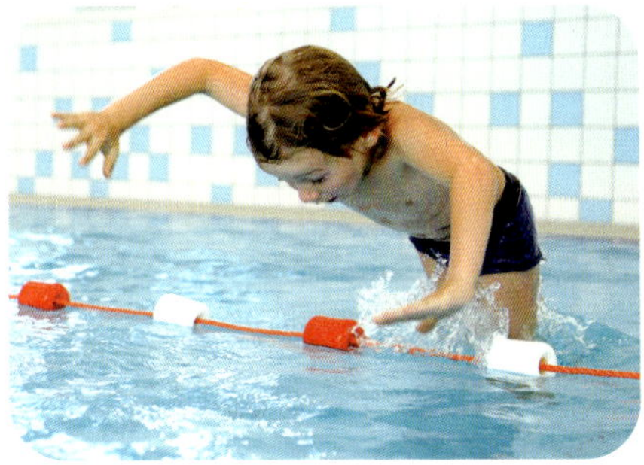

3	•Überspringen: Die Lehrperson breitet die Arme seitlich für die nächste Übung aus: *„Der kleine Flipper hat viel Mut, springt leise kopfwärts in die Flut."* Die Kinder werfen ihre Delfine über die Arme der Lehrperson und springen kopfwärts eintauchend selbst hinterher; dazu ist der Blick auf das Wasser gerichtet, die Arme schwingen vor dem Kopf nach unten, bis sie mit den Händen den Beckenboden berühren. Dazu die Sicherheitsregel wiederholen: *„Wer taucht bis zum Boden, der weiß genau, den Kopf muss man schützen mit den Händen - wie schlau!"* (Zipfelmütze) •Die Kinder (Delfine) sitzen am Beckenrand und werden paarweise aufgerufen zum Distanzschwimmen: Die Lehrperson steht mit ausgebreiteten Armen, Handflächen nach oben, 5-6 m vom Beckenrand entfernt. Die Kinder hocken auf dem Beckenrand, formen mit den Armen eine Zipfelmütze und bewegen sich nach vorn fallend kopfüber mit ihren Händen voran (Abgleiter) auf die gehaltenen Hände der Lehrperson zu und ergreifen diese. Die Strecke erst gleiten und dann - je nach Können beim Wiederholen vergrößern - schwimmen (hundeln). Dazu die Baderegel benennen: *„Wer sagt, dass er nun schwimmen kann, der muss es dann auch schaffen: Sechs Meter zum Rand zurück sind lang, so lang wie der Hals von Giraffen."*
4	•Kunststücke: Welche Sprünge können die Kinder? Eine dicke Matte auf dem Beckenrand schützt vor Unfällen. Baderegel wiederholen: *„Ist das Wasser frei, so darfst du springen, mit den Füßen zuerst, sonst kann's Unglück bringen."* •Kettenfangen: Die Kinder spielen die Delfine, die Lehrperson den Fischer und beginnt: *„Ich fahre über das blaue Meer und fische, und wen ich erwische, der kommt mit mir."* Jedes gefangene Kind bildet mit den weiteren eine Reihe (anfassen) zu einem Fischernetz, bis alle gefangen sind.

Anmerkung: Kinder Delfine malen lassen und das Gelernte festigen.

12. ÜBUNGSEINHEIT

Thema Aufgabe Material Regel/Sicherheit	„A-i-u-e-o, jetzt spielen wir im Wasserzoo. Heute ist der Seestern dran, mal schauen, was er machen kann." Feststellen der schwimmerischen Grundfertigkeiten: Wasser-ABC 5 Gummitiere an den Stationen: Seerobbe, Seerose, Wasserfloh, Delfin, Schildkröte. Material für 4. Phase. Urkunden für die Kinder „Das Wasser-ABC ist ein Test, zum Abschluss gibt's ein Fest. Fünf Übungen sind dran, die jeder schaffen kann! Das Wasser-ABC ist ein Test, zum Abschluss gibt's ein Fest!"
1	•Begrüßen: Lehrperson und Kinder stehen im Kreis und bewegen sichsingend: *„Wenn ich fröhlich bin, dann springe ich ganz hoch, wenn ich fröhlich bin, dann springe ich ganz hoch, wenn ich fröhlich bin, dann springe ich, wenn ich fröhlich bin, dann springe ich, wenn ich fröhlich bin, dann springe ich ganz hoch!"* Variieren mit: *„tauche tief", „schwebe still", „kraule schnell", „strample laut"* oder anderen Bewegungsaufgaben.
2 + 3	•*„Fünf Übungen sind dran, die jeder schaffen kann."* Die Lehrperson zeigt die fünf Stationen mit den jeweiligen Bewegungsaufgaben: **1.** Rhythmisches Ausatmen ins Wasser am Beckenrand (wie eine Seerobbe schnauben): *„1-Luft raus, 2-Luft raus, 3-Luft raus, 4-Luft raus, 5-Luft raus, und die Übung ist aus."* **2.** Schweben wie ein Seerose (Rückenlage): *„Die Ohren ins Wasser, den Bauch hochgedrückt, so liegst du wie 'ne Seerose und bist ganz beglückt."* **3.** Springen wie ein Wasserfloh (vom Beckenrand fußwärts springen): *„Spring doch, spring doch, auf die Füße ins Wasserloch!"* **4.** Tauchen wie ein Delfin (Spring- und Tauchübungen, Hände in Richtung Beckenboden): *„Zipfelmütz über Kopf - in den Stand - auf die Hand."* **5.** Schwimmen wie eine Schildkröte (mit Armen und Beinen paddeln, Kopf taucht und lugt zum Atmen aus dem Wasser): *„Arme und Beine paddeln geschwind, 4-6 m, bis sie müde sind."* Auch als U-Turn zur Selbstrettung vom Beckenrand bis zum gegenüberliegenden und zurück testen.

4	•Auswahl einiger Spielmöglichkeiten aus den Wasserzooübungseinheiten: - Stützeln wie Seerobben auf Treppenstufen - Schnabelklappern wie Störche mit Fliegenklatschen - Paddeln wie Schildkröten mit Poolnudeln - Flügelschlagen wie Enten mit Schwimmbrettern - Rüsselpusten wie Elefanten mit Rohren - Wasserlaufen wie Wasserflöhe mit Schwimmflügeln - Sinken und Ausatmen mit Blubberfischen - Eisschollenspringen wie Eisbären mit Matten - Schnellschwimmen wie Pinguine mit Schwimmflossen - Schweben wie Schwäne mit Schwimmsprossen - Springen wie Delfine über Leinen im Schwimmbad Verabschieden: *„Der Wasserzoo hat nun ein Ende, alle klatschen in die Hände. Und die Kinder sammeln ein, alle Tiere groß und klein."*

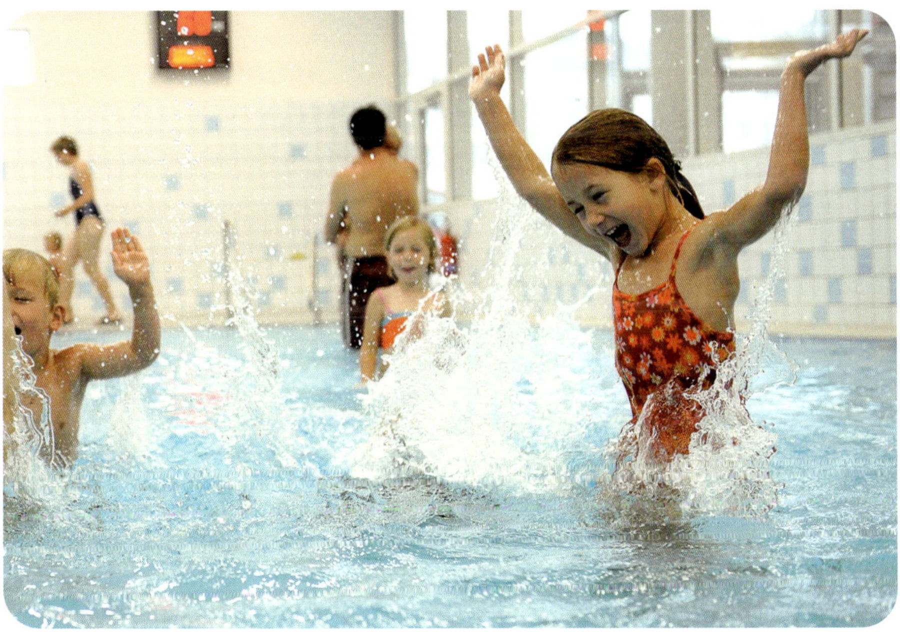

Anmerkung: Die Kinder erhalten ihre Urkunden (Wasser-ABC). Sie beherrschen nun die schwimmerischen Grundfertigkeiten als Basis, auf die sie weiter aufbauen können. Sie vertrauen der Tragkraft des Wassers und sind im Ansatz fähig, sich selbst zu retten.

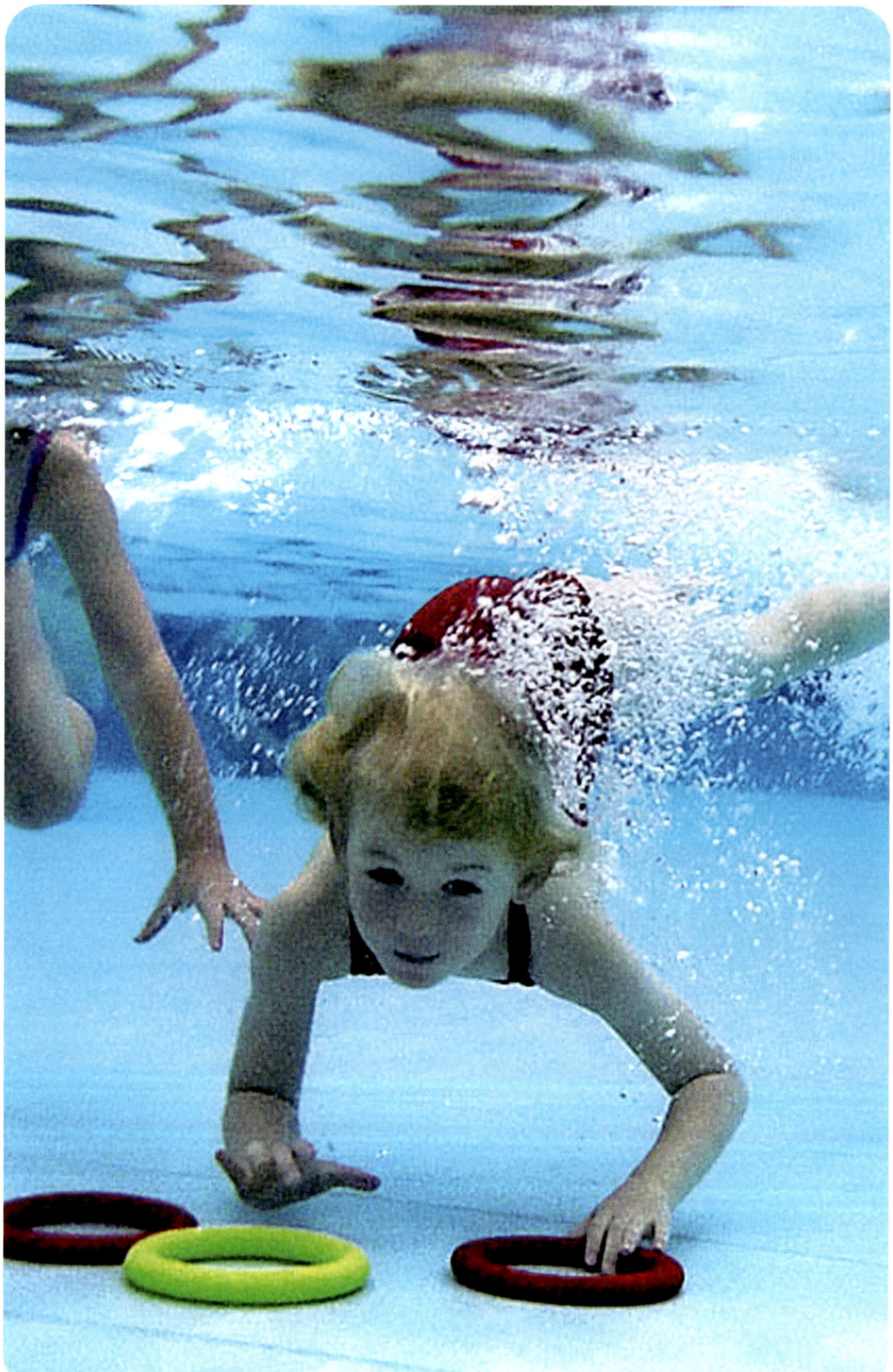

URKUNDE

♥lichen Glückwunsch........................
Du hast das Wasser-ABC bestanden!

Im Schuljahr 2009/10 hast Du .... von ....
Schwimmstunden mitgemacht und kannst nun ...

○ im Wasser mit Hilfe einer Pool-Nudel ....Meter schwimmen.

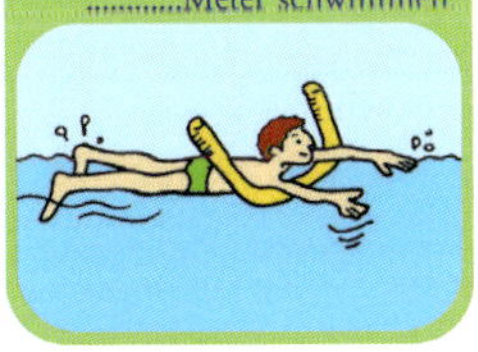

○ unter Wasser tauchen und aus ....Meter einen Ring heraufholen.

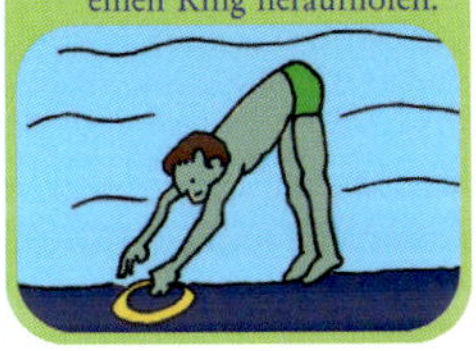

○ ins Wasser ....mal ausatmen.

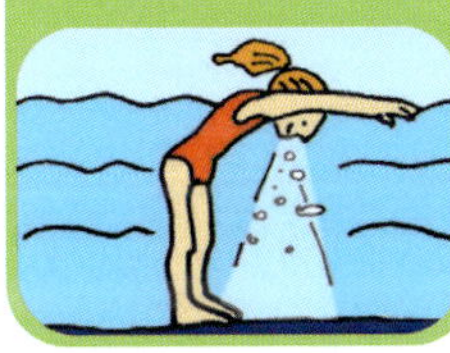

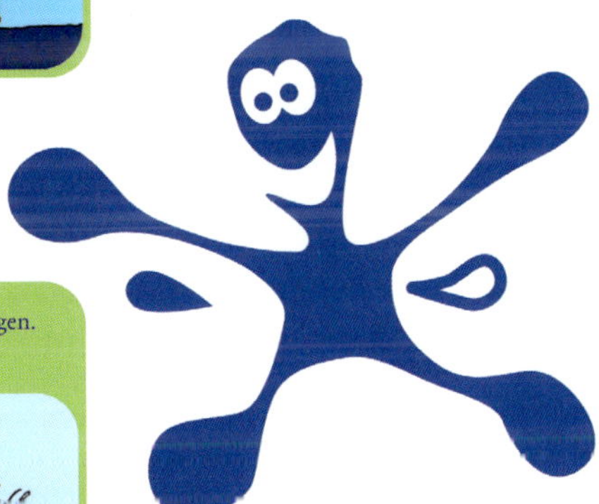

○ auf dem Wasser .... Sekunden schweben.

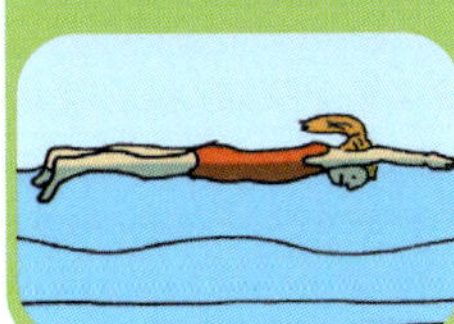

○ ins Wasser springen.

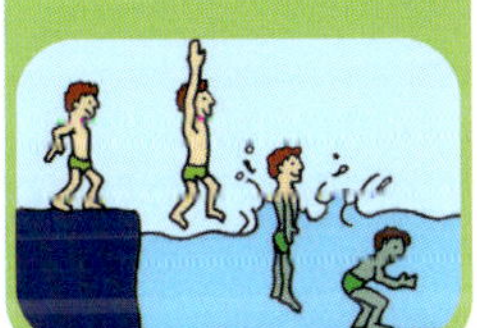

....
Schwimmlehrer/in

Lilli Ahrendt
....
Dr. Lilli Ahrendt, Projektleiterin Schwimmen macht Schule

BÄDERGESELLSCHAFT DÜSSELDORF MBH

Düsseldorf 2010

5.3 FORTBEWEGEN UND ZUM FRÜHSCHWIMMER WERDEN: DAS WASSER ZUM ANTREIBEN NUTZEN

Kurs in 12 Übungseinheiten

„FRÜHSCHWIMMER WIRD GANZ GEWISS, WER TAUCHT UND SCHWIMMT WIE EIN FISCH!"

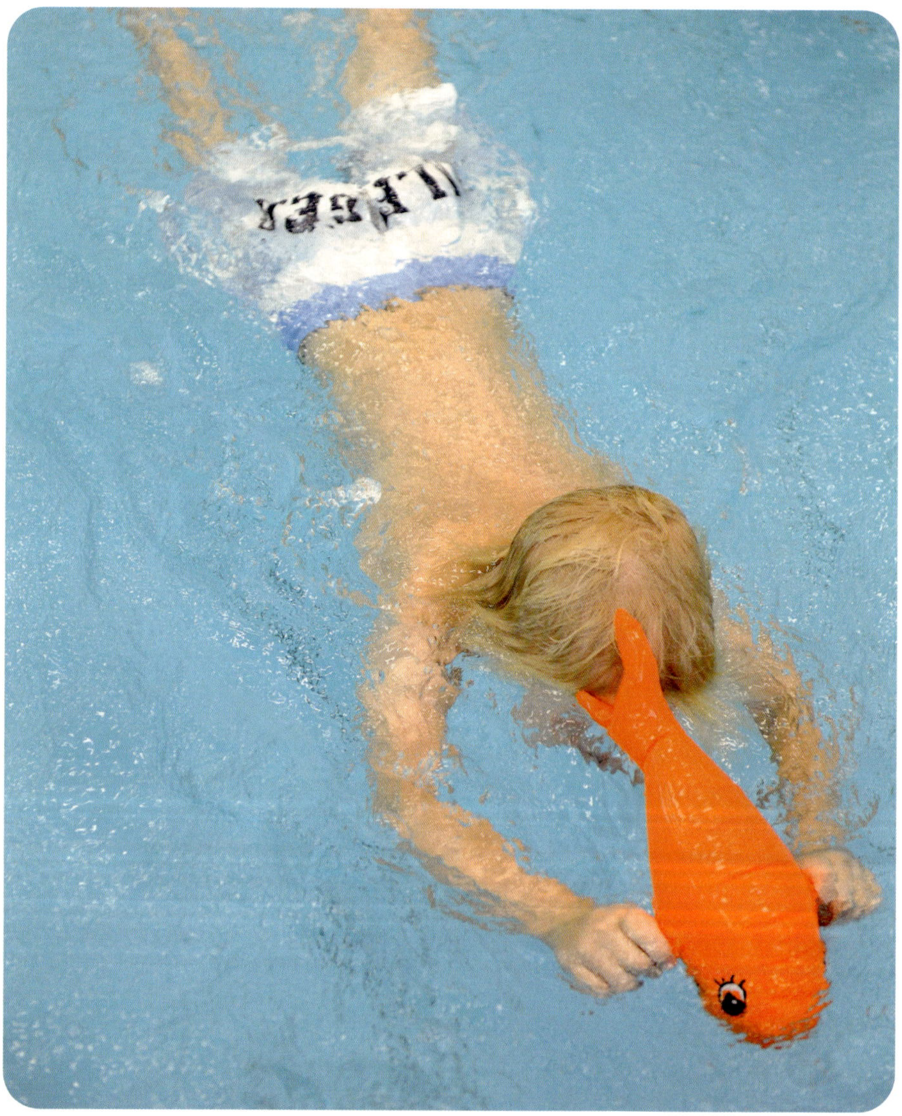

Nachdem die Kinder Bewegungserfahrungen in Bauch- und Rückenlage gesammelt haben und das Ein- und Ausatmen schon einer Bewegung anpassen können, sollen sie nun Kopf, Körper, Arme und Beine in einen Bewegungsablauf bringen, den wir Schwimmen nennen. Die Atmung wird rhythmisch in die Gesamtbewegung derart eingebunden, dass letztere flüssig in stabiler Körperlage verläuft.

Das Kind lernt,

- in Bauchlage den Kopf nur so weit zum Einatmen anzuheben oder zu drehen, dass der Mund frei vom Wasser ist, wenn der Armzug erfolgt.
- bei der Streckbewegung möglichst vollständig und lange auszuatmen.
- die Bewegungsmuster der Arme und Beine rhythmisch auszuführen.

Wenn es gelingt, die Atemvorgange systematisch in das Bewegungsmuster der Arme und Beine einzubinden, ist das Problem für das Zurücklegen längerer Strecken fast gelost. Außerdem benötigt es Kraft und Willen. Was die Ausdauer anbetrifft, so lässt sich auch daran arbeiten, indem sich durch ständiges Üben die Muskeln kräftigen, gepaart mit dem Willen, es auch zu tun.

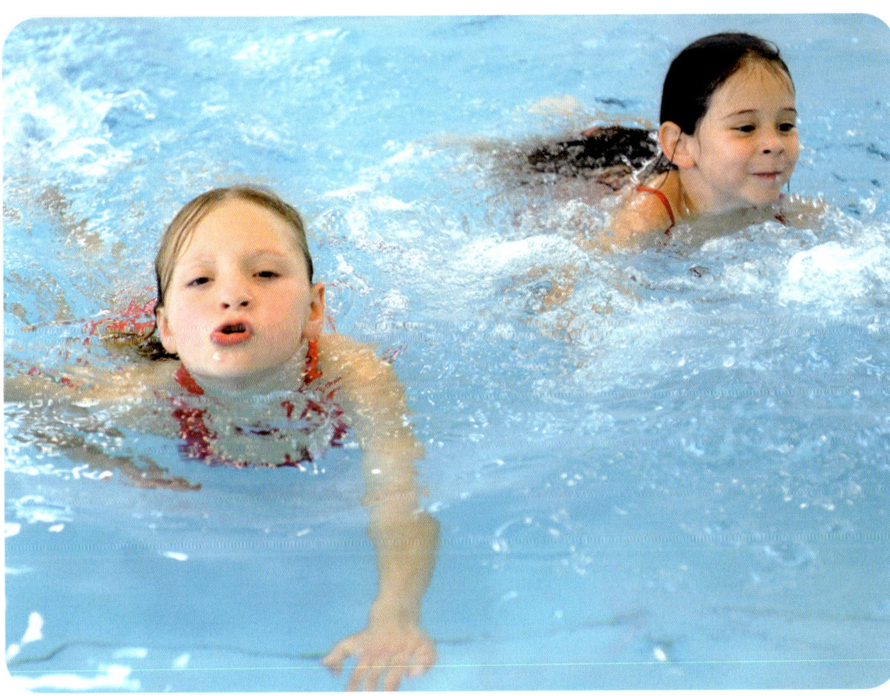

1. ÜBUNGSEINHEIT

Thema	Wechselzug- oder Gleichzugmuster mit den Armen
Aufgabe	Den Körper mit den Armen vorwärts ziehen/antreiben
Material	Spritzflaschen
Regel/Sicherheit	Besonders bei Fangspielen: *„Weil der Schmuck beim Schwimmen stört, dieser in Lehrers Sammelbeutel gehört."* Zum Springen: *„Ist das Wasser frei, so darfst du springen, mit den Füßen zuerst, sonst kann's Unglück bringen."*
1 Schwimmbecken brusttiefes Wasser	•Fangen: Ein Fänger verfolgt die Fliehenden. Berührt der Fänger einen, so ist dieser nun der Fänger und verfolgt erneut, dabei weit mit den Armen nach vorne ausgreifend •Armkraulen im Sitz auf den Stufen: Die Lehrperson demonstriert und fragt: *„Wozu sind die Arme da?"* Die Kinder beobachten und antworten: *„Die Arme sind zum Kraulen da!"* •Armkraulen über die Querbahn: Beine laufen, Arme ziehen wechselseitig (diagonal: rechtes Bein und linker Arm): *„Erst die Rechte, dann die Linke, tauchen ein im Nu, schau gut zu!"* Wiederholen. •Bewegung rhythmisieren: Die Lehrperson fordert die Kinder dabei zu gleichmäßigen Bewegungen auf, indem sie klatscht: *„Klatsch, klatsch, klatsch, wir laufen nun im Takt!"* •Tempo steigern: Langsam zu laufen beginnen, Tempo steigern: *„Langsam laufen, langsam laufen, schneller laufen, schneller laufen."* •Widerstand erfahren: Anlaufen und anhalten: *„Laufen, laufen, laufen, bis es gleich heißt: Stopp!"*
2	•Lagesicherheit: Hinlegen (Gesicht eintauchen) und aufstehen (Selbstrettung): *„Hinlegen wie bei Nacht. Aufstehen, aufgewacht!"* •Brustarmzug auf den Stufen demonstrieren: *„Beide Hände ziehen im Kreis, gut, dass du das jetzt schon weißt!"* (Bewegungsvorstellung: Puddingschüssel) •Hinsetzen und aufstehen (fußwärts abtauchen): *„Auf und ab, auf und ab, stellen und setzen wechseln ab – und immerzu, ausatmen dazu!"* (Das Ausatmen verhindert das Eindringen von Wasser in die Nase.)

3	•Propeller: Beine laufen, Arme kreisen wechselseitig: *„Arme kreisen ringsherum, ringsherum, ringsherum, nun mal schneller, wie ein Propeller!"* •Bagger: Beine laufen, beide Arme parallel flach über dem Wasser nach vorne führen, Handflächen nach außen drehen und damit das Wasser kräftig nach außen und hinten drücken: *„Arme nach vorne und drücken zurück, das ist der Bagger-Bewegungstrick!"* Die Druckphase wird beschleunigt (Druck verstärken). •Hundeln: Schultern unter Wasser, Füße drücken den Körper am Beckenboden ab, Arme bewegen sich unter Wasser: *„Hände schaufeln munter, kleine Kreise auf die Hundeweise!"* •Zielschwimmen: Ein kleine Strecke (1,5 m) zum Beckenrand hundeln: *„Schau, da ist der Rand, hundle und fasse ihn mit der Hand!"* Wiederholen mit *„kraule"* (Kraularmzug) und *„ziehe"* (Brustarmzug).Steigerung: Eine größere Strecke zum Beckenrand hundeln: *„Einen Meter mehr, fällt doch gar nicht schwer!"* Wiederholen mit Armkraulen und Brustarmzügen.
4	•Paarweise springen und spritzen im Spiel: Je 2 Kinder markieren mit bunten Flaschen ihre Sprungstelle und springen, spritzen und tauchen abwechselnd. Sozialverhalten: Man kann verabreden, an welche Körperstelle gespritzt werden darf. Baderegel: *„Ist das Wasser frei, so darfst du springen, mit den Füßen zuerst, sonst kann's Unglück bringen."* •Verabschieden: *„Eins, zwei, drei, das Schwimmen ist vorbei. Alle Kinder, groß und klein, sammeln die Geräte ein. Eins, zwei, drei, das Schwimmen ist vorbei."*

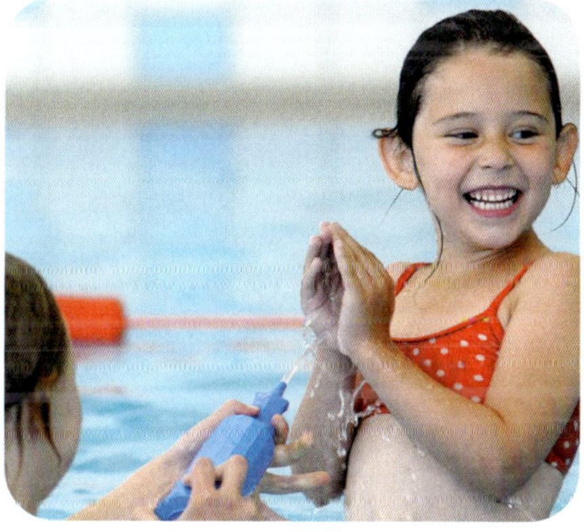

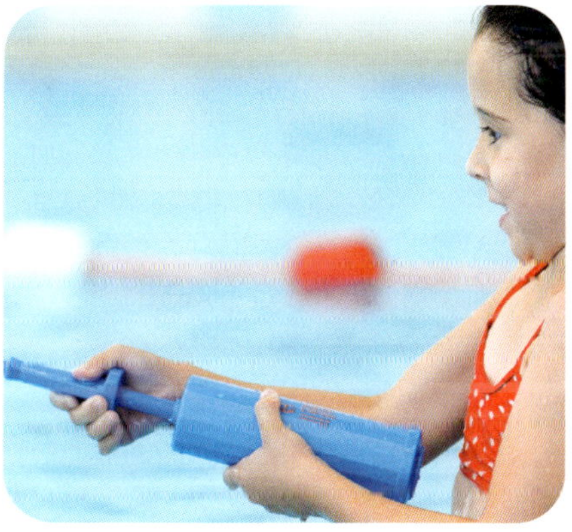

2. ÜBUNGSEINHEIT

Thema Aufgabe Material Regel/Sicherheit	Wechselbeinschlag (oder Schwunggrätsche) Den Körper mit den Beinen vorwärts bewegen/antreiben Schwimmbretter Vor dem Schwimmen: *„In deinem Magen darf ein bisschen Essen sein, zu viel, zu wenig kann beim Schwimmen gefährlich sein."*
1 Schwimmbecken brusttiefes Wasser	•Sitz am Beckenrand: Die Lehrperson führt den Wechselbeinschlag kommentierend vor und fragt: *„Wozu sind die Beine da?"* Die Kinder beobachten und antworten: *„Die Beine sind zum Strampeln da."* Dieselbe Übung im Hang am Beckenrand in Bauchlage und in Rückenlage wiederholen. •Turm abbauen: Während die Lehrperson die Bretter aufgetürmt rückwärts laufend zieht, verfolgen die Kinder sie und ergreifen sich ein Brett.
2	•Motorboot: Die Lehrperson macht in Bauchlage vor: *„Die Füße schlagen ab geschwind, damit der Körper vorwärts schwimmt!"* Die Füße werden dabei nach innen gedreht, die Beine nur leicht gebeugt. Die Kinder folgen, legen sich mit der Brust auf das Brett und schwimmen im Wechselbeinschlag. Wiederholen in Rückenlage. Ein Brett kann zur Korrektur flach auf der Wasseroberfläche über die Knie und Füße der in der Rückenlage liegenden Kinder gehalten werden (taktile Hilfe). Bretter an die Lehrpersonen abgeben. •Baumstammfloß: Die Kinder, strecken sich und werden von der Lehrperson an den Füßen zum Beckenrand geschoben. *„Leg dich hin, ich schiebe dich. Fass den Rand, dann stellst du dich!"* Am Beckenrand herausklettern, hinsetzen, Arme in Hochhalte (Zipfelmütze), Körper nach vorn beugen und flach auf das Wasser zum durch die Lehrperson gehaltenen Brett unter Wasser gleiten (Abgleiter). Wiederholen und Strecke verlängern. Auch in Rückenlage möglich, aber Achtung: Verletzungsgefahr für den Kopf
3	•Froschbeine: Alle sitzen auf den Treppenstufen oder auf dem Beckenrand um die Lehrperson herum (damit alle sehen können). Die Lehrperson führt die Schwunggrätsche vor: *„Die Füße treten zur Seite geschwind, damit der Körper vorwärts schwimmt!"* Die Beine werden zum Gesäß angebeugt, die Füße treten seitwärts, die Beine werden beim Strecken kreisförmig mit Schwung und gestreckten Füßen zusammengeführt. Die Kinder folgen, zuerst in der Rückenlage mit Kopfablage auf dem Brett und Blick zu den Füßen. Ein Brett kann zur Korrektur auf der Wasseroberfläche über die Knie gelegt werden, um das Anbeugen der Fersen zum Gesäß (nicht zum Bauch) zu üben. (Brett sollte nicht durch die Knie hochgestoßen werden.)

	Die Fußstellung kann als seitwärts gerichtete Tretbewegung gegen den Beckenrand geübt werden mit Seitenwechsel für beide Seiten oder mit taktiler Hilfe: Die Lehrperson hält die Fußballen und führt die Füße des in Rükkenlage liegenden Kindes. •Tauchen wie ein Frosch: Die Kinder sitzen am Beckenrand, formen die Arme zur Zipfelmütze, tauchen flach ab und üben die Schwunggrätsche (Bewegungsbild: Froschbeine) tauchend (Augen auf) bis zu den unter Wasser gehaltenen Händen der Lehrperson.
4	•Aus Beckenrandstütz senkrecht abtauchen: Die Kinder stützen sich auf den Beckenrand und lassen sich rückwärts heruntergleiten. Die Lehrperson initiiert: *„Der Kopf taucht auf, der Kopf taucht ab, mit dem Mund geht es blubber-die-blab!"* Steigern: Wer kann sich vom Boden so kräftig abstoßen, dass er gleich wieder oben stützen kann? •Bretterkarussell: Die Kinder bilden einen Kreis, halten je ein Brett in der rechten Hand, stützen den Unterarm auf das Brett und fassen mit links das Brett des Nachbarkindes. Auf Zuruf geht es los: *„Alle Füße laufen, alle Füße heben ab. Das Ka-rus-sell, – das dreht sich schnell!"* Wiederholen in Gegenrichtung. •Verabschieden: *„Das Schwimmen ist nun aus, alle Kinder duschen, fönen und fahren dann nach Haus!"* Bretter einsammeln und stapeln. Den Vers mit textgemäßen Bewegungen wiederholen.

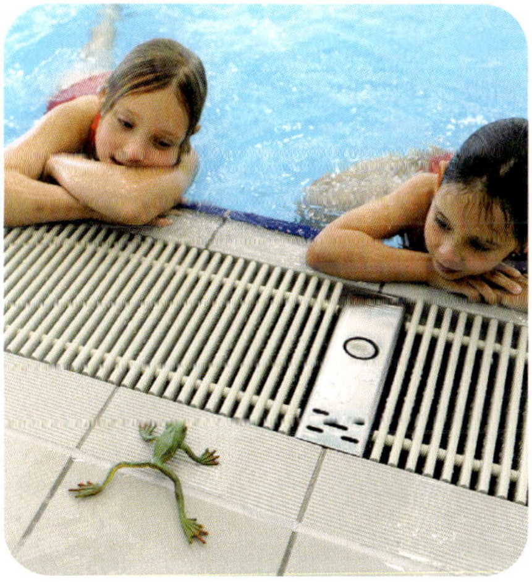

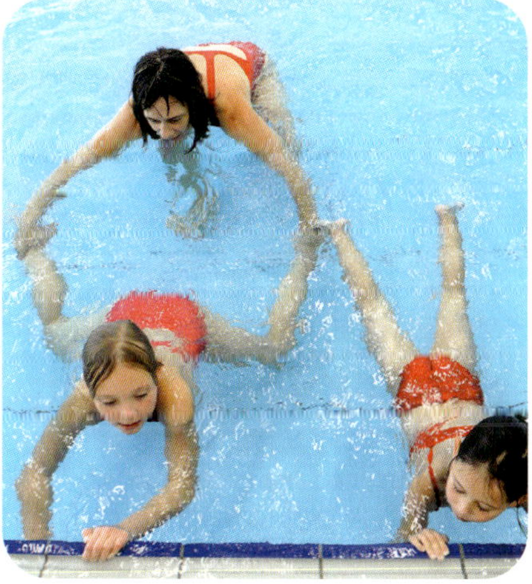

3. ÜBUNGSEINHEIT

Thema	Beckenwand zum Abdruck/Anschwung bewusst nutzen
Aufgabe	Sich bewusst mit Armen und Beinen vom Wasser abdrücken
Material	Große Matten
Regel/Sicherheit	„Wenn es am Himmel grollt und dunkle Wolken ziehen, schnell Sachen eingerollt, vor Blitz nach Hause fliehen." „Willst im Meer du baden gehen, wo auch stark die Winde wehen, lass die Luftmatratz zu Haus, die treibt aufs Meer, das Spiel ist aus." Aufklären: Wir schwimmen hier in einem Hallenbad. Hier dürfen wir *„Blitz"* und mit Matten spielen. Keine Gefahr! Am Meer ist es anders!
1 Schwimmbecken brusttiefes Wasser	•Feuer, Wasser, Blitz: Die Kinder laufen im Becken. Bei *„Feuer"* spritzen sie Wasser mit den Händen in die Luft, bei *„Wasser"* retten sie sich an die in der Mitte gehaltenen Matten, bei *„Blitz"* schwimmen sie zum Beckenrand und klettern heraus. •Beckenrand: Die Lehrperson fordert zum Stützen mit den Händen und Abdrükken mit den Füßen heraus: *„Wozu ist der Beckenrand da?"* Die Kinder sollen entsprechend antworten. Die Kinder halten sich mit den Händen am Beckenrand, springen mit kräftigem Abdruck aus den Beinen in den Stütz und wieder ab. Die Lehrperson begleitet: *„Die Füße sind lustig, die Füße sind froh, sie hüpfen im Wasser und machen es so."* (Melodie „Die Tiroler sind lustig")
2	•Rakete zur Matte: Die Lehrperson hält die Matten liegend ca. 3 m vom Bekkenrand entfernt. Die Kinder stehen rücklings auf einem Bein am Beckenrand, das andere angewinkelt mit Fuß gegen die Wand, halten ihre Hände gestreckt nach vorn, beugen das Knie, tauchen Schultern und Gesicht ein und drücken sich im Moment des Aufschwimmens kraftvoll mit beiden Beinen von der Wand zur Matte hin ab. •Wand durchtauchen: Die Matte wird hochkant gehalten. Die Kinder stoßen sich von der Beckenwand ab und tauchen mit Wechselbeinschlag unter der Matte hindurch. Wiederholen, auch gleiche Übung mit Brustbeinschlag.

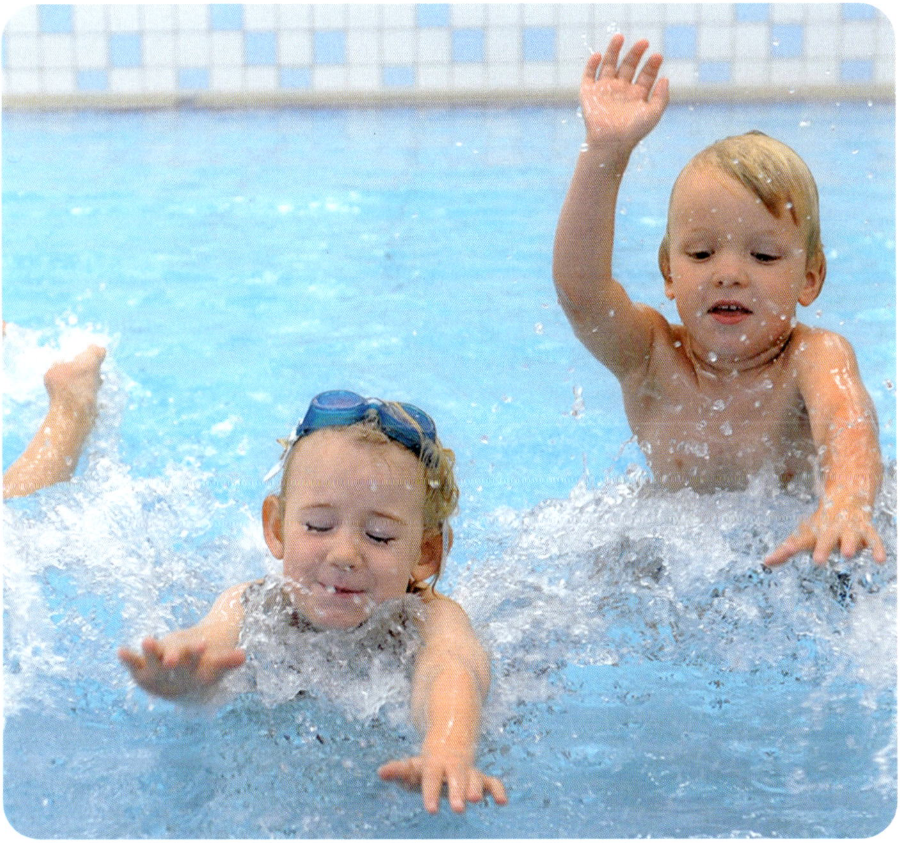

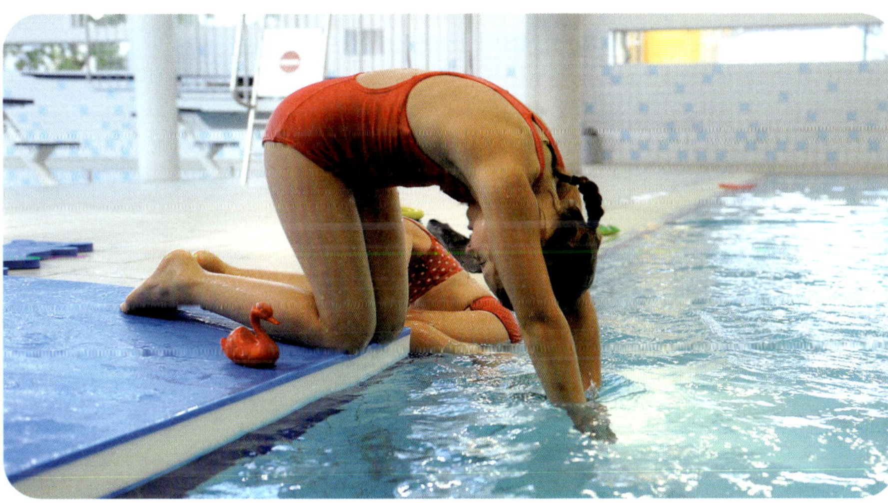

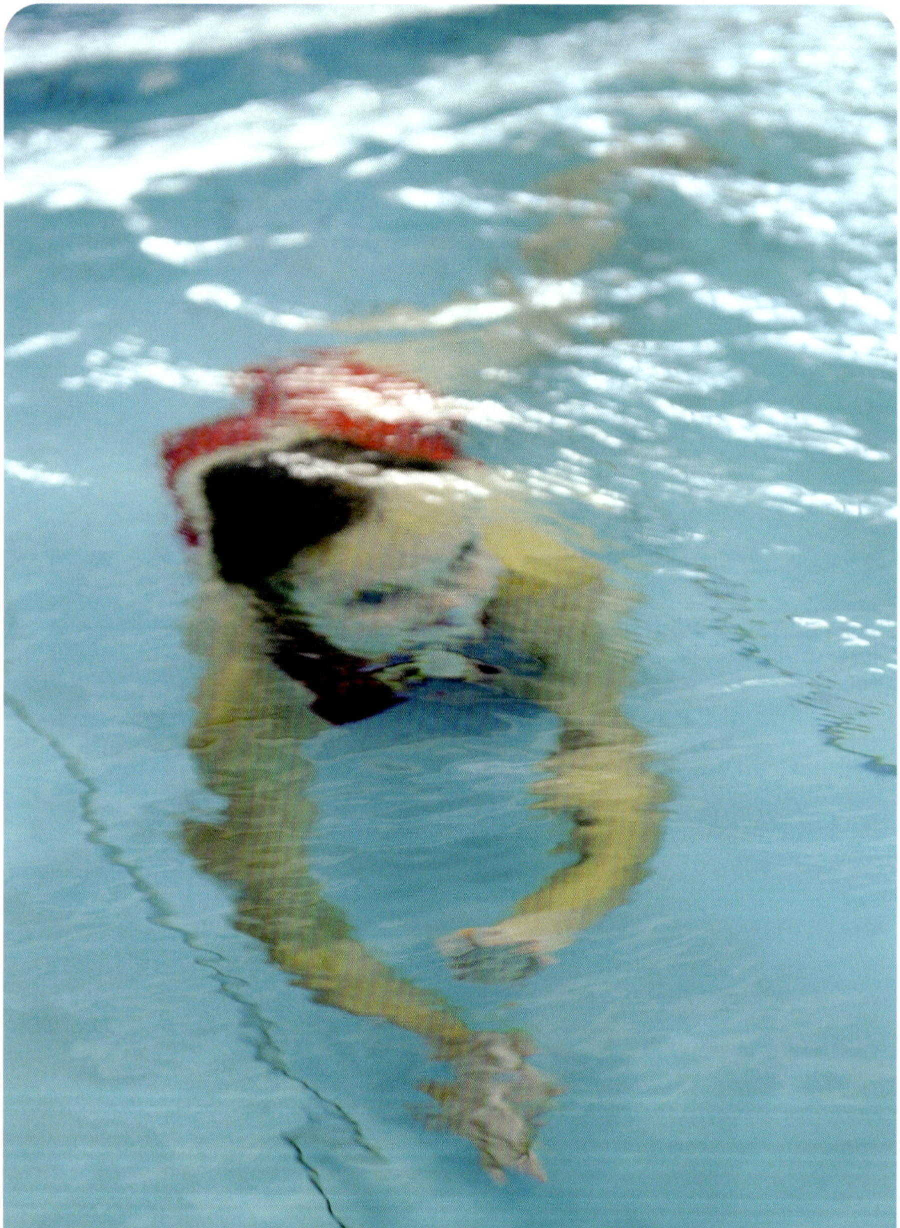

3	•Tunneltauchen: Die Matte liegt flach auf dem Wasser ca. 1 m vom Beckenrand entfernt. Die Kinder stoßen sich von der Beckenwand ab und tauchen hundelnd oder brustschwimmend hindurch. Die Bewegungen der Beine und Arme ggfs. korrigieren und Hinweise geben. •Abstand bestimmen: Die Kinder hocken auf dem Beckenrand und legen den Abstand der Matte vom Rand auf Zuruf selbst fest! Es folgt die Anweisung: *„Jeder schwimmt, so weit er kann, und dann ist der Nächste dran!"* Sie gleiten aus der Hocke (Zipfelmütze) flach kopfwärts nach vorne bis zur Matte, überklettern sie und tauchen aus dem Kniestand (Matte als weiche Unterlage) eine zweite Strecke bis zum gegenüberliegenden Beckenrand. •Zurückhangeln zum Start. Die Bewegungsmuster werden zunächst frei gewählt, später von der Lehrperson bestimmt (Hundeln, Kraul, Brust). •Die wartenden Kinder üben den Beinschlag sitzend am Beckenrand (Hüfte gestreckt). Lehrperson oder Helfer geben taktile Hilfe (an den Füßen führen) und korrigieren. Die betonten Verse helfen den Kindern, eine Bewegungsvorstellung zu entwickeln. Brust: *„Die Füße treten zur Seite geschwind, damit der Körper vorwärts schwimmt! Die Arme kreisen vorn geschwind, damit der Körper Fahrt gewinnt."* Hundeln: *„Die Füße schlagen lang und platt, damit der Körper schwimmt ganz glatt! Die Hände paddeln vor geschwind, damit der Körper schneller schwimmt!"* Kraul: *„Die Füße schlagen lang und platt, damit der Körper schwimmt ganz glatt! Die Arme schwingen vor geschwind und drücken zurück – der Körper schwimmt!"*
4	•Schwimmen mit Kindertransport: Zwei Kinder sitzen auf einer Matte, die anderen Kinder liegen rücklings nur mit Kopfablage auf der Matte und bewegen die Matte mit Wechselbeinschlag voran. Umwechseln. Den Transport in Bauchlage mit Kraulbeinschlag und eingetauchtem Gesicht wiederholen. Die Kinder holen nach Bedarf Luft. •Abrenner von der Matte: Die Matten liegen längs zur Hälfte auf dem Beckenrand. Die Lehrperson hält sie fest. Die Kinder kommen vom Beckenrand über die Matten und springen ins Wasser. •Verabschieden: *„Das Schwimmen ist nun aus, alle Kinder duschen, föhnen und fahren dann nach Haus!"*

4. ÜBUNGSEINHEIT

Thema Aufgabe Material Regel/Sicherheit	Mit dem Strom schwimmt man schneller Die Körperlage durch Strömung verbessern Flipp-Eggs *„In deinem Magen darf ein bisschen Essen sein, zu viel, zu wenig kannbeim Schwimmen gefährlich sein."*
1 Schwimmbecken brusttiefes Wasser	•Wellen erzeugen: Die Kinder hüpfen auf und ab und treiben die Flipp-Eggs vor sich durch das Becken. •Wind erzeugen: Die Kinder müssen sehr kräftig auf die Flipp-Eggs blasen, sodass sich diese drehen. Nach dreimaligem Pusten schieben sie die Flipp-Eggs mit dem Kopf ein Stück vorwärts.
2	•Strömung erzeugen: Alle laufen schnellstmöglich mit den Armen kraulend auf eine mit einem Flipp-Egg markierte Stelle des Beckenrands zu, teilen sich abwechselnd einer nach rechts und einer nach links auf und laufen erneut im kleinen Kreis an, damit das Wasser in kreisende Bewegung gebracht wird. •Strömung treibt: Die Kinder legen ihre Flipp-Eggs in die erzeugte Strömung und beobachten, wie sie an den Beckenrand getrieben werden. •Strömung nimmt uns mit: Die Kinder legen sich auf Zuruf *„Leg dich hin, das Wasser trägt dich, fass den Rand, dann stellst du dich!"* einzeln möglichst flach gestreckt mit eingetauchtem Gesicht in die Strömung und lassen sich davon zum Beckenrand mitziehen.

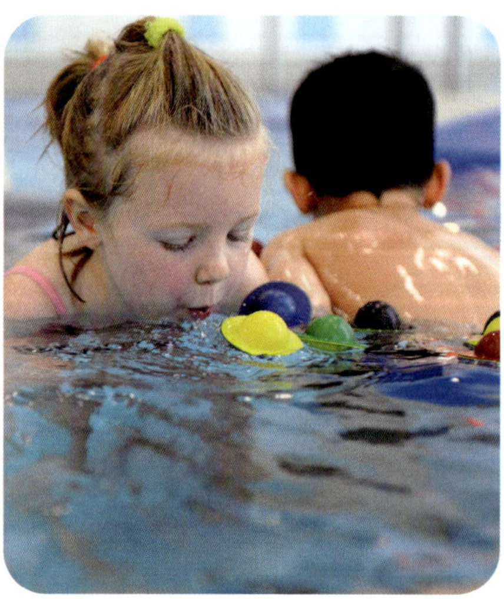

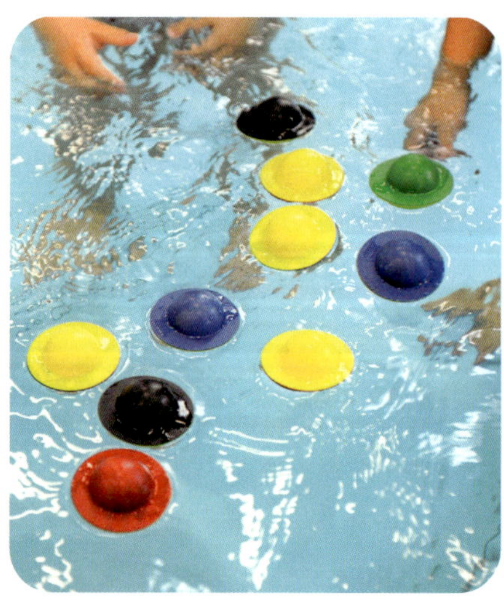

	•Wippe: Die Kinder üben paarweise wechselseitiges Auf und Ab mit Anfassen: *„Der Kopf taucht auf, der Kopf taucht ab, mit dem Mund geht es blubber-die-blab!"* Es ist darauf zu achten, dass die Kinder das Kinn beim Auftauchen auf dem Wasser lassen und den Kopf beim Eintauchen nur bis zum Haareinsatz eintauchen.
3	•Hundeln unter Wasser: Die Kinder hundeln unter Wasser mit geöffneten Augen zum Beckenrand: *„Unter Wasser schau' hinein, an der Wand siehst jeden Stein, siehst ihn ganz genau - wie ein Wasserfloh so schlau."* •Hundeln: *„Die Füße schlagen lang und platt, damit der Körper schwimmt ganz glatt! Die Hände paddeln vor geschwind, damit der Körper schneller schwimmt!"* •Kraul: *„Die Füße schlagen lang und platt, damit der Körper schwimmt ganz glatt! Die Arme schwingen vor geschwind, und drücken zurück - der Körper schwimmt!"* •Brust unter Wasser: *„Die Füße treten zur Seite geschwind, damit der Körper vorwärts schwimmt! Die Arme kreisen vorn geschwind, damit der Körper Fahrt gewinnt!"*
4	•Zielsprung: Die Kinder werfen ihre Flipp-Eggs ins Wasser, springen zielgerichtet und greifen sie auf. •Verabschieden mit rhythmischer Begleitung (jeder Silbe) durch Klopfen zweier Flipp-Eggs gegeneinander. Dazu singen alle: *„Das Schwimmen ist nun aus, alle Kinder duschen, föhnen und fahren nach* Haus!"

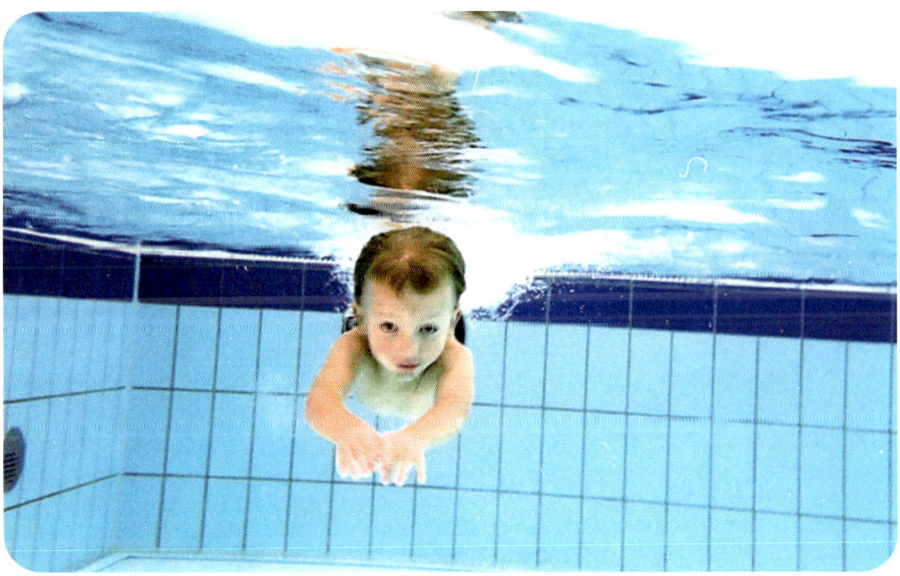

5. ÜBUNGSEINHEIT

Standen die bisherigen Übungen unter dem Zeichen, das Wasser lieben zu lernen, so werden die Kinder in den weiteren Übungen nun in der Technik des Schwimmens vorbereitet, wie z. B. dann bei der Abnahme des Schwimmabzeichens geschwommen wird. Welche Schwimmart den Vorzug erhält, wird durch eventuelle Hilfsmittel beeinflusst. Wer Schwimmflossen oder Schwimmanzug einsetzt, bei dem wird Hundeln, Kraul- oder Rückenschwimmen Priorität haben. Mit Schwimmgurt oder Schwimmkissen werden vorrangig die Brustarmbewegung mit Kraulbeinschlag oder Brustbeinschlag beigebracht. Da der Brustbeinschlag bei Kindern noch mehr als Stoß- denn als Schwunggrätsche ausgeführt wird, weil die Bewegungskoordination technisch zu anspruchsvoll für sie ist, ist er für 5-Jährige recht schwierig.

Thema	Auftriebs- und Bewegungshilfen unterstützen die Körperlage zum Luftholen
Aufgabe	Das Atmen während der Bewegung lernen
Material	Schwimmflossen oder Schwimmanzug (Hundeln, Kraul-, Rücken-schwimmen)
Regel/Sicherheit	*„Vor dem Schwimmen geht's zum Klo, die Großen machen's ebenso."*

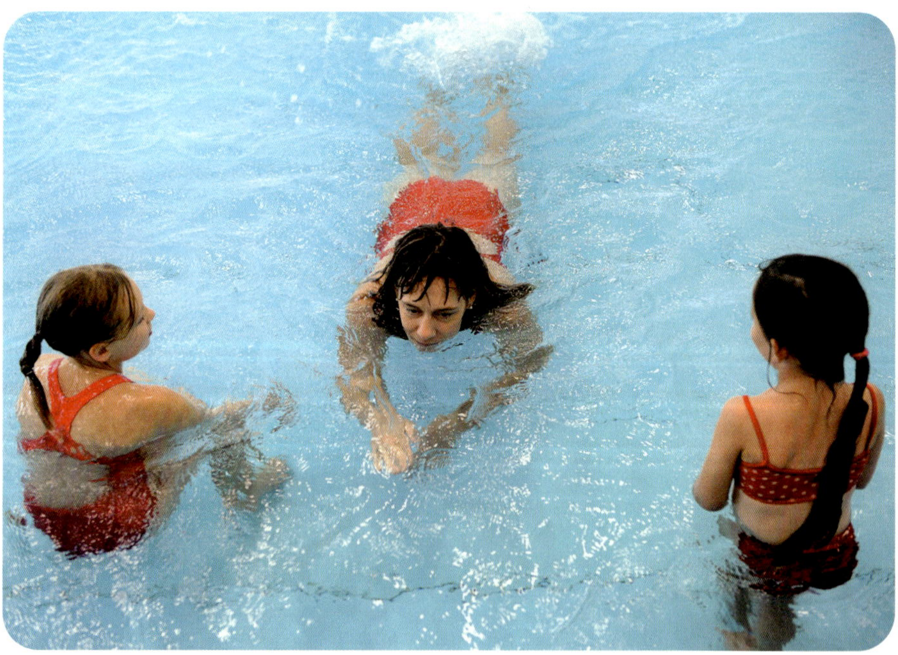

1	•Wasserwiderstand erspüren: Die Kinder bewegen eine Flosse mit beiden Händen durch das Wasser, sodass Wellen entstehen. •Schwimmflossen sinken: Die Kinder füllen Flossen voll Wasser, lassen sie absinken und tauchen sie wieder herauf. •Wippe: Die Kinder fassen sich an den Händen, tauchen abwechselnd nur bis zum Haaransatz ab (ausatmen) und mit dem Kopf bis zum Kinn auf (einatmen). Die Lehrperson begleitet: *„Der Kopf taucht auf, der Kopf taucht ab, mit dem Mund geht es blubber-die-blab!"* Die Tiefe und Höhe beim Ein- und Auftauchen sind einzuhalten!
2	•Beim demonstrierenden Hundeln schwimmt die Lehrperson auf die Kinder zu, damit diese den Atemvorgang genau beobachten können. •Flossenschwimmen: Im Sitz am Beckenrand sich die Schwimmflossen anziehen. Die Kinder nehmen die Arme in Hochhalte (Zipfelmütze), beugen den Körper nach vorn (Abgleiter) und legen sich flach auf das Wasser, das Gesicht im Wasser, und hundeln (Schildkröte). Einatmen erfolgt nach Bedarf. Damit dies ruhig ausgeführt wird, soll der Kopf anfangs dabei nach vorn blicken. Die Lehrperson begleitet: *„Der Kopf taucht auf, der Kopf taucht ab, mit dem Mund geht es blubber-die-blab!"*

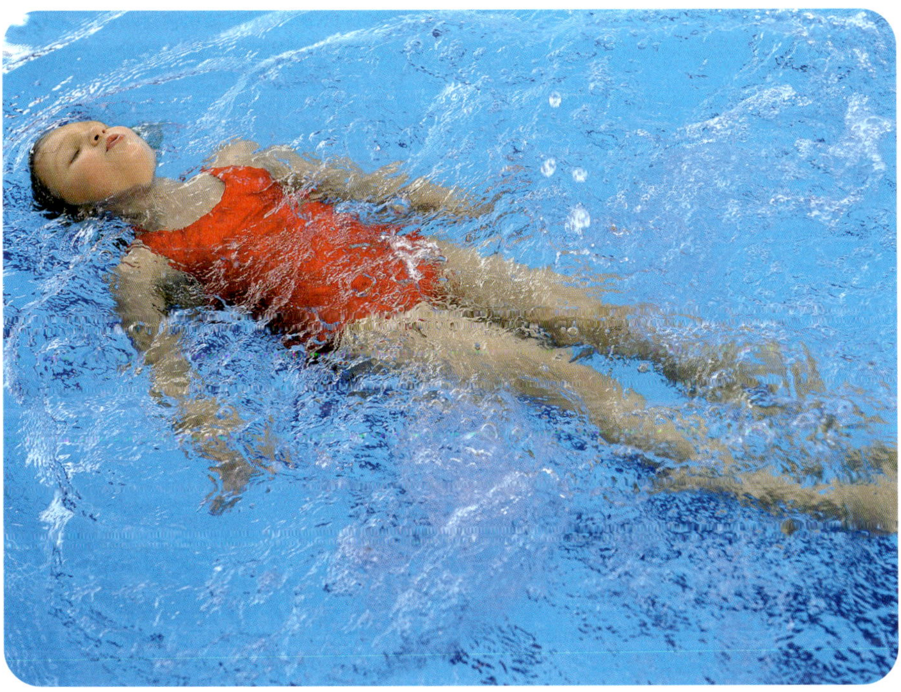

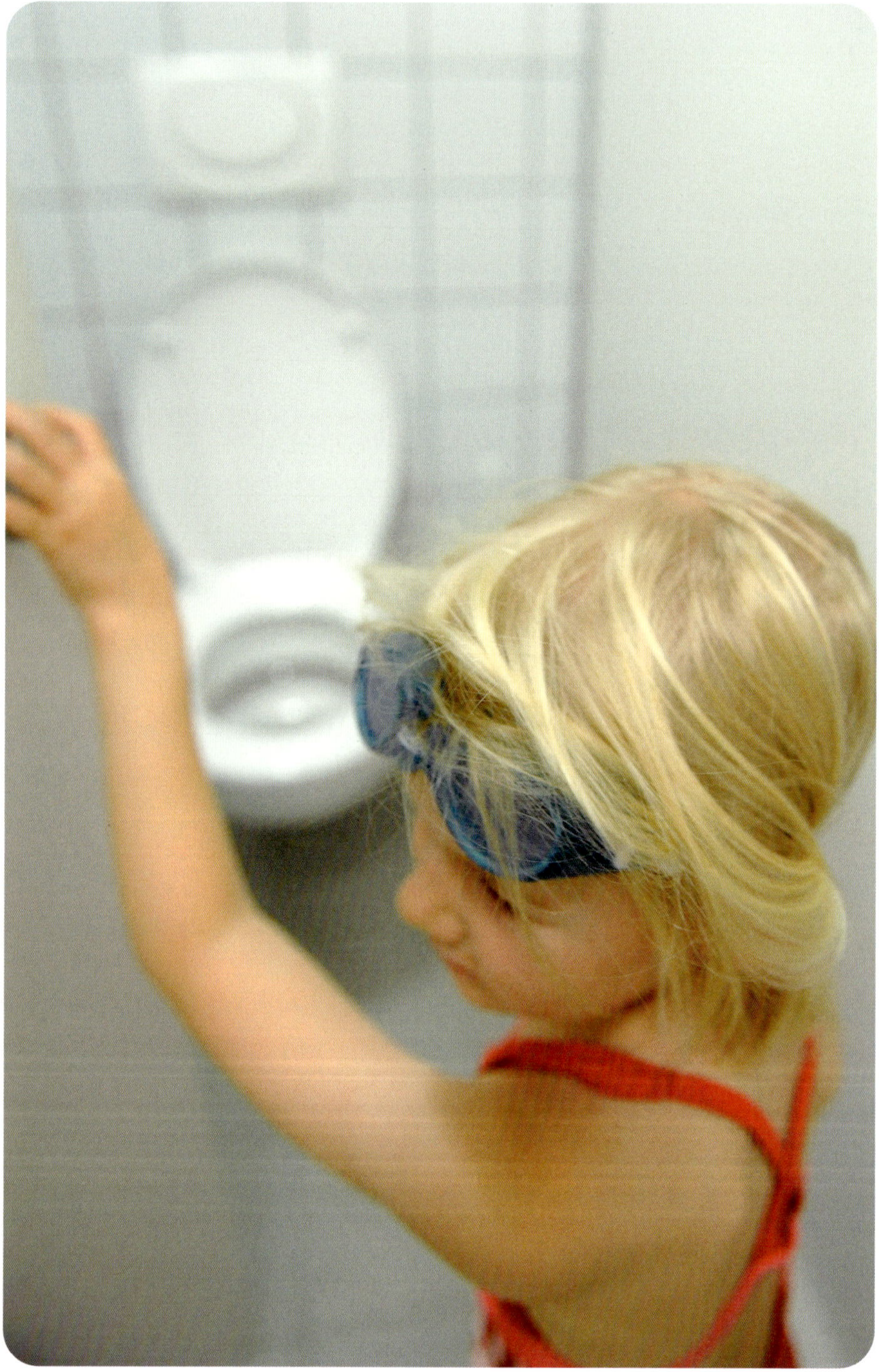

3	Die Kinder üben das Hundeln, danach das Kraulen unter Anleitung. •Hundeln (Schildkröte): *„Die Füße schlagen lang und platt, damit der Körper schwimmt ganz glatt! Die Hände paddeln vor geschwind, damit der Körper schneller schwimmt!"* •Kraulschwimmen: *„Die Füße schlagen lang und platt, damit der Körper schwimmt ganz glatt! Die Arme schwingen vor geschwind, und drücken zurück - der Körper schwimmt!"* •Rückenschwimmen am Beckenrand entlang bis zu einer markierten Stelle; dort auf den Bauch drehen und in etwas Seitenabstand auf der Rückbahn hundeln oder kraulen, damit niemand zusammenstößt. •Rückenschwimmen (Seehund): *„Die Füße schlagen lang und platt, damit der Körper schwimmt ganz glatt! Die Arme hüftwärts ab (im Wasser) man wischt, damit der Körper vorwärts zischt!"* Diese sehr vereinfachte Form ermöglicht eine ruhigere Körperlage und ein wasserfreies Gesicht. •Rückenschwimmen: *„Die Füße schlagen lang und platt, dabei der Körper schwimmt ganz glatt! Die Arme schwingen über Kopf und drücken (herab), dann kann der Körper vorwärts rücken!"*
4	•Schwimmflossen ausziehen und damit die Sprungstelle am Beckenrand für beliebige Sprünge markieren. Anleiten zu Kerze, Nagel, Paket, Hampelmann o. Ä. und ausprobieren. •Verabschieden: *„Das Schwimmen ist nun aus, alle Kinder duschen, föhnen und fahren dann nach Haus!"*

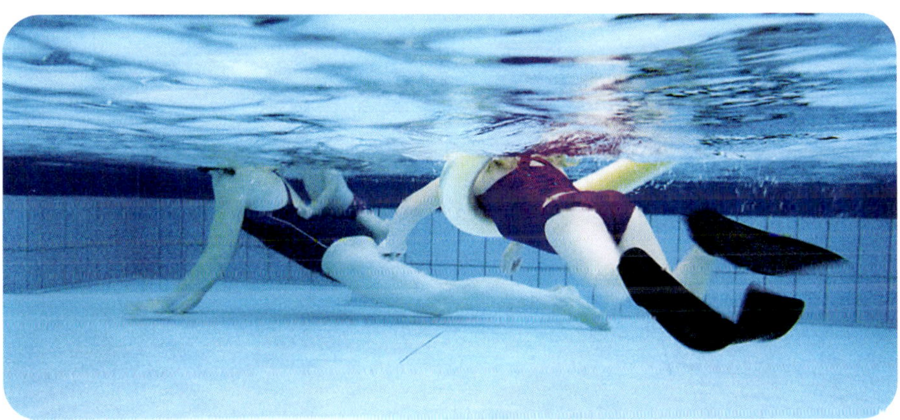

Anmerkung: Werden Schwimmgurt oder Schwimmkissen eingesetzt, läuft Phase 1 in ähnlicher Weise ab. Dann werden Brustschwimmen in Bauchlage mit Kraulbeinschlag und Luftholen nach Bedarf sowie die Rückenlage in gleicher Weise geübt.

6. ÜBUNGSEINHEIT

Thema	Während der Schwimmbewegung (mit Unterstützung durch Auftriebs- und Bewegungshilfen) regelmäßig atmen
Aufgabe	Einen Rhythmus beim Atmen entwickeln
Material	Schwimmflossen oder Schwimmanzug (Hundeln, Kraul-, Rückenschwimmen)
Regel/Sicherheit	„Wer sagt, dass er nun schwimmen kann, der muss es dann auch schaffen: Sechs Meter zum Rand zurück sind lang, so lang wie der Hals von Giraffen." *„Nase und Mund schauen in Rückenlage zum Atmen aus dem Wasser heraus. Dreht man sich bäuchlings um, dringt Wasser ein, deshalb blas Luft hinaus."*
1 Schwimmbecken brusttiefes Wasser	•Laurenzia: Alle Kinder bilden einen Kreis mit Schulterfassen. Lehrperson und Kinder singen: *„Lau-ren-zia, liebe Lau-ren-zia mein, wann werden wir wieder zusammen sein? Am Mon-tag. Ach, wenn es doch erst wieder Mon-tag wär und ich bei meiner Lau-ren-zia wär, Lau-ren-zia wär."* Bei den Silben *„ren"* und den Wochentagen tauchen sie bis zum Haaransatz unter Wasser und atmen dabei aus. Bei der Fortsetzung werden alle Wochentage nach folgendem Schema bis zum Sonntag wiederholt: *„Lau-ren-zia, liebe Lau-ren-zia mein, wann werden wir wieder zusammen sein? Am Diens-tag. Ach, wenn es doch erst wieder Mon-tag, Diens-tag wär und ich bei meiner Lau-ren-zia wär, Lau-ren-zia wär."* •Feuerwehrübung: Die Kinder strampeln am Beckenrand, laufen spritzend in die Mitte zum Löschen des Feuers, eilen zum Rand zurück, hangeln sich an den Einstiegsleitern oder an der Wand bis zum Boden abwärts und klettern schnell aus dem Becken.

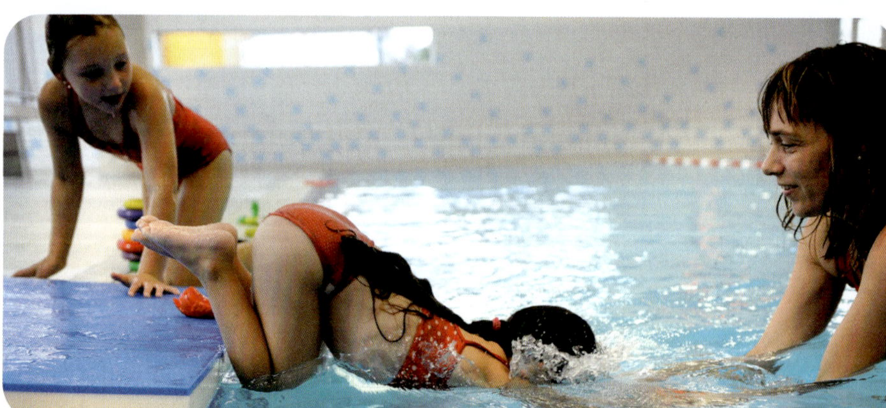

2	•Übung zur Selbstrettung und Baderegel: Die Kinder sitzen auf dem Rand, lassen sich vorwärts ins Wasser fallen und schwimmen im U-Turn tauchend zum Beckenrand zurück. Dazu die Baderegel: *„Wer sagt, dass er nun schwimmen kann, der muss es dann auch schaffen: Sechs Meter zum Rand zurück sind lang, so lang wie der Hals von Giraffen."* •Übung zur Selbstrettung mit Atmen in Rückenlage: Die Kinder sitzen auf dem Rand, gleiten in das Wasser, drehen sich zum Atmen auf den Rücken, drehen sich zurück in Bauchlage und schwimmen zum Beckenrand. Dazu die Baderegel: *„Nase und Mund schauen in Rückenlage zum Atmen aus dem Wasser heraus. Dreht man sich bäuchlings um, dringt Wasser ein, deshalb blas Luft hinaus."*

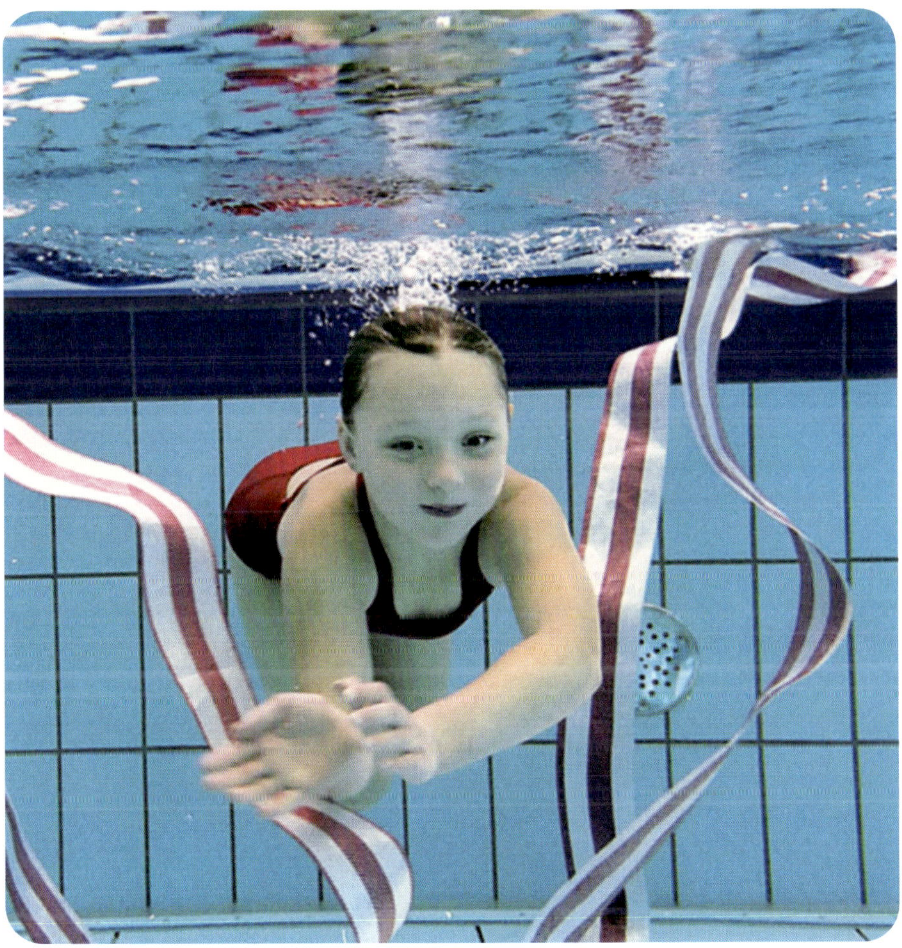

3	•Atemrhythmus im Wasser stehend am Rand: Die Kinder berühren mit den Fingerspitzen des linken Arms die Wand (Höhe Wasserspiegel), legen ihr Ohr darauf ins Wasser und schauen zur Seite mit Blick auf eine Markierung als visuelle Hilfe. Dann wird der Kopf ins Wasser gedreht mit innerlichem Zählen der Armzüge *„1"* (= rechts), *„2"* (= links = *ausatmen*) und danach wieder zum Einatmen seitlich nach rechts gedreht. Dieselbe Folge mit dem rechten Arm und Ohr wiederholen. Trotz symmetrischer Schulung wird sich bei jedem Menschen eine bevorzugte Seite einstellen (kindgerecht: Schokoladenseite). •Nun werden Rechtsatmer am rechten Beckenrand, die Linksatmer am linken Beckenrand aufgestellt. Eine Bahn wird geschwommen, zurück geht es zu Fuß. Grund: Die Kinder müssen bei der Wiederholung nicht seitenverkehrt denken und behalten denselben Beckenrand als visuelle Hilfe. •Kraulatmung rechts: *„Beim rechten Arm blas ich schnell aus, beim linken dreht der Kopf heraus. Die Luft nun atmen ein, rechter Arm und Kopf schwingen ins Wasser hinein."* Bei Linksatmung sind *„rechts"* und *„links"* umzuwechseln. •Einarmiger Kraul: Die Kinder können in der einen Hand z. B. einen Baustein eines Schwimmgürtels oder einen Poolnudelverbinder halten und mit dem „Atemarm" nur die Atemseite üben. •Rückenschwimmen: Auch dabei wird der Zweier-Rhythmus praktiziert. Rechter Arm schwingt voraus mit *„Einatmen"*, während linker Arm drückt; rechter Arm drückt, während linker Arm vorausschwingt mit *„Ausatmen"*. Deutliches Ausatmen vereinfacht es, den Rhythmus zu halten.
4	•Ritt auf dem Seepferdchen: Die Kinder erhalten eine Poolnudel zum Reiten wie auf einem Seepferdchen. •Verabschieden: *„Das Schwimmen ist nun aus, alle Kinder duschen, föhnen und fahren dann nach Haus!"*

Anmerkung: Beim Brustschwimmen wird bei jedem Armzug eingeatmet, nämlich nach dem Auseinanderdrücken der Arme *(„weg")* (Bewegungsbild: Puddingschüssel), beim Nach-vorn-Schieben der Arme in die Streckung *(„vor")* wird ausgeatmet (Bewegungsbild: Arme vorpusten). Auch hier gilt betontes Ausatmen, das Einatmen geschieht reflektorisch.

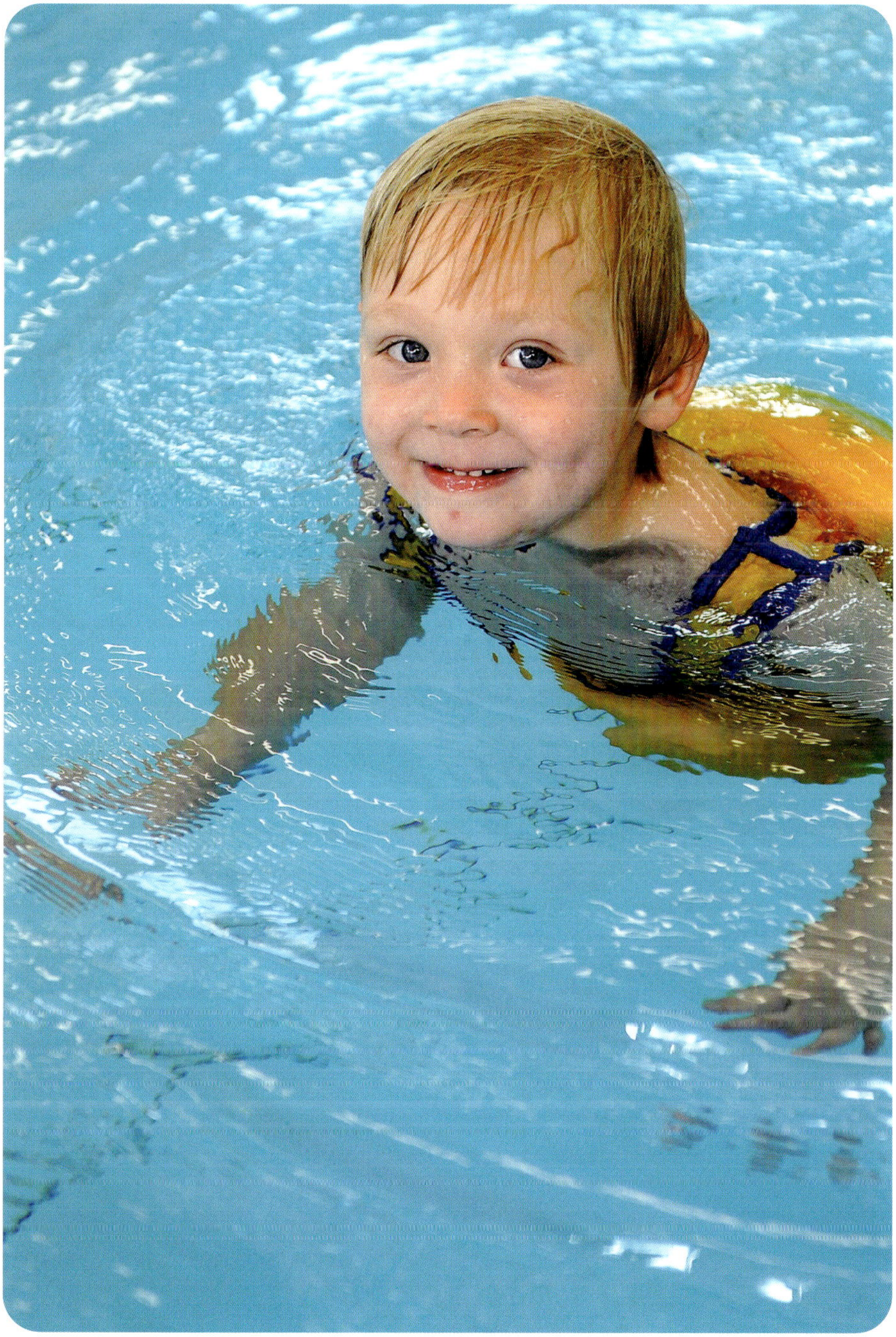

7. ÜBUNGSEINHEIT

Thema	Schwimmstrecke durch flachen Startsprung verlängern
Aufgabe	Weit und flach – mit dem Kopf voran – nach vorn springen
Material	Ohne (bzw. Schwimm- und Auftriebshilfen nach Bedarf)
Regel/Sicherheit	Vor dem Schwimmen: *„Vor dem Schwimmen duschen, das muss sein. Sei ein sauberer Mensch, kein Warzenschwein!"*
1 Schwimmbecken brusttiefes Wasser	•Fangspiel: Die Kinder spielen mit der Lehrperson Fangen und laufen vor ihr davon. Durch Untertauchen entkommen sie. Die Fängerin warnt: *„Fischlein, vor dem Fischer hüte dich, hüte dich, hat ja einen langen Arm, packt damit das Fischlein an. Fischlein tauch, Fischlein, tauch, Fischlein tauch!"* (Melodie: „Häslein in der Grube"). •Delfinspringen: Der Ablauf wird demonstriert. Die Arme von außen nach vorn schwingen, dabei Kinn auf die Brust und abtauchen. Das Gesäß gelangt aus dem Wasser, die Hände erreichen zum Handstand den Boden. Dann Kopf in den Nacken mit Blick zur Wasseroberfläche und auftauchen.
2	•Hinein und heraus: Die Kinder sitzen auf dem Beckenrand, nehmen die Arme in Hochhalte (Zipfelmütze), beugen den Körper nach vorn (Abgleiter), legen sich flach auf das Wasser, das Gesicht im Wasser, hundeln in U-Form zum Beckenrand zurück und klettern dort heraus. Übung wiederholen, auch mit Kraul und/oder Brust. •Von Leiter zu Leiter: Die Kinder teilen sich in Linksatmer und Rechtsatmer auf und wiederholen zunächst im Gehen den Zweieratemrhythmus beim Kraulen bis auf die Gegenseite. Danach erfolgt der Start aus dem Sitz an der Einstiegsleiter, indem sie sich von der Trittstufe zu einem flachen Kopfsprung nach vorn abdrücken und in Richtung Gegenseite kraulen. Ab der Mitte des Beckens auf die andere Seite laufen. Dazu erklärt die Lehrperson: *„Beim rechten Arm blas aus, beim linken dreht der Kopf heraus: Die Luft nun atme ein. Rechter Arm und Kopf schwingen ins Wasser hinein!"* Bei Linksatmung sind *„rechts"* und *„links"* umzuwechseln. Schwimmflossen oder Schwimmanzüge können als Hilfsmittel eingesetzt werden.
3	•Die Kinder üben mehrfach, die kleine Strecke zu kraulen (oder Brust zu schwimmen). Zum Entspannen zwischendurch in Rückenlage pausieren, z. B. Unterschenkel und Füße abgewinkelt auf den Beckenrand legen, Körper und Ohren ins Wasser.

	•Kraul: *„Die Füße schlagen lang und platt, damit der Körper schwimmt ganz glatt! Die Arme schwingen vor geschwind, und drücken zurück, - der Körper schwimmt!"* •Brust: *„Die Füße treten zur Seite geschwind, damit der Körper vorwärts schwimmt! Die Arme kreisen vorn geschwind, damit der Körper Fahrt gewinnt!"*

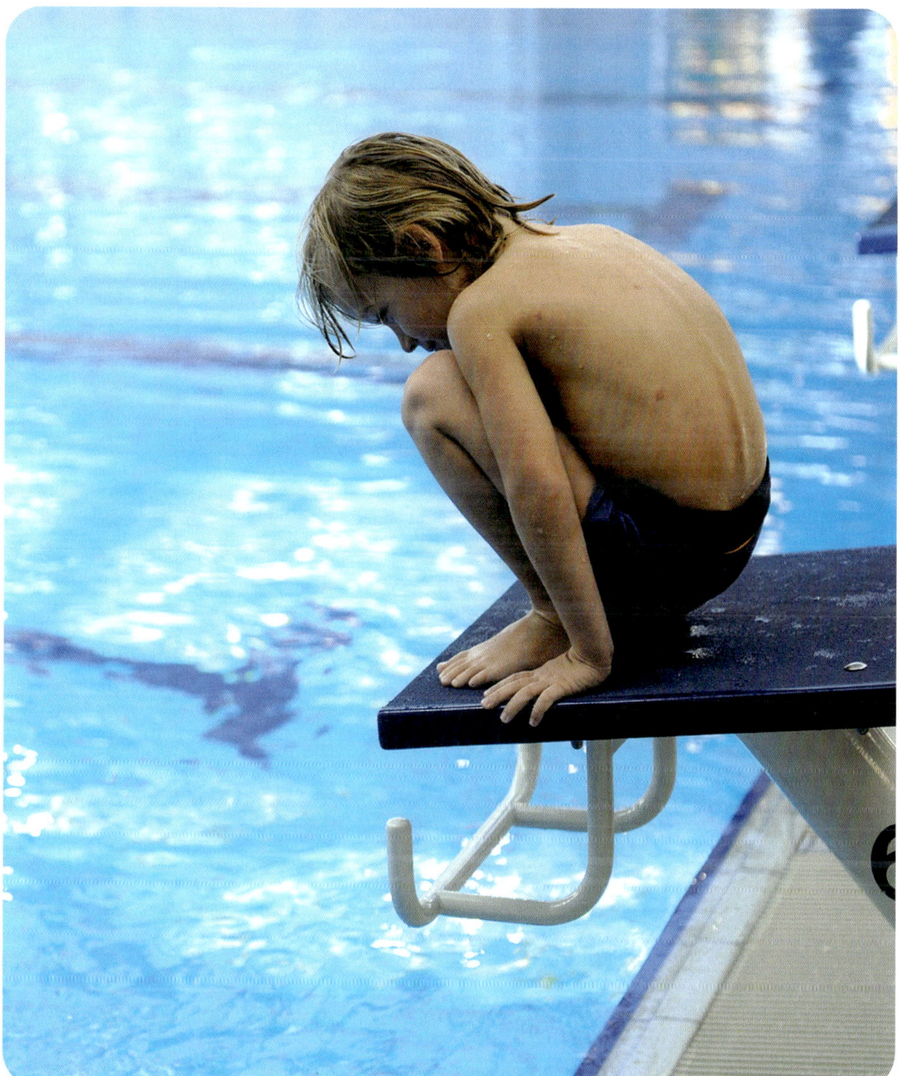

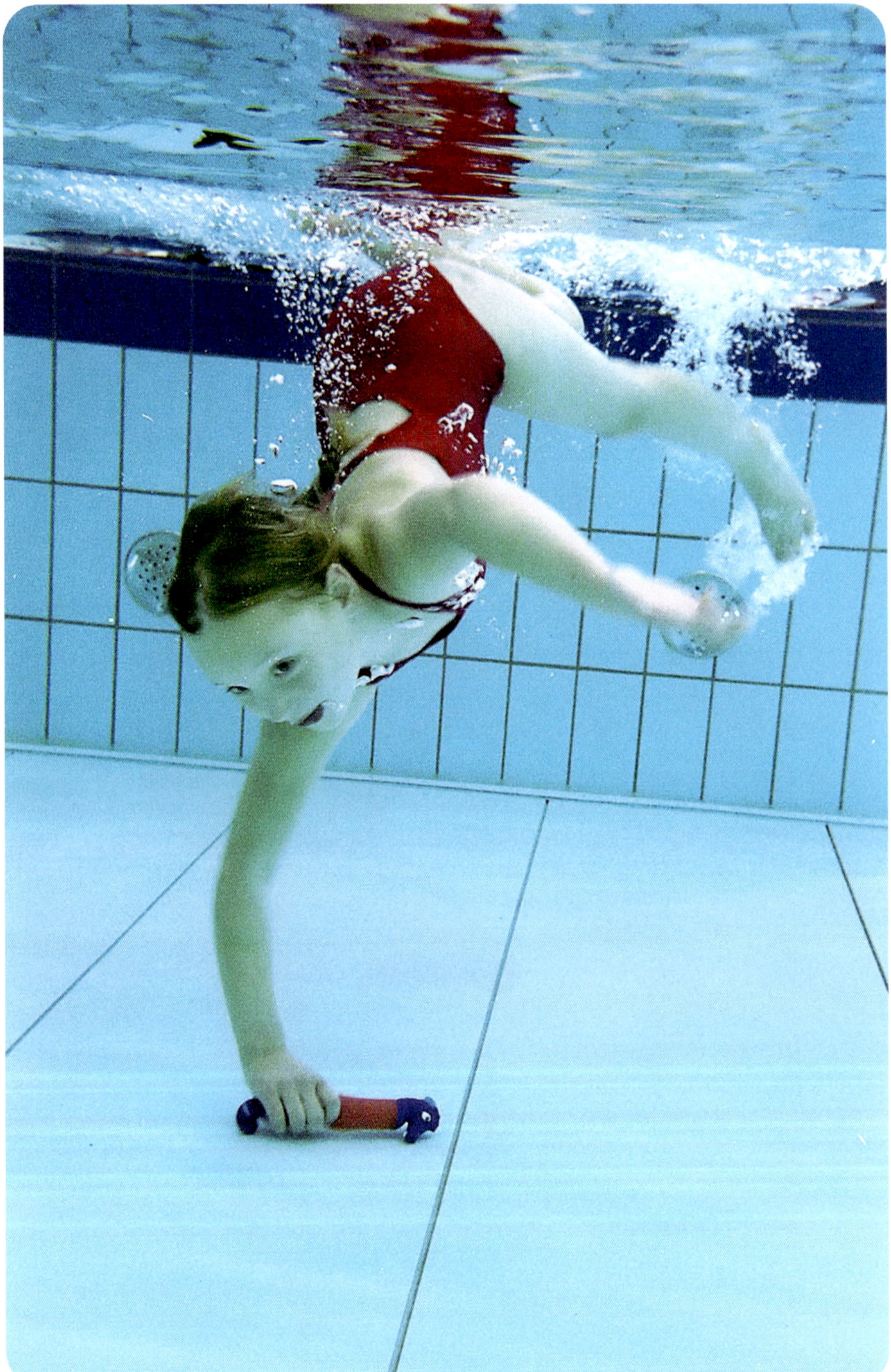

4 Tiefwasser	•Über Eck: Die Kinder werden ans Tiefwasser gewöhnt, indem sie sich im Wasser vom Startblock über Eck abstoßen und bis zur Leiter zum Heraussteigen schwimmen. •Kopfsprung ins Tiefwasser behutsam anbieten: Aus der Hocke vom Beckenrand einen Kopfsprung machen und zum Rand schwimmen. Wenn die Kinder sich aus Unsicherheit stark zum Beckenrand orientieren, steht die Lehrperson als Orientierung mit lang ausgestrecktem Arm im Wasser. Diese Situation erfordert erhöhte Aufmerksamkeit vom Helfer an Land. •Verabschieden: *„Das Schwimmen ist nun aus, alle Kinder duschen, föhnen und fahren dann nach Haus!"*

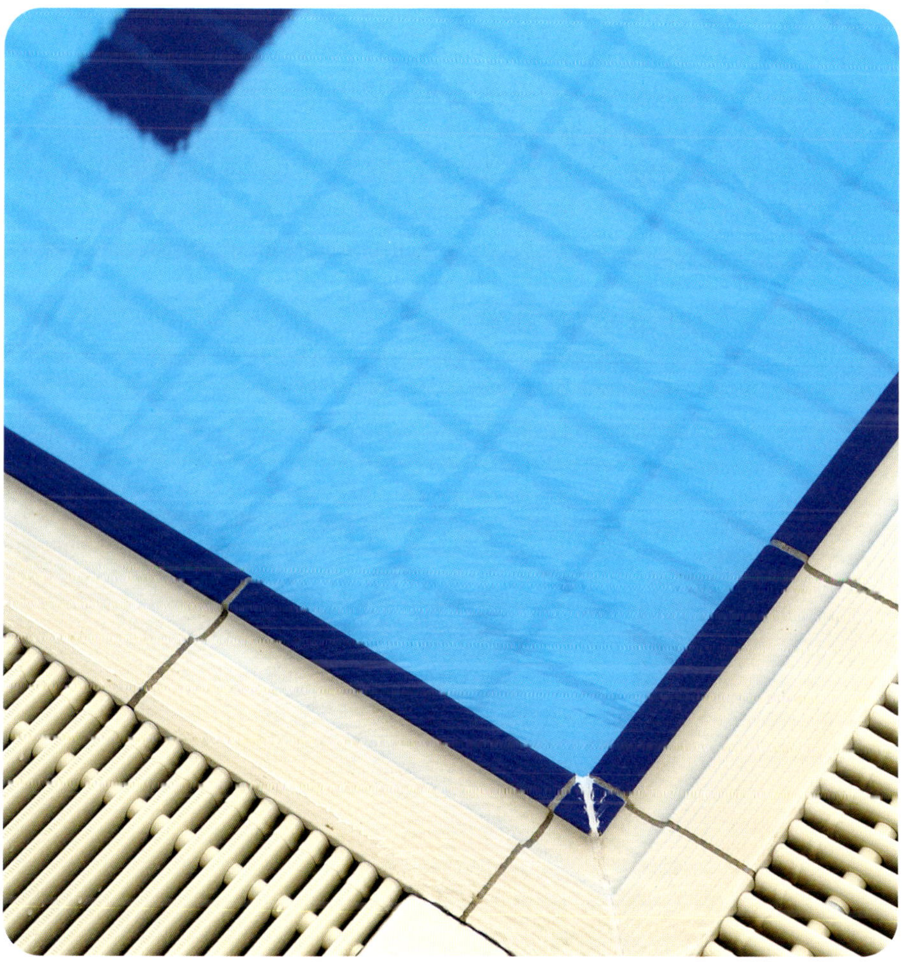

8. ÜBUNGSEINHEIT

Die nächsten vier Übungseinheiten stehen ganz im Zeichen der Wiederholung der Bewegungsmuster mit regelmäßigem bewegungsabhängigem Atmen.

Thema	Sicherheit und Ausdauer beim Schwimmen entwickeln
Aufgabe	Festigen eines regelmäßigen Atemrhythmus in der Schwimmbewegung
Material	Markierungshütchen, Schwimmhilfen nach Bedarf
Regel/Sicherheit	Vor dem Schwimmen: *„Im Schwimmbad brauchst du Badesachen, kein Kaugummi oder gläserne Flaschen."* *„Jeder schwimmt, so weit er kann, und dann ist der Nächste dran."*
1	•Ampelspiel: Die Lehrperson zeigt abwechselnd ein grünes, ein gelbes und ein rotes Hütchen mit der Bedeutung: *„Bei ROT, da musst du stehen, bei GRÜN, da darfst du gehen!"* Die Kinder folgen der rückwärts laufenden Lehrperson und reagieren auf die Signale. •Fußsprung auf Signal: Die Kinder stehen am Beckenrand aufgereiht und springen nacheinander entsprechend den gezeigten Farbsignalen ins Wasser.
2	•Unterwasserfoto: Die Kinder tauchen paarweise mit Hütchen in den Händen unter und machen voneinander Fotos, indem sie mit einem Auge durch das Loch des Hütchens schauen. •Unterwassermusik: Die Kinder pusten – wie in eine Trompete – in das kleine Loch der Markierungshütchen. Der Ablauf soll rhythmisch erfolgen, wobei der Kopf lediglich bis zum Haaransatz eintaucht und bis zum Kinn auftaucht.

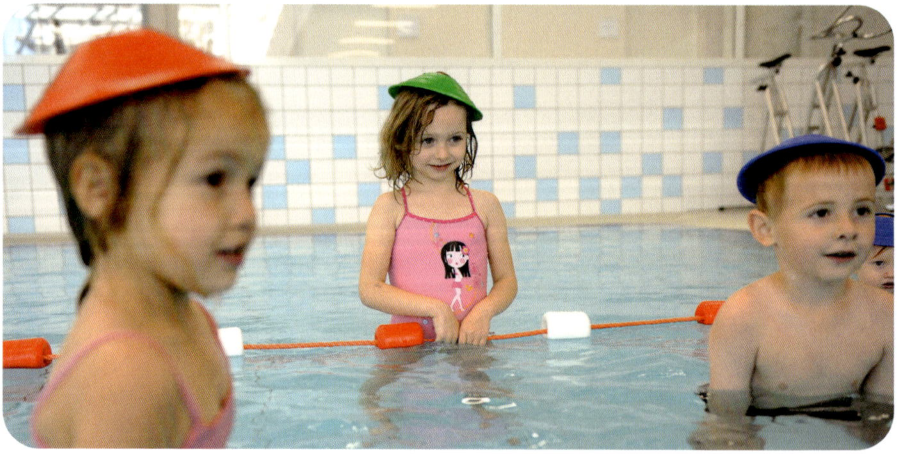

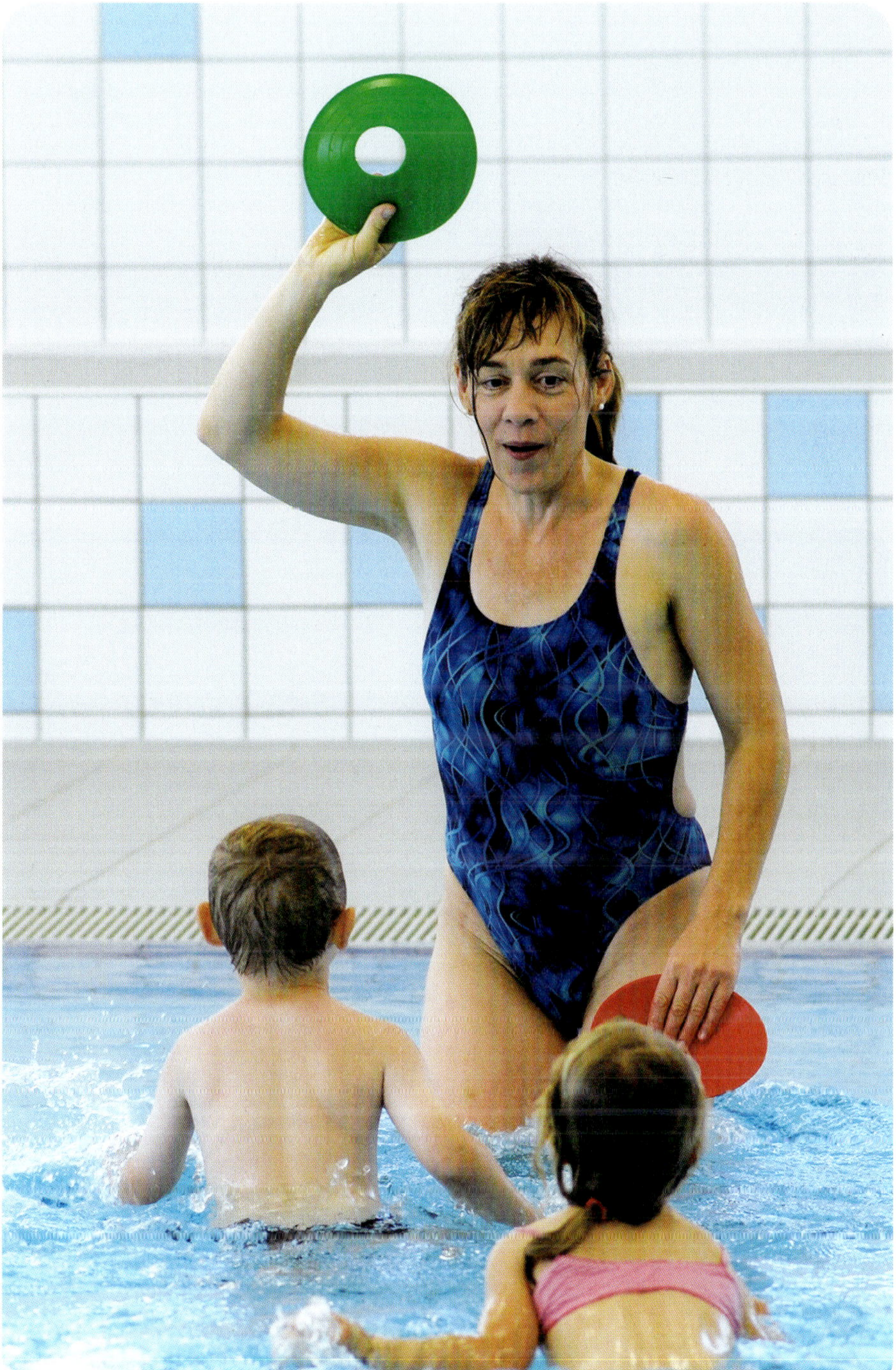

3	Das Becken wird am Rand mithilfe sich paarweise gegenüberstehender gelber, roter, blauer und grüner Markierungshütchen in vier Bahnen aufgeteilt. •Gelbe Bahn: Die Kinder üben den Wechselbeinschlag in Bauchlage und kraulen dann bis zur Gegenseite. Auf jeder Bahn, also bei rot, blau und grün, wird dieselbe Übung wiederholt. •Dieselben Abläufe für das Brust- und Rückenschwimmen. Die Lehrperson aktiviert die Kinder in üblicher Weise: •Kraul: *„Die Füße schlagen lang und platt, damit der Körper schwimmt ganz glatt! Die Arme schwingen vor geschwind, und drücken zurück, – der Körper schwimmt!"* •Brust: *„Die Füße treten zur Seite geschwind, damit der Körper vorwärts schwimmt! Die Arme kreisen vorn geschwind, damit der Körper Fahrt gewinnt."*

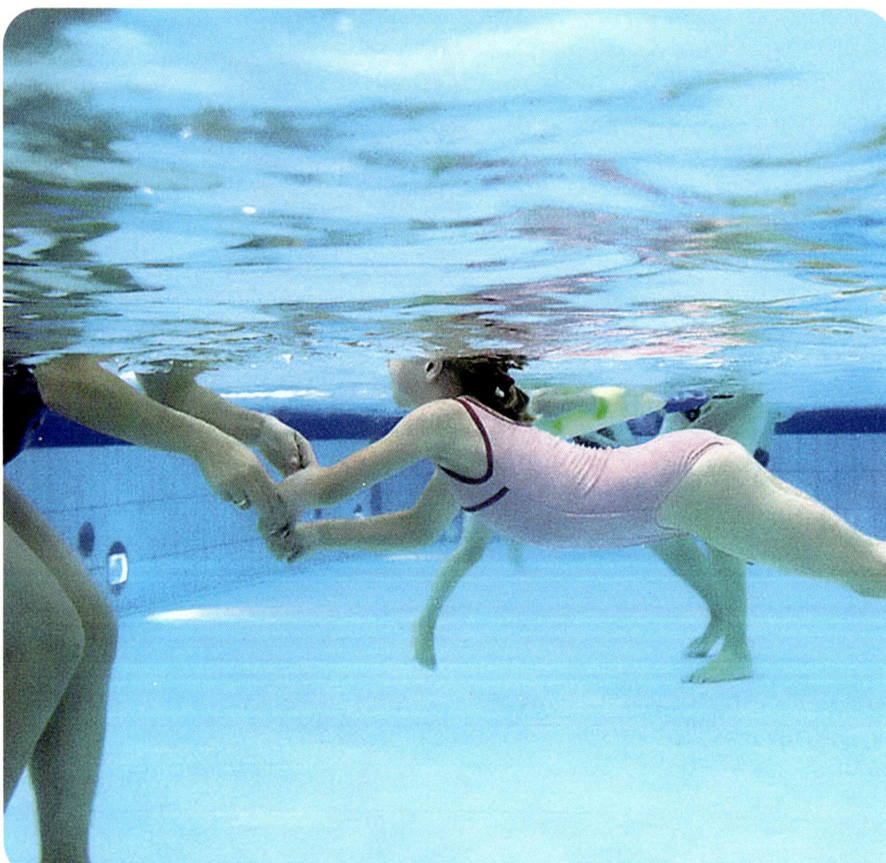

4	•Atemrhythmus festigen: Die Kraulschwimmer werden in Rechtsatmer (gelb) zur Lehrperson und Linksatmer (blau) zum Helfer aufgeteilt. Nach Einatmen am Beckenrand sollen die Kinder flach mit einem Kopfsprung in das Wasser springen und möglichst weit mit Zweieratmung schwimmen. Dann aus dem Becken klettern und sich erneut bei ihrer Gruppe anstellen. Brustarmbewegungen und Wechselbeinschlagund/oder gleichfalls Brustschwimmen üben. •Fußsprung: Wer traut sich, vom Startblock zu springen? •Verabschieden: *„Das Schwimmen ist nun aus, alle Kinder duschen, föhnen und fahren dann nach Haus!"*

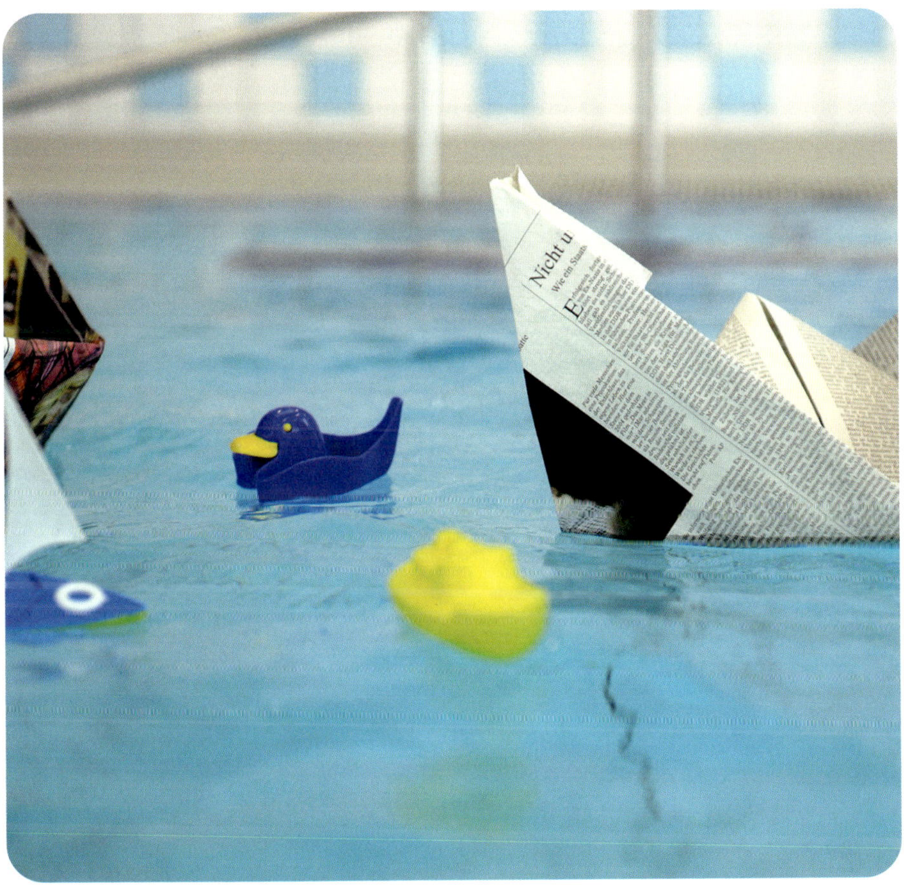

9. ÜBUNGSEINHEIT

Thema	Sicherheit und Ausdauer beim Schwimmen entwickeln
Aufgabe	Festigen eines regelmäßigen Atemrhythmus in der Schwimmbewegung
Material	Markierungshütchen und Poolnudeln, Schwimmhilfen nach Bedarf
Regel/Sicherheit	Für den Urlaub: *„Beim Schwimmen in Sonne und Meer – sollst pflegen deine Haut du sehr."* *„Jeder schwimmt, so weit er kann, und dann ist der Nächste dran."*

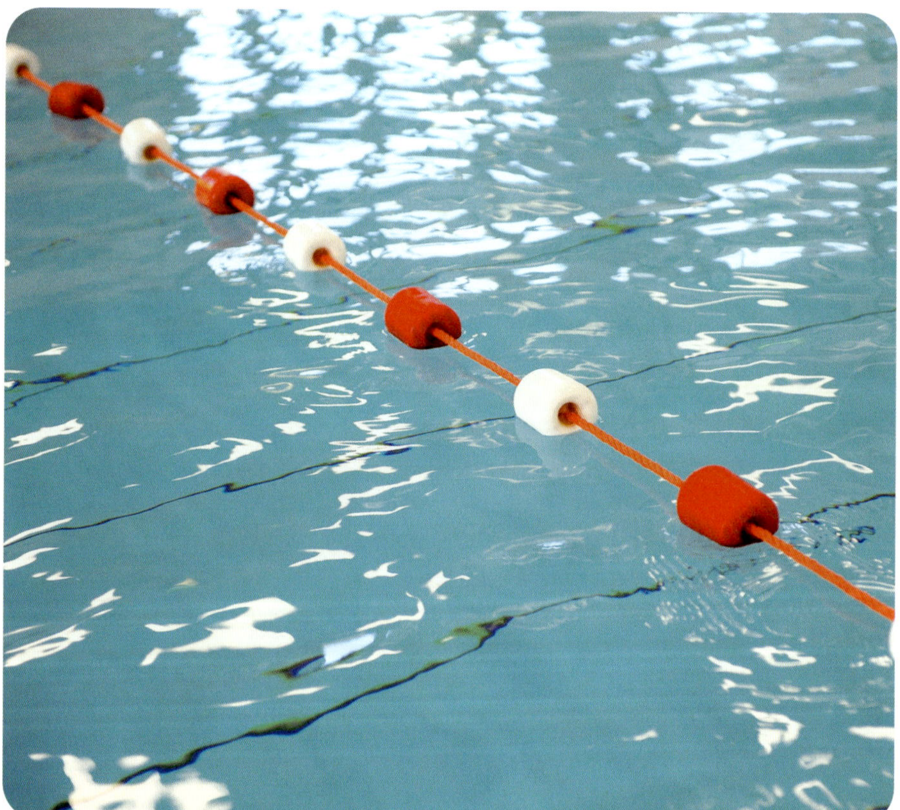

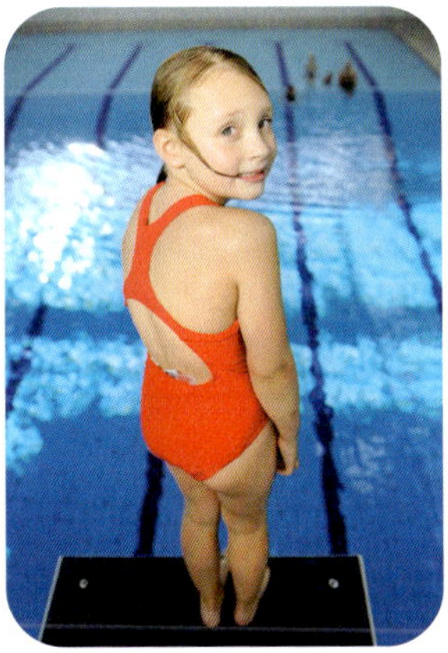
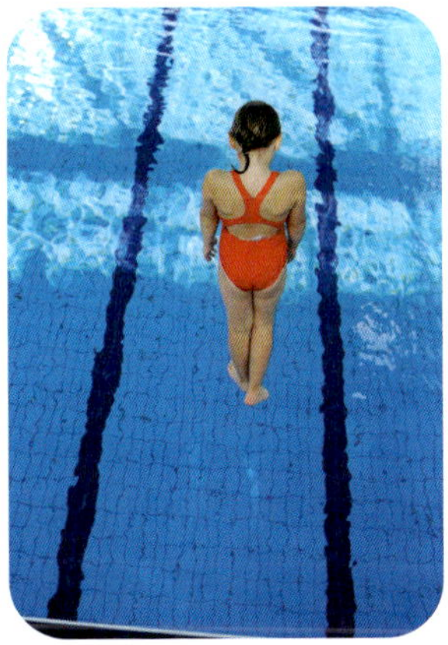
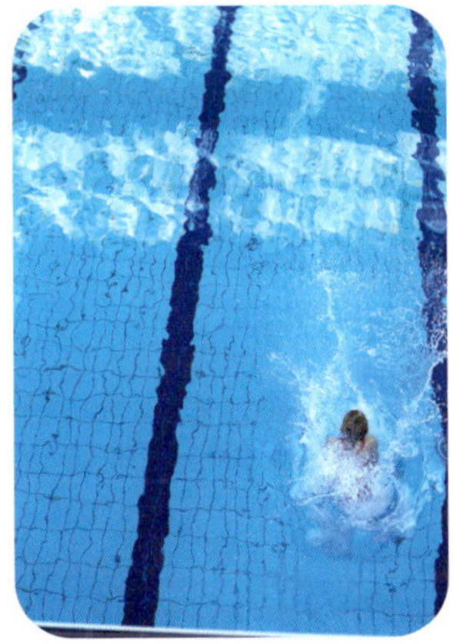

1	•Fang den Hut: Die Kinder werden in zwei Gruppen aufgeteilt. Die erste Gruppe hat ein Markierungshütchen auf dem Kopf und auf Zuruf *„Los!"* durcheilen sie das Becken bis auf die Gegenseite. Die zweite Gruppe startet auf Zuruf *„Fang den Hut!"* und versucht, die Kinder der ersten Gruppe einzuholen. •Tauch zum Hut: Je 2 Kinder tauchen abwechselnd nach Farbvorgabe nach einem der beiden Markierungshüte. Ein Kind steht und hält den Hut unter einem Fuß fest, während das andere taucht. Danach die Aufgaben tauschen.
2	•Beinarbeit: Die Kinder üben mit Poolnudeln den Wechselbeinschlag sowie die Stoßgrätsche in Bauch- und Rückenlage. •Armarbeit: Die Kinder üben mit Poolnudeln den Brustarmzug.
3	Je vier farbige Markierungshütchen in Gegenüberstellung für vier Bahnen am Beckenrand aufstellen. Die Kinder starten – je nach Atemseite – vom Beckenrand mit einem flachen Kopfsprung und schwimmen die erste farblich markierte Bahn, klettern am Ende heraus und starten in der zweiten usw., wobei die Lehrperson ständig individuell korrigierend begleitet. •Rückenschwimmen: Die Kinder schwimmen als Seehund in Rückenlage am Beckenrand entlang. Dabei paddeln die Arme unter Wasser und die Beine schlagen wechselnd.
4	•Springen vom Startblock: Beliebige Sprünge ausprobieren: Kerze, Nagel, Paket, Hampelmann usw. •Verabschieden: *„Das Schwimmen ist nun aus, alle Kinder duschen, fönen und fahren dann nach Haus!"*

10. ÜBUNGSEINHEIT

Thema	Sicherheit und Ausdauer beim Schwimmen entwickeln
Aufgabe	Festigen eines regelmäßigen Atemrhythmus in der Schwimmbewegung
Material	Schwimmbrett, Schwimmhilfen nach Bedarf
Regel/Sicherheit	„Nur wer so oft übt wie die Pinguine, das Kopfeintauchen, Springen, Gleiten, der wird ein sicherer Schwimmer werden – bis in große Weiten." *„Jeder schwimmt, so weit er kann, und dann ist der Nächste dran."*
1	•Bäumchen, Bäumchen, wechsle dich: Die Kinder laufen im Wasser und schieben dabei ein Brett. Auf Zuruf *„Bäumchen, Bäumchen, wechsle dich"* lassen sie ihr Brett los und suchen sich ein freies. •Streckentauchen bis zum Brett: Die Kinder legen ihr Brett ins Wasser, klettern aus dem Becken heraus, setzen sich auf den Rand und gleiten tauchend bis zum Brett. Wiederholen. Variation: Paarweise, ein Kind hält das Brett fest.
2	•Teilbewegungen: Beinarbeit mit Brett üben. Armarbeit mit nachziehenden Beinen üben.
3	•Ganze Lage Kraul- und Rückenschwimmen und/oder Brustschwimmen üben. Schwimmhilfen nur nach Bedarf einsetzen.
4	•Springen vom Startbock: Die Kinder wiederholen ihre Lieblingssprünge. •Verabschieden: *„Das Schwimmen ist nun aus, alle Kinder duschen, föhnen und fahren dann nach Haus!"*

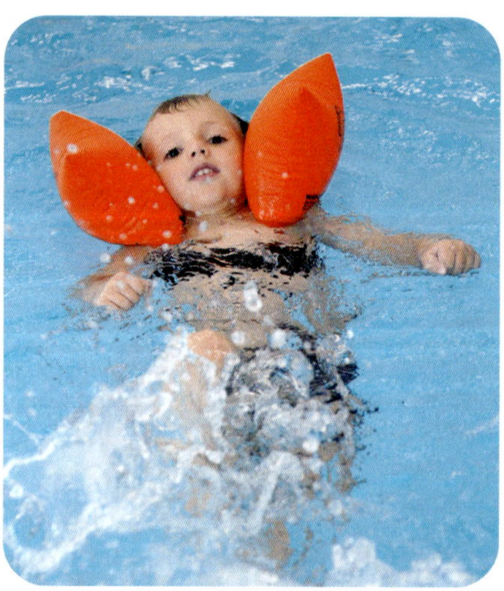

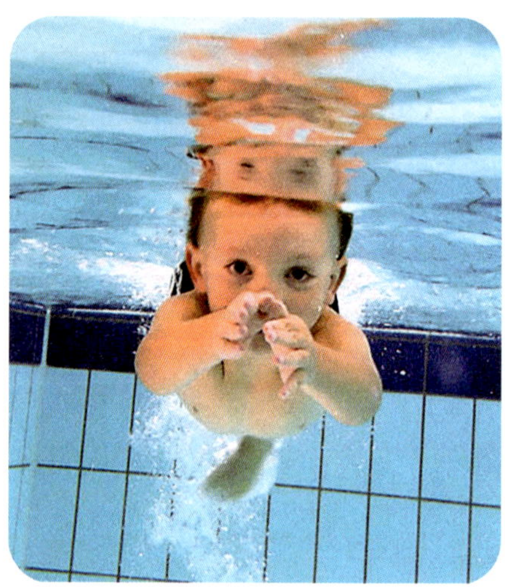

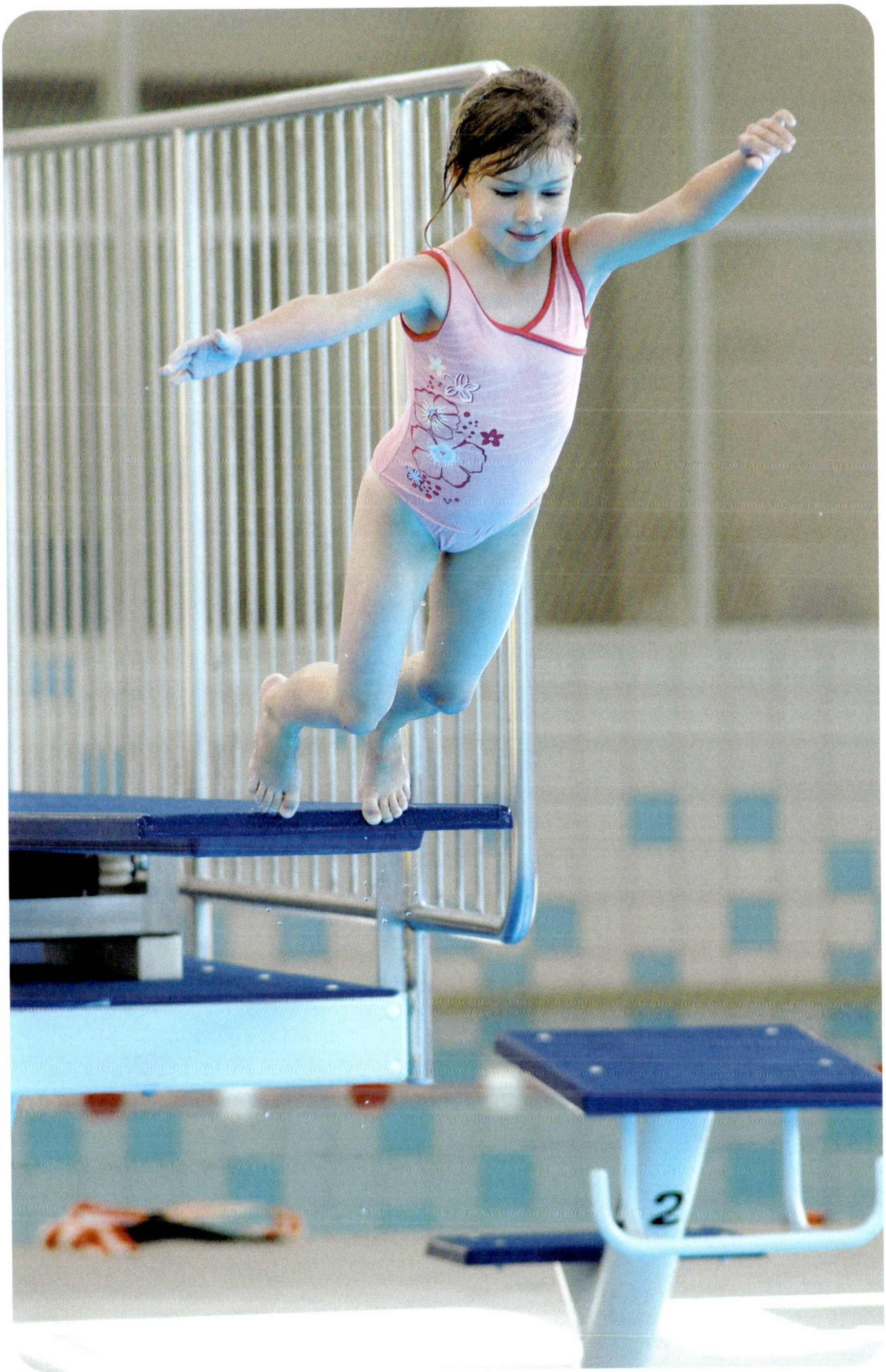

11. ÜBUNGSEINHEIT

Thema	Sicherheit und Ausdauer beim Schwimmen gewinnen
Aufgabe	Absolvieren des Tauchtests für den *Pinguin* oder das *Seepferdchen*
Material	Tauchringe, Schwimmhilfen nach Bedarf
Regel/Sicherheit	„Nur wer so oft übt wie die Pinguine, das Kopfeintauchen, Springen, Gleiten, der wird ein sicherer Schwimmer werden – bis in große Weiten." *„Jeder schwimmt, so weit er kann, und dann ist der Nächste dran."*
1	•Zugpferd: Die Kinder bilden Paare. Ein Kind zieht das andere an einem Ring hinter sich her. Das Gezogene streckt sich, taucht den Kopf ein und setzt seinen Wechselbeinschlag (Bewegungsbild: Motor) ein. •Karussell: Die Kinder halten, sich gegenüberstehend, einen Ring. Auf Zuruf *„Eins, zwei, drei"* atmen sie aus, tauchen ab und setzen sich gemeinsam auf den Beckenboden.
2	•Tauchtest: Die Kinder führen das Heraufholen des Tauchrings ausbrusttiefem Wasser (für das Abzeichen *Pinguin*) bzw. schultertiefem Wasser (für das Abzeichen *Seepferdchen*) vor. •Hüpfen und Tauchen: Wer holt den Ring nach dem Hochhüpfen heraus? •Springen und Tauchen: Wer holt den Ring mit einem Sprung vom Beckenrand heraus?
3	•Wiederholen des Kraul-, Rücken- oder Brustschwimmens. Je nach Bedarf werden Schwimmhilfen eingesetzt.
4	•Springen vom Startblock: Wer kann im Fußsprung hineinspringen, dann bis zur Einstiegsleiter tauchen und dort auf- und abklettern? •Verabschieden: *„Das Schwimmen ist nun aus, alle Kinder duschen, föhnen und fahren dann nach Haus!"*

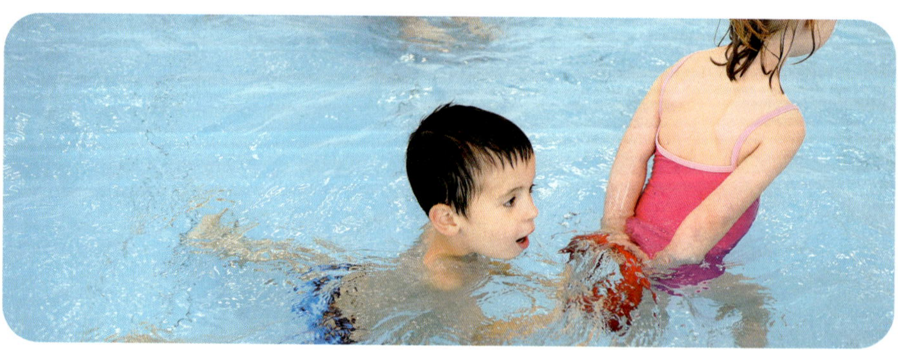

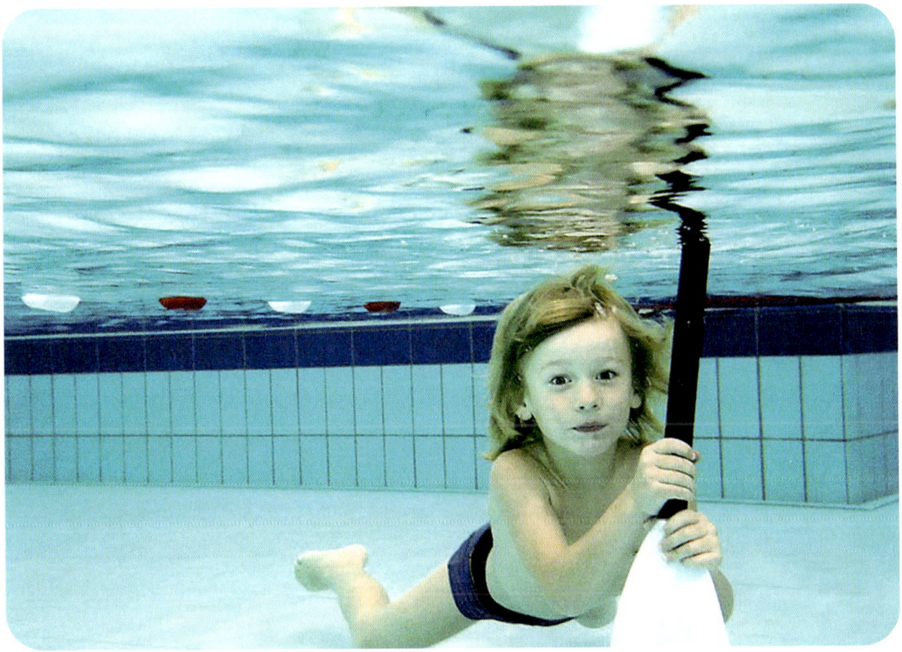

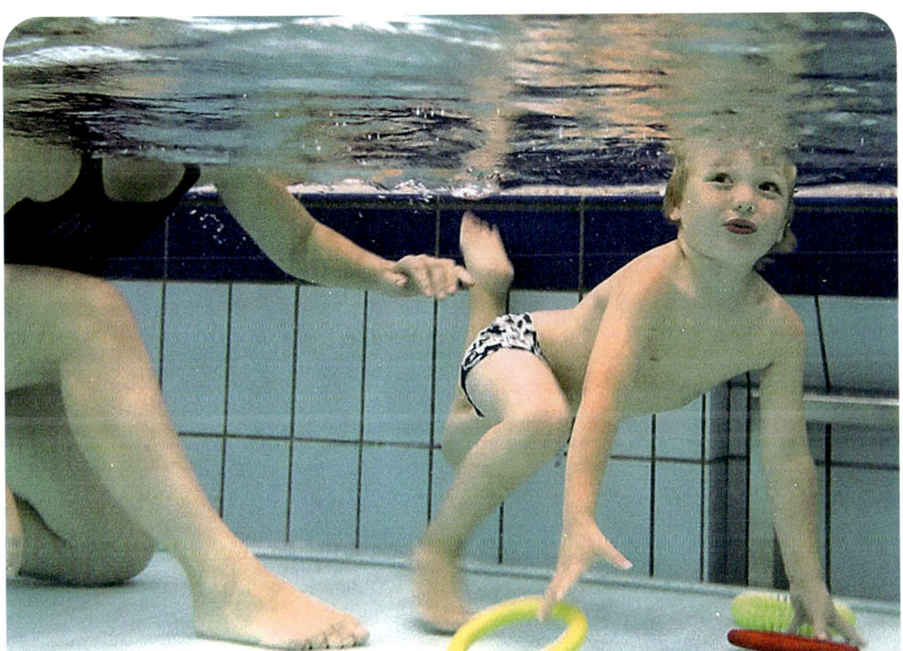

12. ÜBUNGSEINHEIT

Thema Aufgabe Material Regel/Sicherheit	Sicherheit und Ausdauer beim Schwimmen gewinnen Absolvieren der Schwimmstrecke für das Frühschwimmabzeichen *Pinguin* oder *Seepferdchen* Urkunden und Abzeichen für *Pinguin* und/oder *Seepferdchen*, bebilderte Baderegeln als Malbücher oder Merkblätter ausgeben „Nur wer so oft übt wie die Pinguine, das Kopfeintauchen, Springen, Gleiten, der wird ein sicherer Schwimmer werden – bis in große Weiten." *„Jeder schwimmt, so weit er kann, und dann ist der Nächste dran."*
1	• Fischer, Fischer, wie tief ist das Wasser?: Die Kinder beginnen, die Lehrperson (Fischer) zu fragen: „Fischer, Fischer, wie tief ist das Wasser?" Die Lehrperson antwortet (z. B.): „Einen Meter tief!" Die Kinder fragen: „Wie sollen wir da rüberkommen?" Der Fischer antwortet (z. B.): „Im Laufen." Nun versucht der Fischer, ein Kind durch Berühren zu fangen. Das Spiel auch in anderen Wassertiefen und mit weiteren Aufgaben fortsetzen, bis alle Kinder bis auf eines gefangen sind. Das letzte Kind spielt dann in der Wiederholung den Fischer.

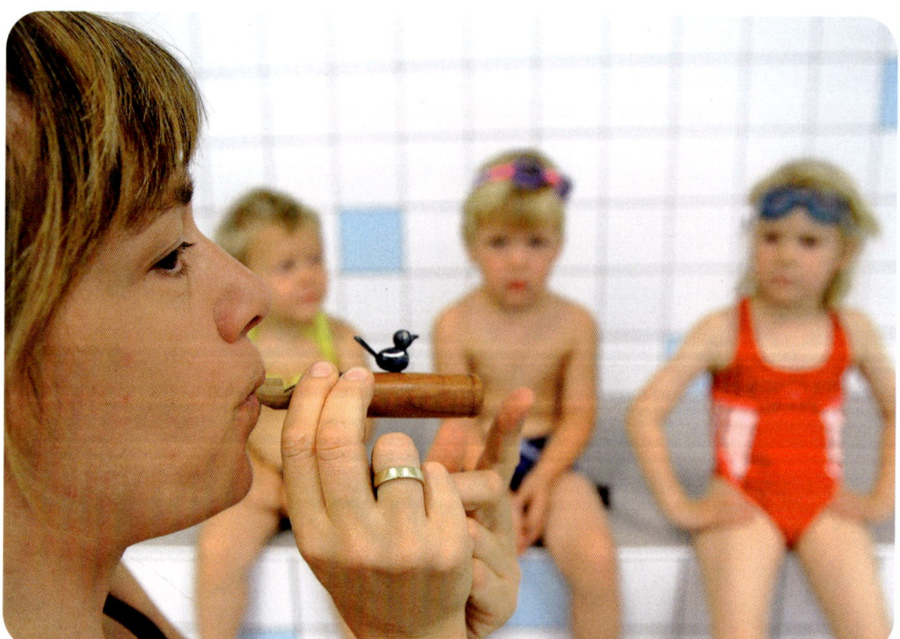

2 Tiefwasser	•Ausdauerschwimmen: Die Kinder erproben, länger und weiter zu schwimmen. •Schwimmtest im Tiefwasser: Die zu erfüllenden Leistungen werden erklärt, der Beckenrand wird entsprechend markiert. Für das Abzeichen *Pinguin* ist mit einem Sprung vom Beckenrand eine Strecke von 10 m zu schwimmen. Für das Abzeichen *Seepferdchen* ist mit einem Sprung vom Beckenrand eine Strecke von 25 m zu schwimmen. Der Schwimmstil ist den Kindern freigestellt, sollte jedoch während der Strecke nicht gewechselt werden. Die Technik ist dabei von untergeordneter Bedeutung, der Bewegungsablauf muss einen klaren Vortrieb erkennen lassen. Die Strecke ist ohne Pause sicher und angstfrei zu bewältigen.
3 Flach- und Tiefwasser	•Spiele im Flachwasser oder Sprünge im Tiefwasser nach Absprache.
4	Duschen und in ein Handtuch eingewickelt auf die Wärmebänke setzen. Die Lehrperson sammelt die Kinder zur Aufmerksamkeit: *„Macht eure Ohren groß – hört zu, dann geht's gleich los!"* und bespricht dann mit ihnen die Baderegeln. •Danach werden die Urkunden mit Abzeichen verteilt und die Kinder beglückwünscht und verabschiedet: *„Welch ein Glück, welch ein Glück, die/der (Name) kann nun schwimmen ein großes Stück!"* Alle klatschen und singen mit.

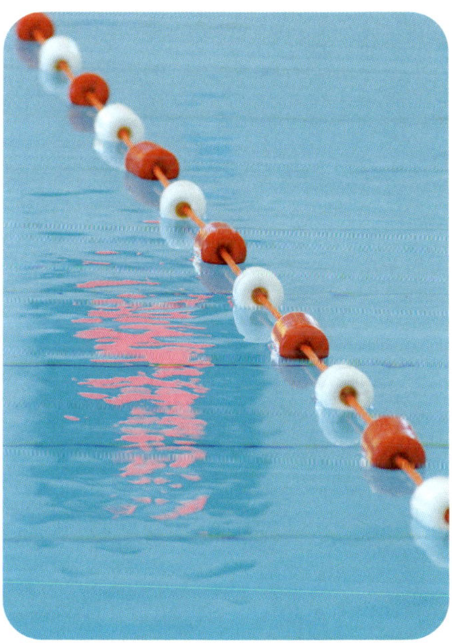

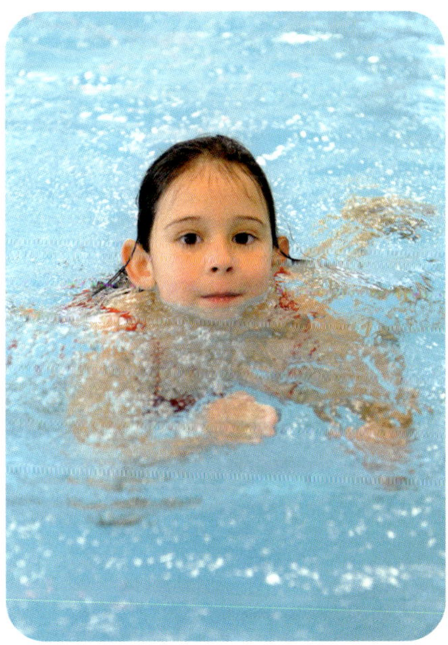

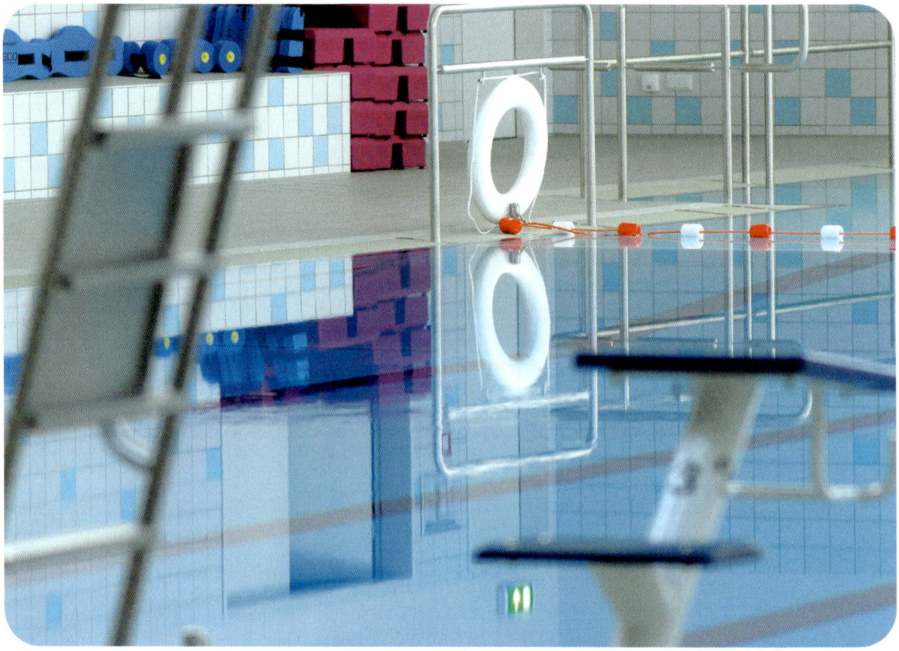

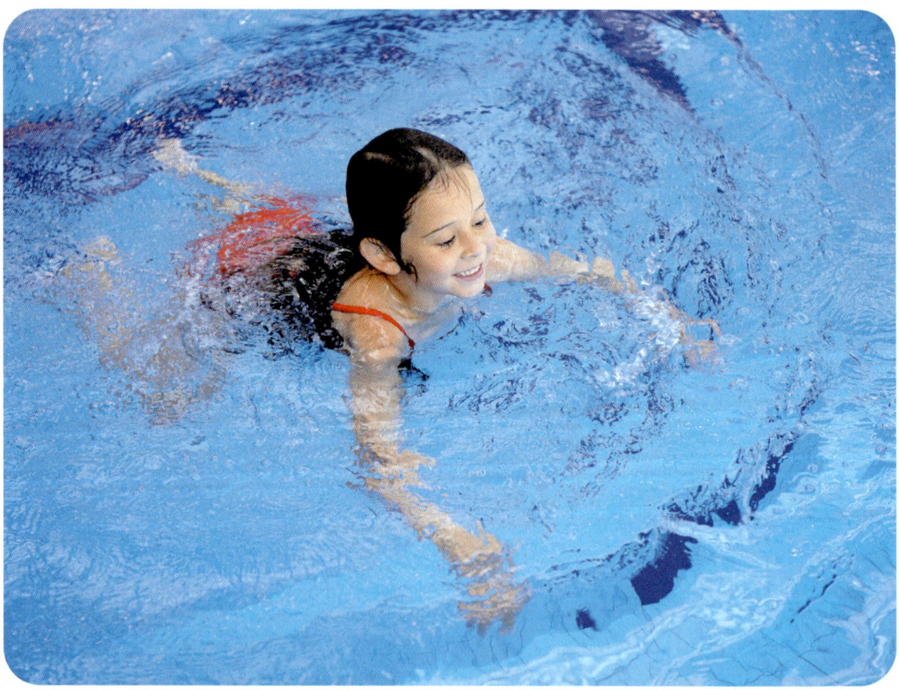

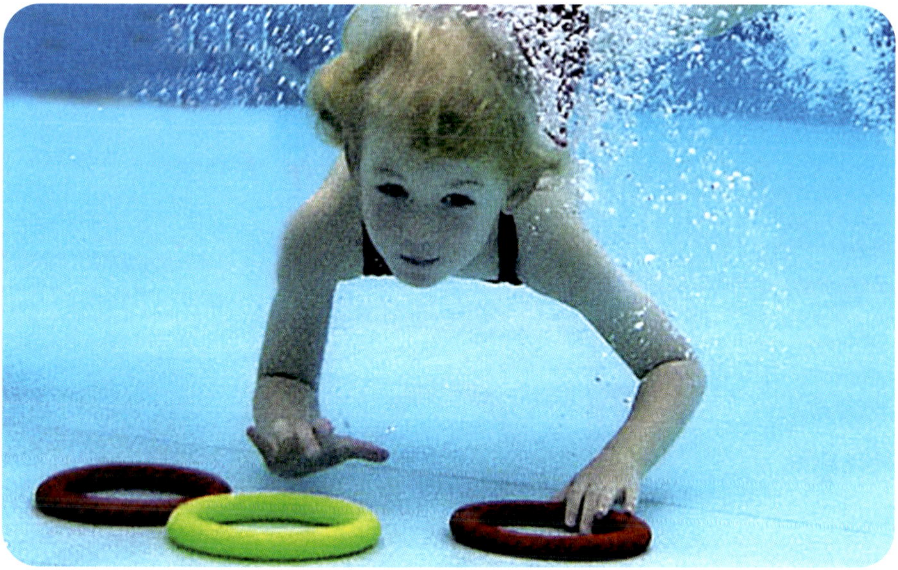

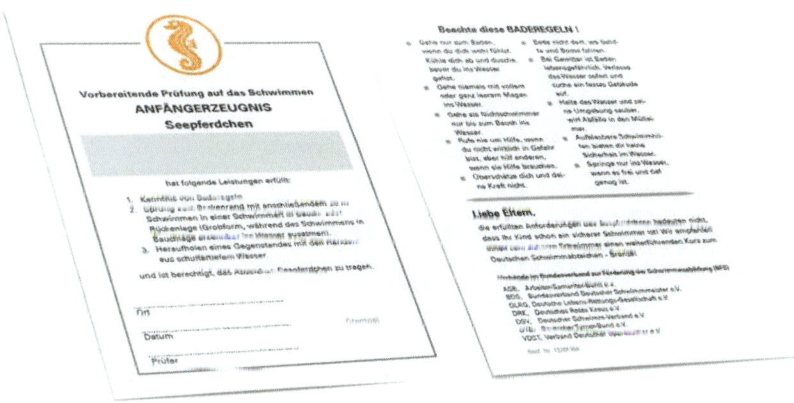
Vorbereitende Prüfung auf das Schwimmen
ANFÄNGERZEUGNIS
Seepferdchen
hat folgende Leistungen erfüllt:
Ort
Datum
Prüfer
Beachte diese BADEREGELN !
Liebe Eltern,
Deutschen Schwimmabzeichen - Bronze

6 ANHANG

I BILDTAFELN

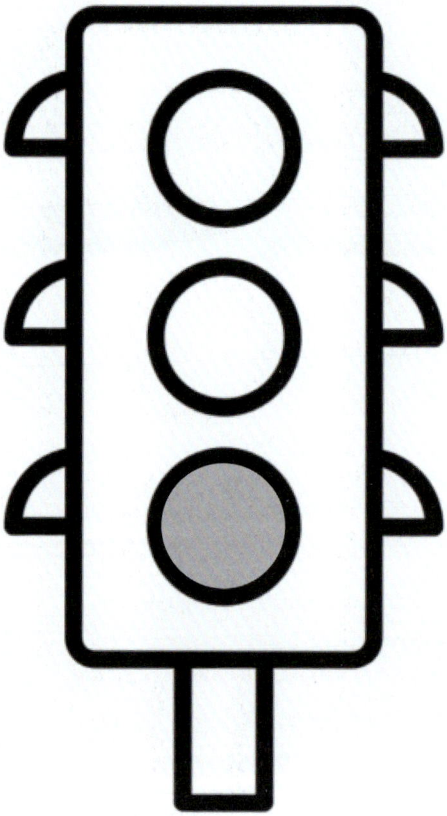

AMPEL GRÜN:

Signal für „Starten"

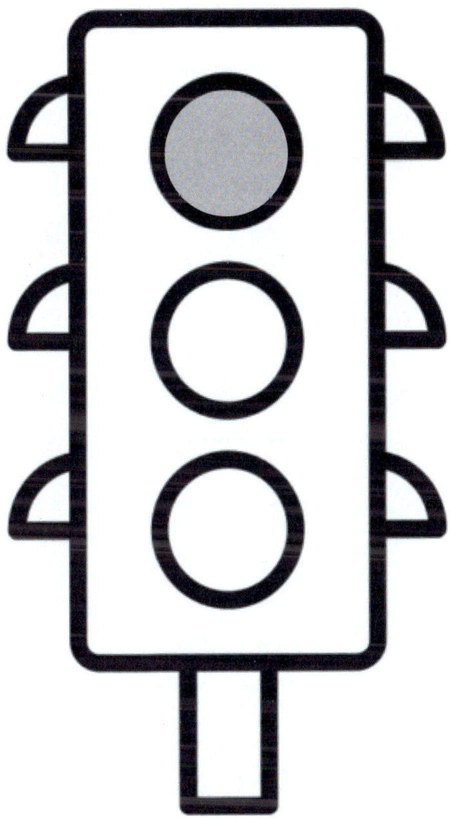

AMPEL ROT:

Signal für „Warten"

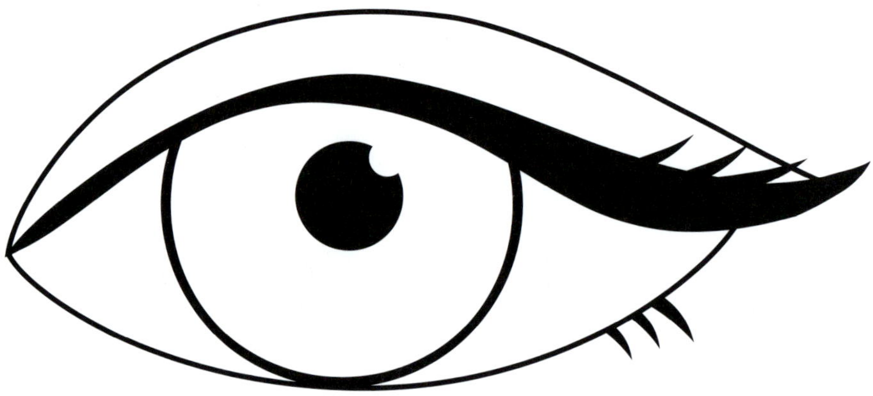

AUGE:

„Herschauen – hallo" – Signal zum Beobachten

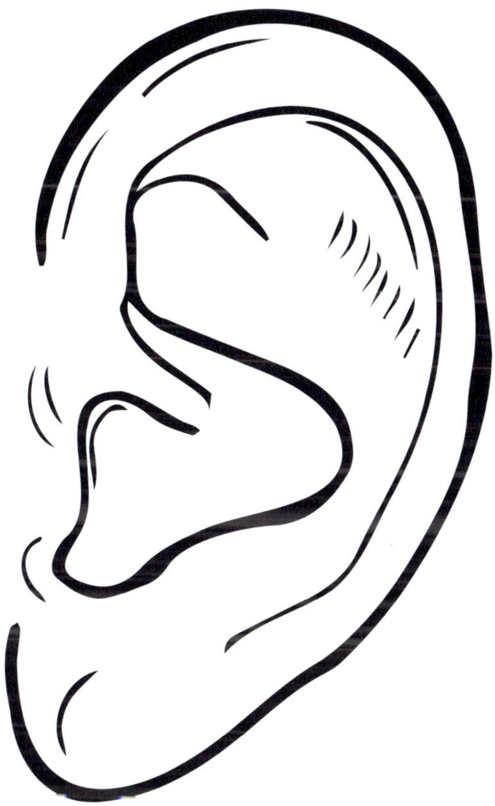

OHR:

„Herhören – hallo" – Signal zum Zuhören

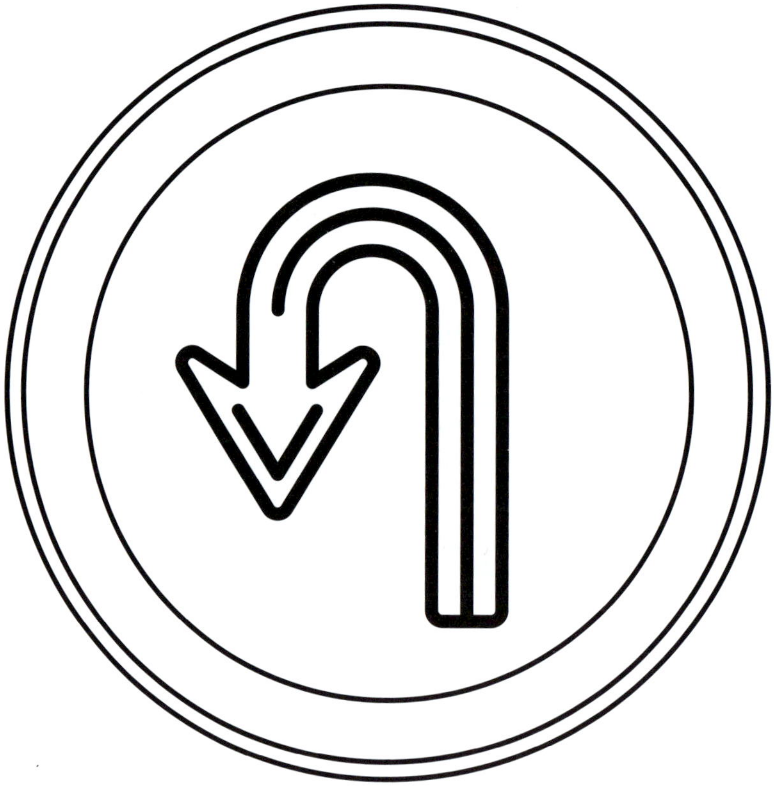

VERKEHRSSCHILD WENDEN:

„Am laufendenden Band" – ohne Festhalten schwimmen

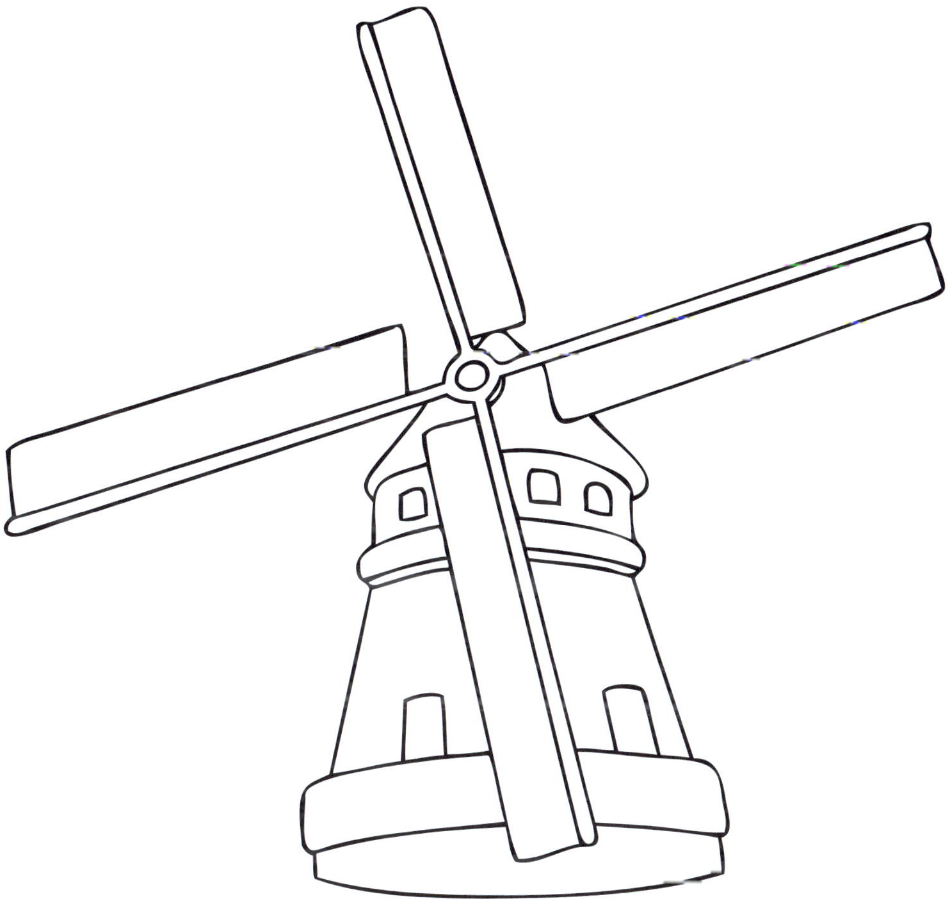

WINDMÜHLE:

Mit gestreckten Armen schwimmen

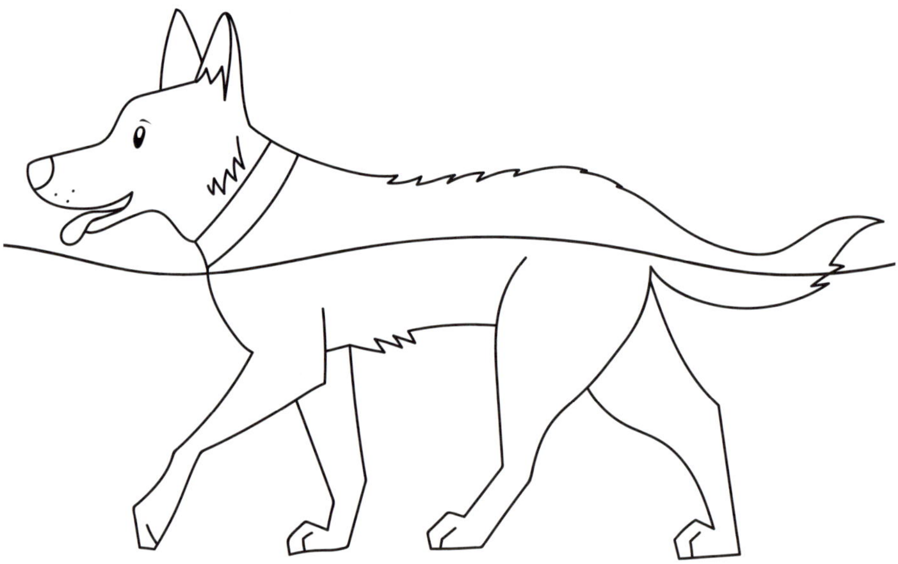

HUND:

Mit Händen und Füßen unter Wasser paddeln

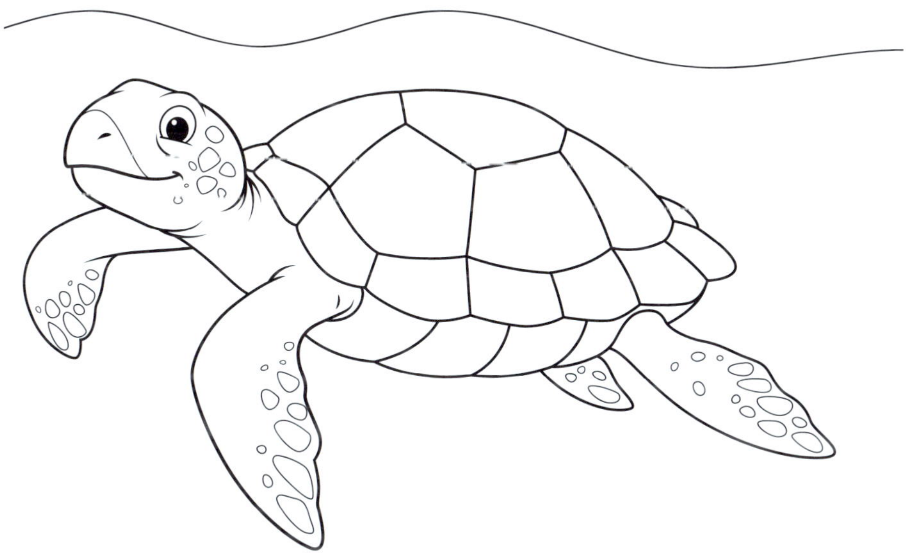

SCHILDKRÖTE:

Kopf untertauchen und mit Händen und Füßen paddeln

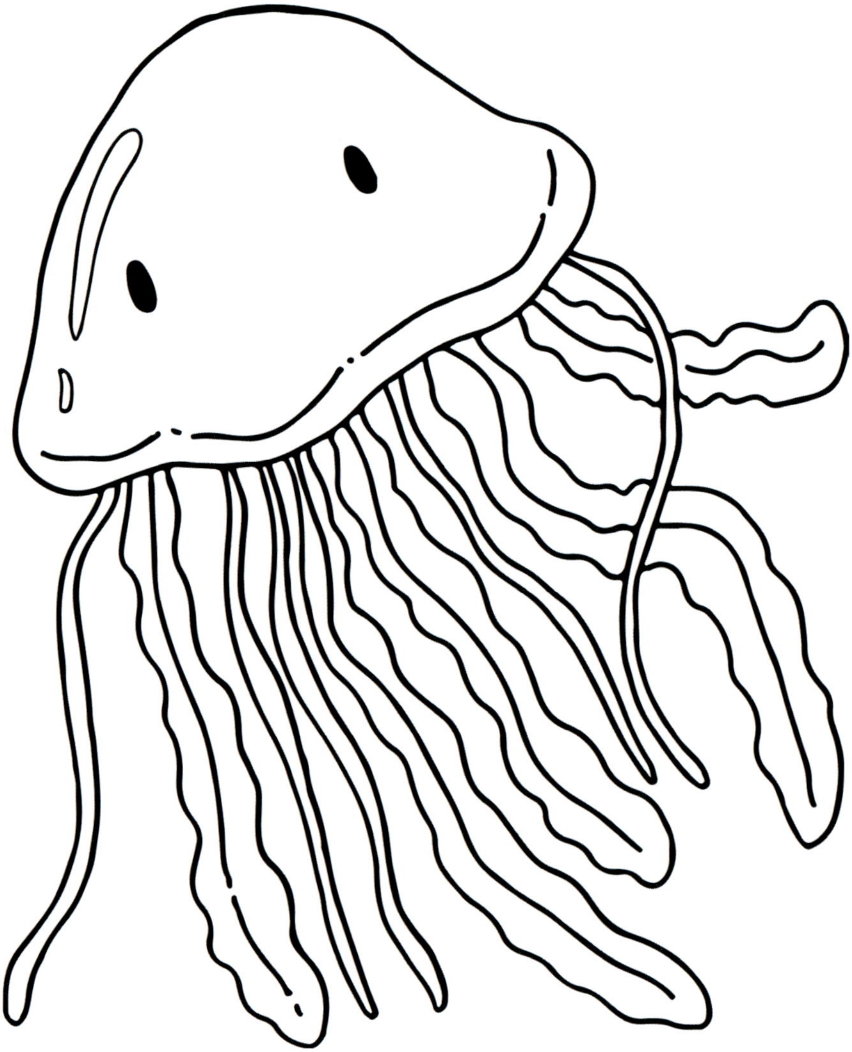

HOCKQUALLE:

Kopf eintauchen, Beine mit Armen umfassen

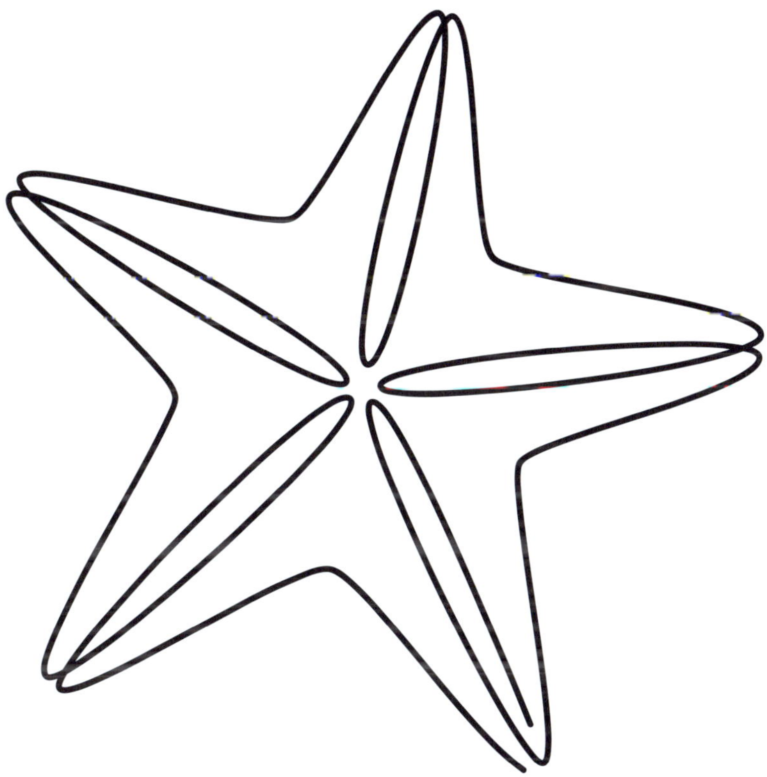

SEESTERN:

Kopf eintauchen, Arme und Beine strecken

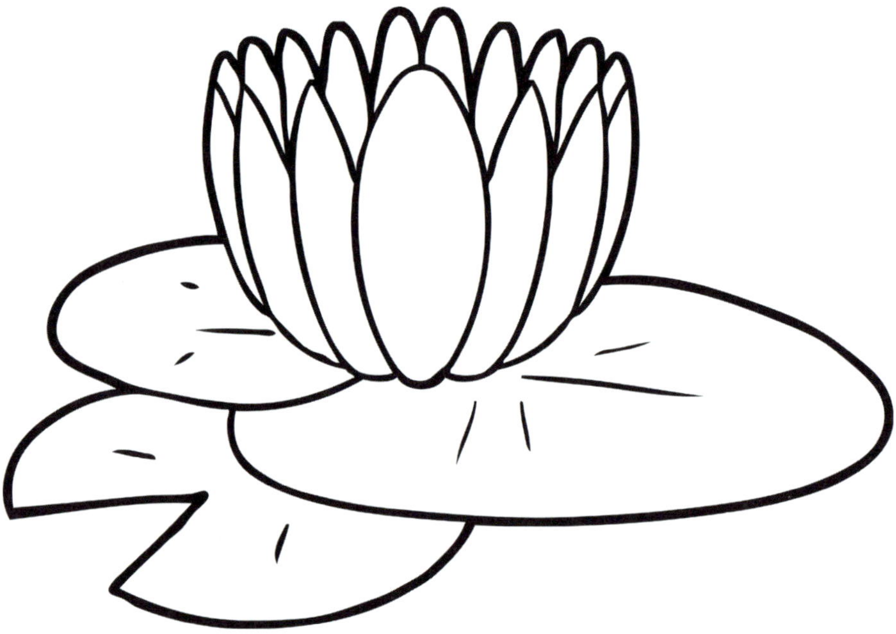

SEEROSE:

In Rückenlage Ohren ins Wasser eintauchen

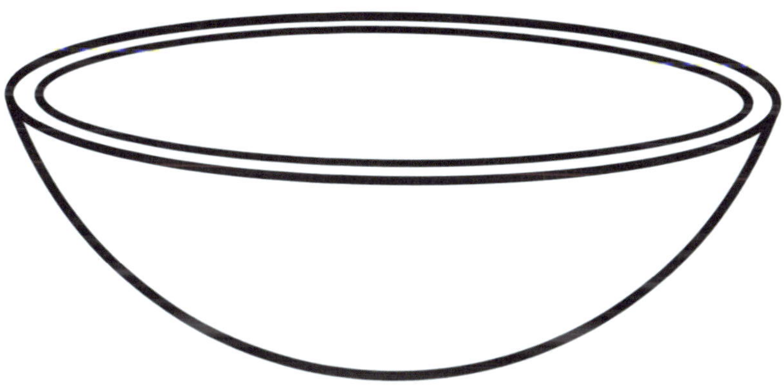

PUDDINGSCHÜSSEL:

In Bauchlage Hände aus- und einwärts kreisen

MESSER:

Hände schneiden beim Rücken- und Kraulschwimmen ins Wasser

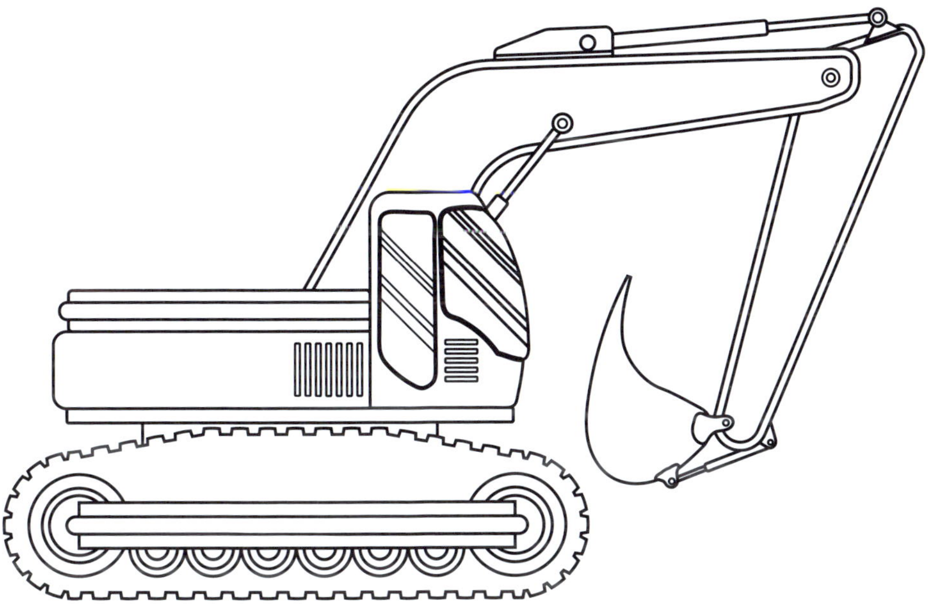

BAGGER:

Hände schaufeln Wasser

ZIPFELMÜTZE:

Im Sitz am Beckenrand, Arme zu den Ohren nach oben strecken, mit dem Zipfel (Händen) voran abtauchen

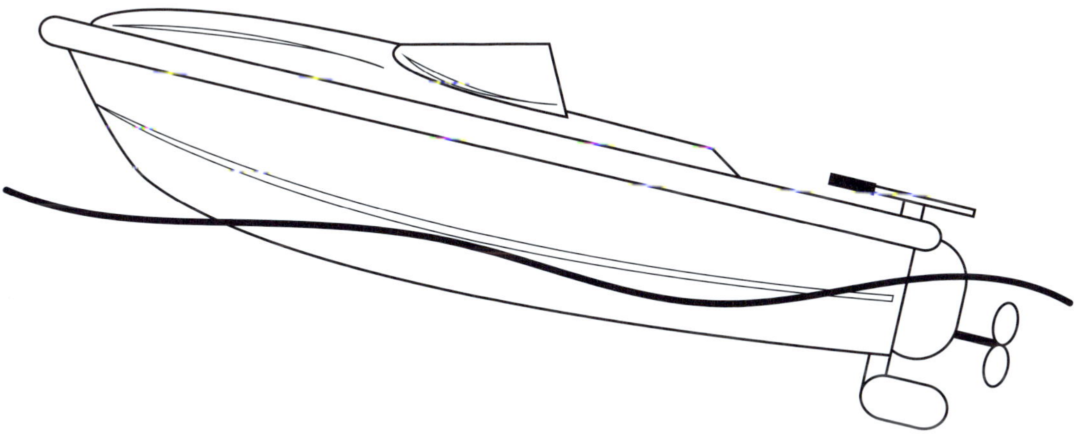

MOTORBOOT:

Beine schlagen abwechselnd unter Wasser

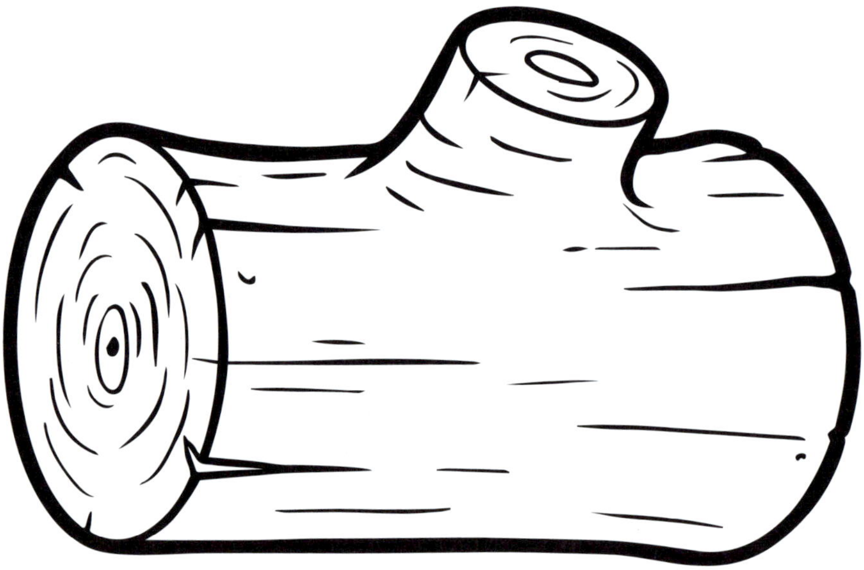

BAUMSTAMM:

Den Körper von Kopf bis Fuß strecken

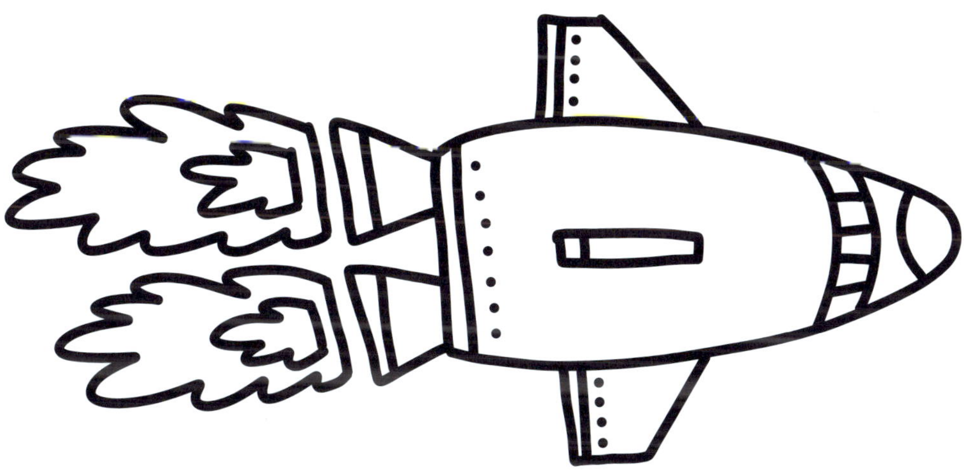

RAKETE:

Körper unter Wasser vom Beckenrand abstoßen

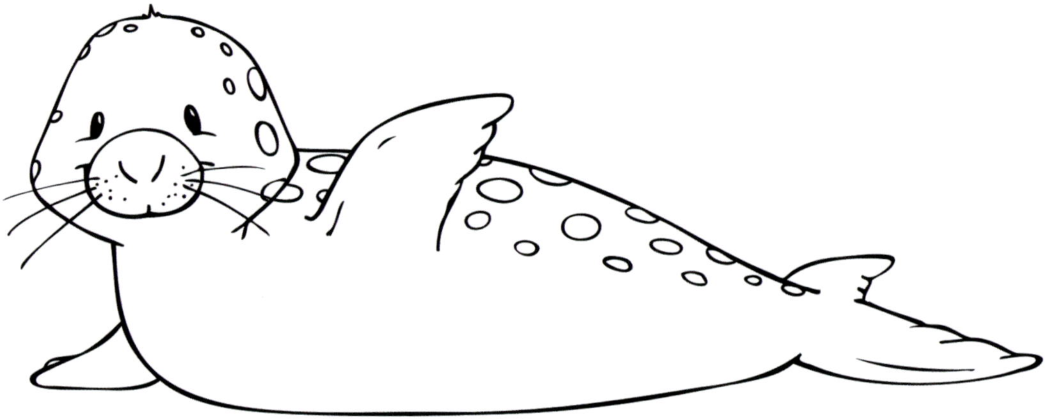

SEEROBBE:

Arme paddeln in Rückenlage seitwärts unter Wasser

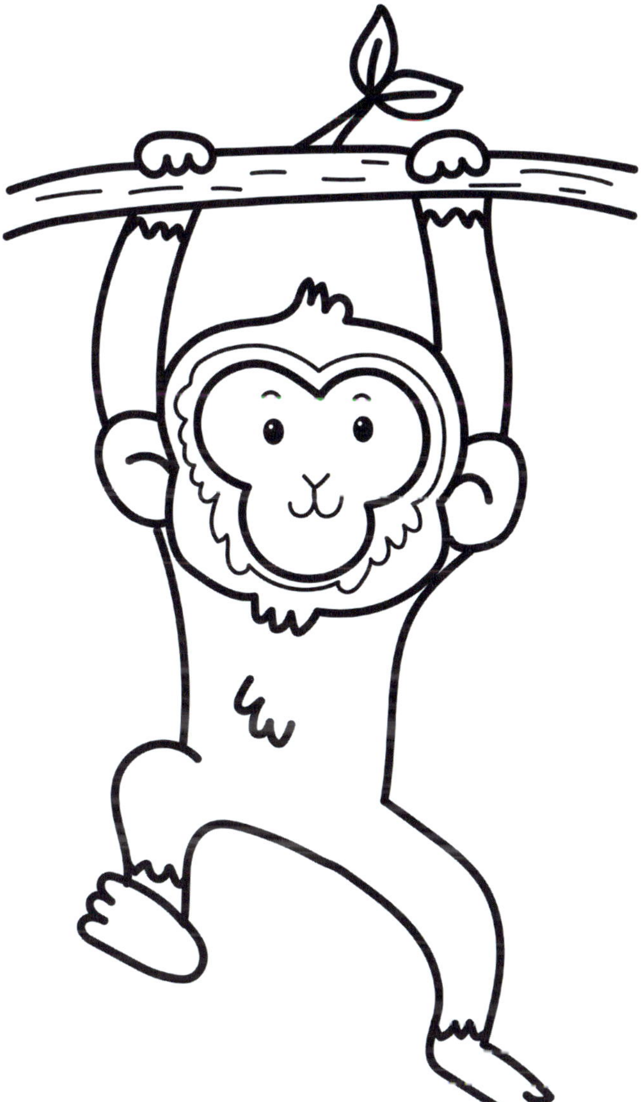

ÄFFCHEN:

Hände halten sich am Beckenrand fest

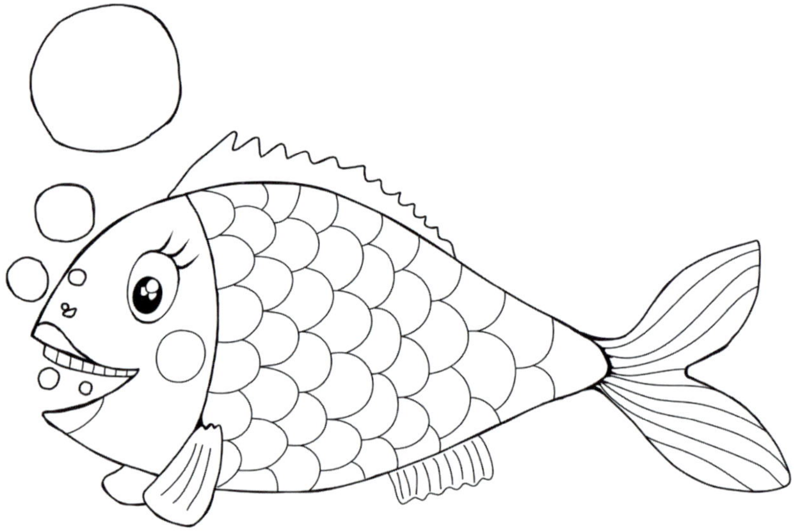

BLUBBERFISCH:

Aus Mund und Nase unter Wasser ausatmen

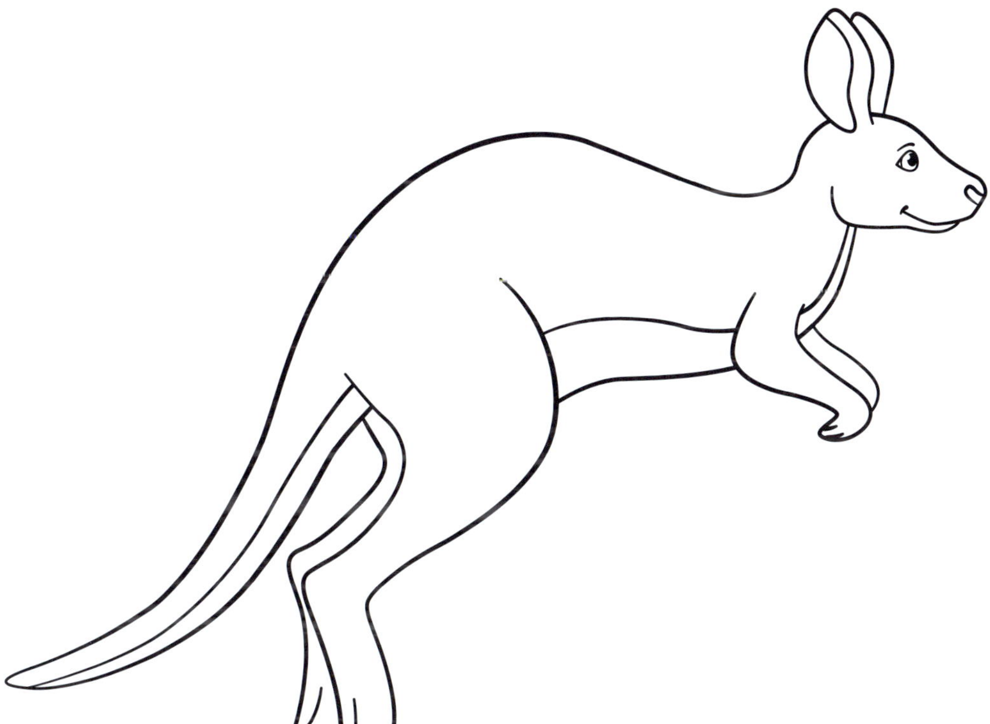

KÄNGURU:

Mit Füßen voran ins Wasser springen

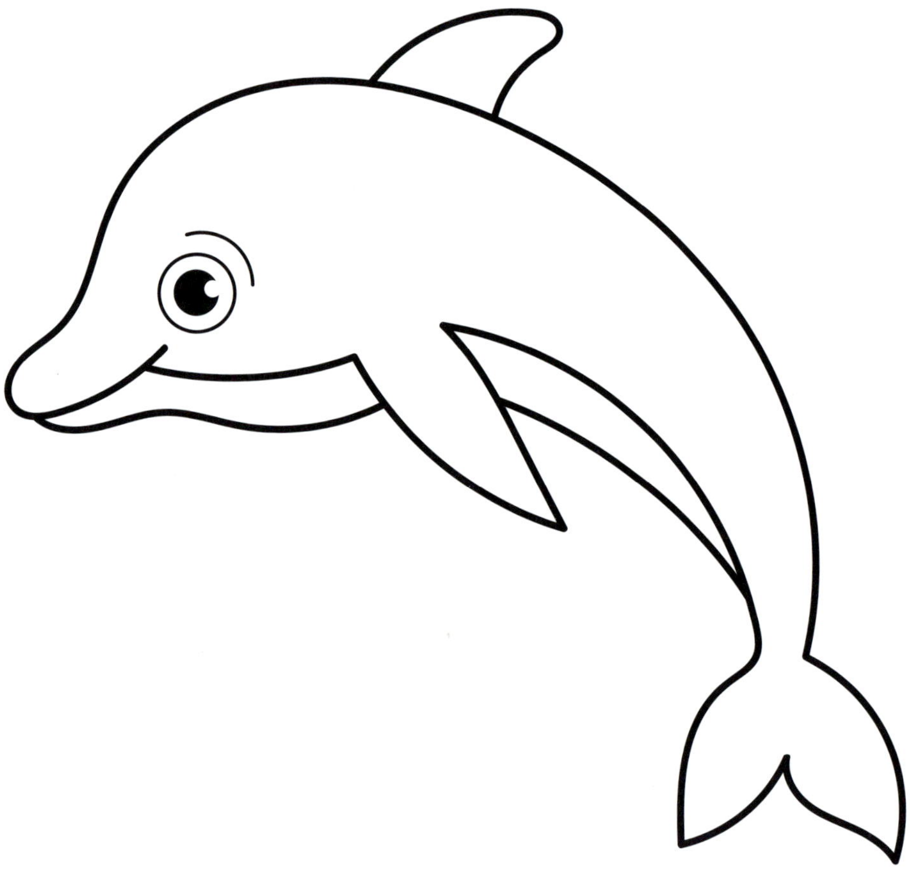

DELFIN:

Mit Armen und Kopf zuerst ins zwei Meter tiefe Wasser springen

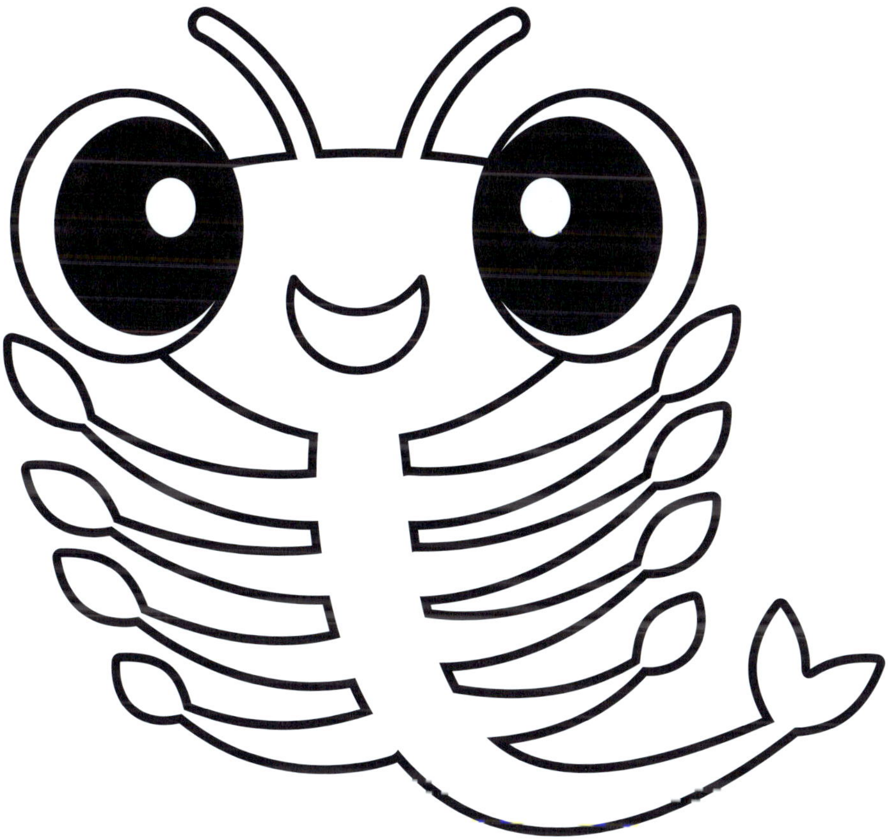

WASSERFLOH:

Mit beiden Füßen im Flachwasser springen

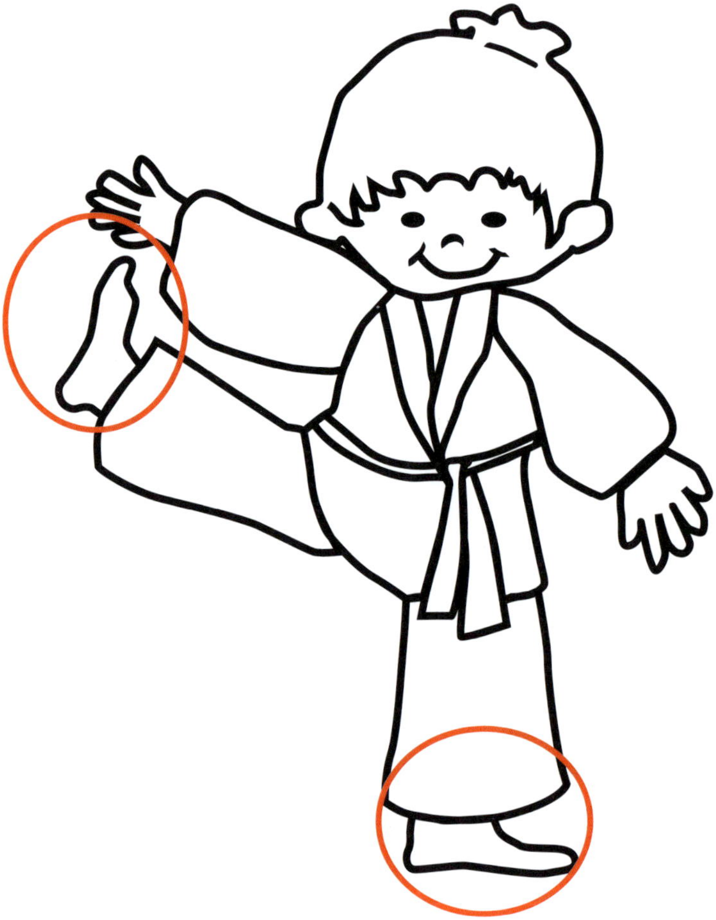

KARATEKIND:

Mit Hakenfüßen seitlich treten

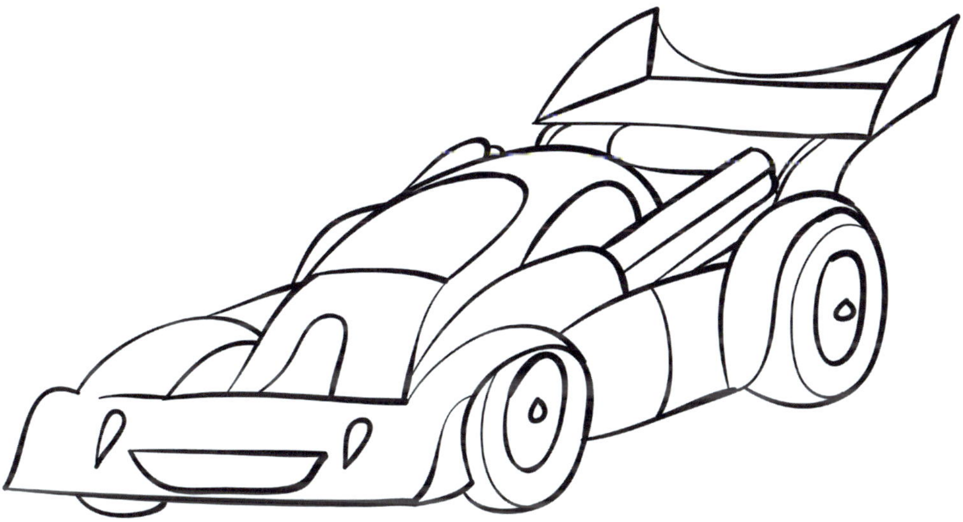

RENNWAGEN:

Mit Schwimmflossen schneller schwimmen

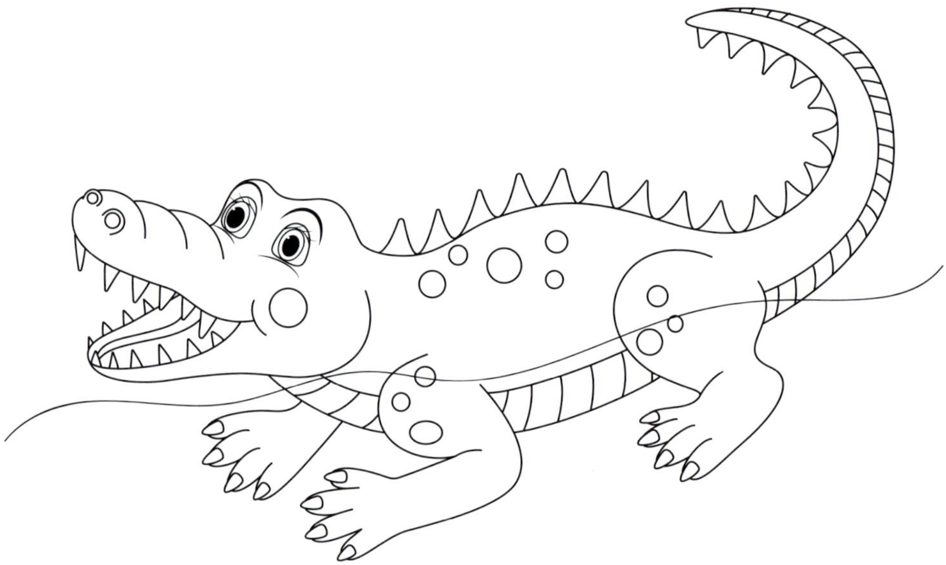

KROKODIL:

Mit Kinn auf dem Wasser laufen, Hände schaufeln

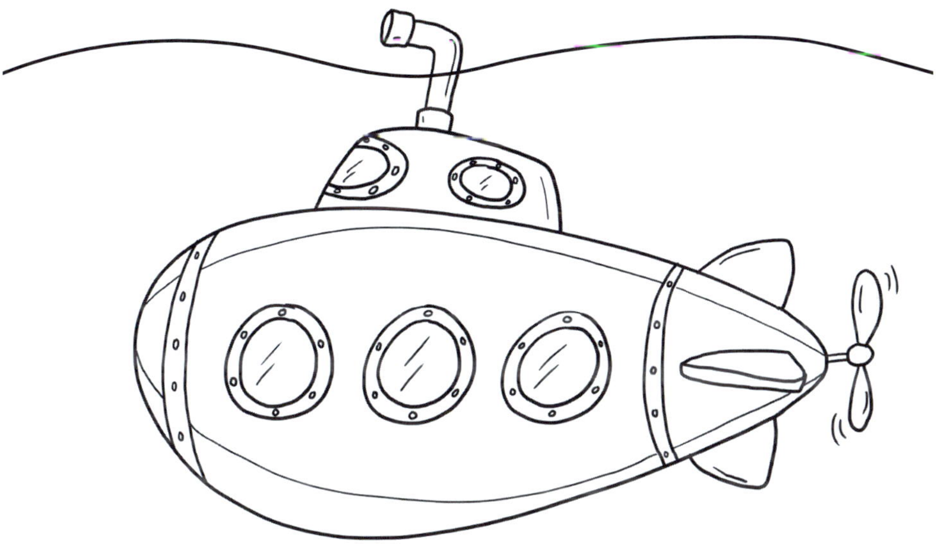

U-BOOT:

Aus dem Sitzen ins Wasser fallen, orientieren und sich im U-Bogen zurück zum Beckenrand retten

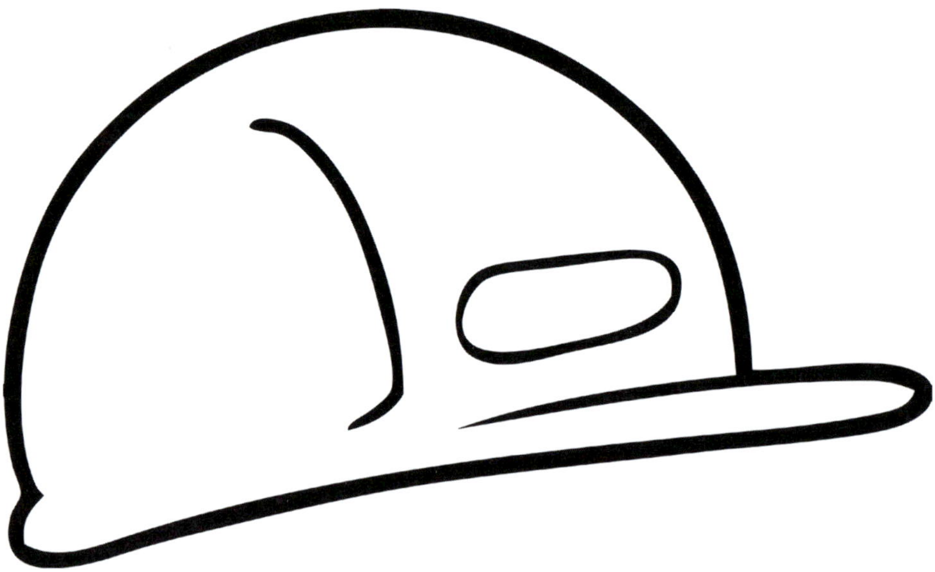

SCHUTZHELM:

Mit einer Poolnudel den Kopf beim Rückenschwimmen schützen

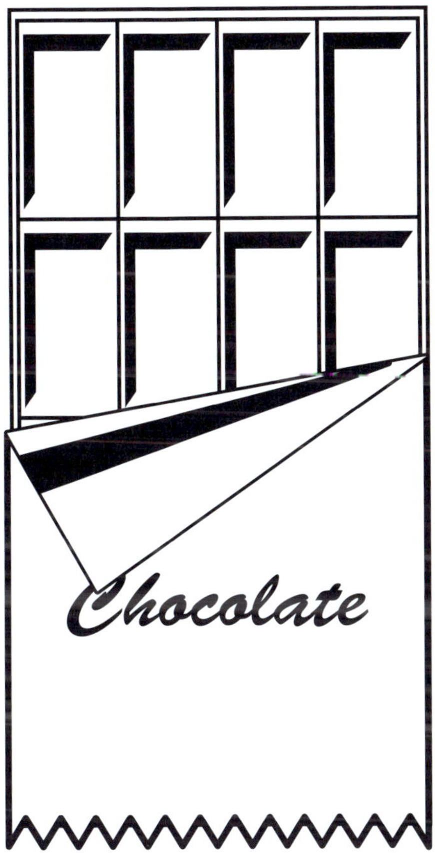

SCHOKOLADENSEITE:

Die Atemseite beim Kraul-Zweierzug herausfinden

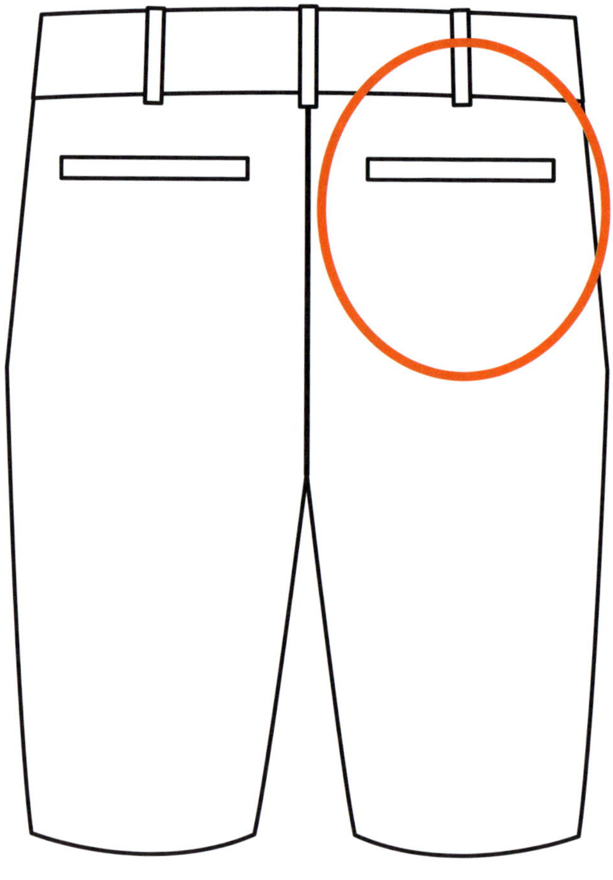

HOSENTASCHE:

Drehen des Körpers zum Einatmen beim Kraulschwimmen

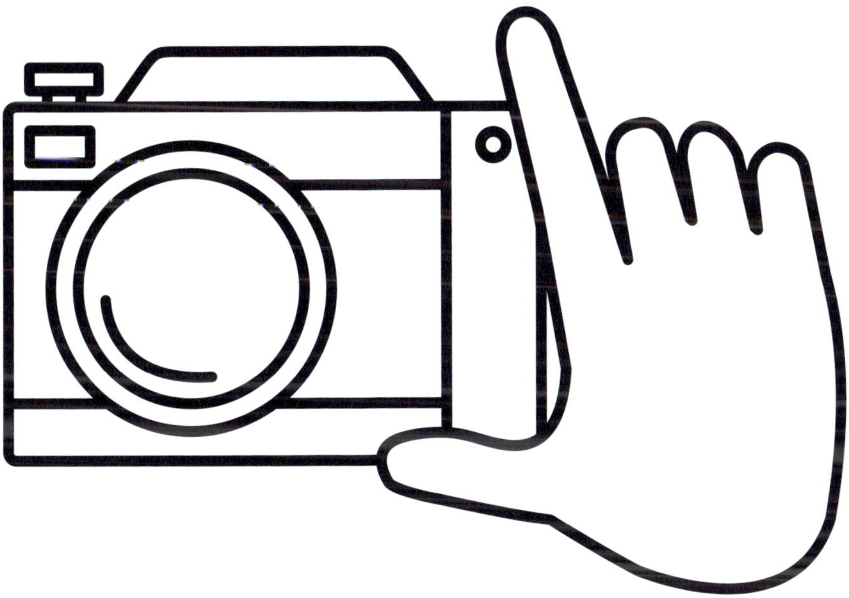

FOTOTERMIN:

Atemposition vor dem Starten beim Kraulschwimmen am Beckenrand einnehmen

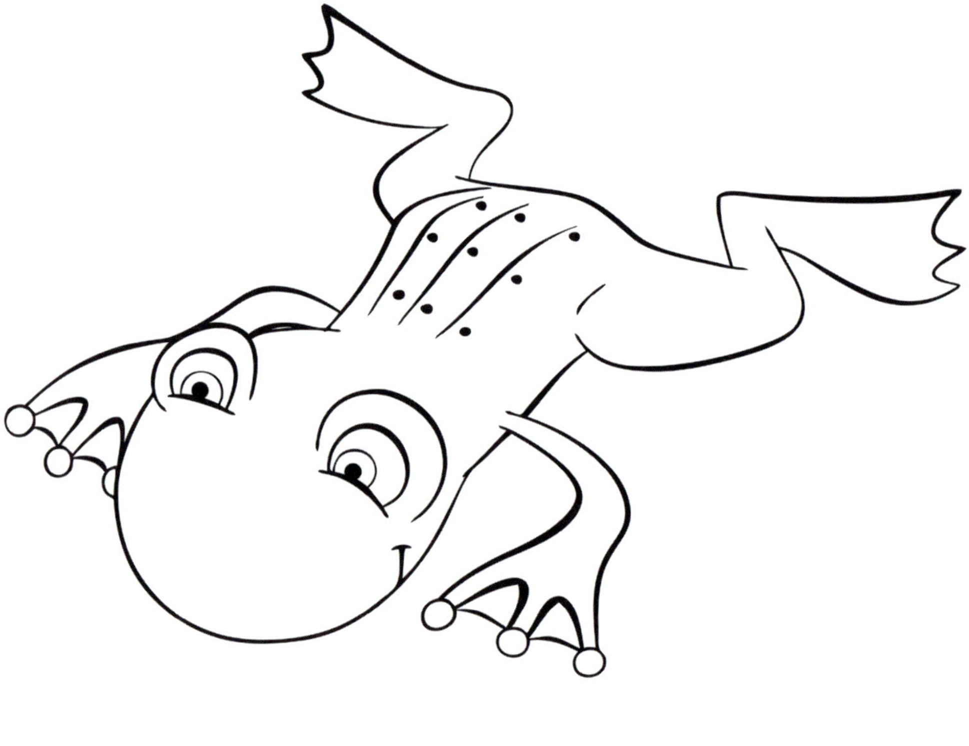

FROSCHBEINE MIT BLICKKONTROLLE (SITZ/RÜCKENLAGE):

Füße schwingen zum Po und stoßen auseinander

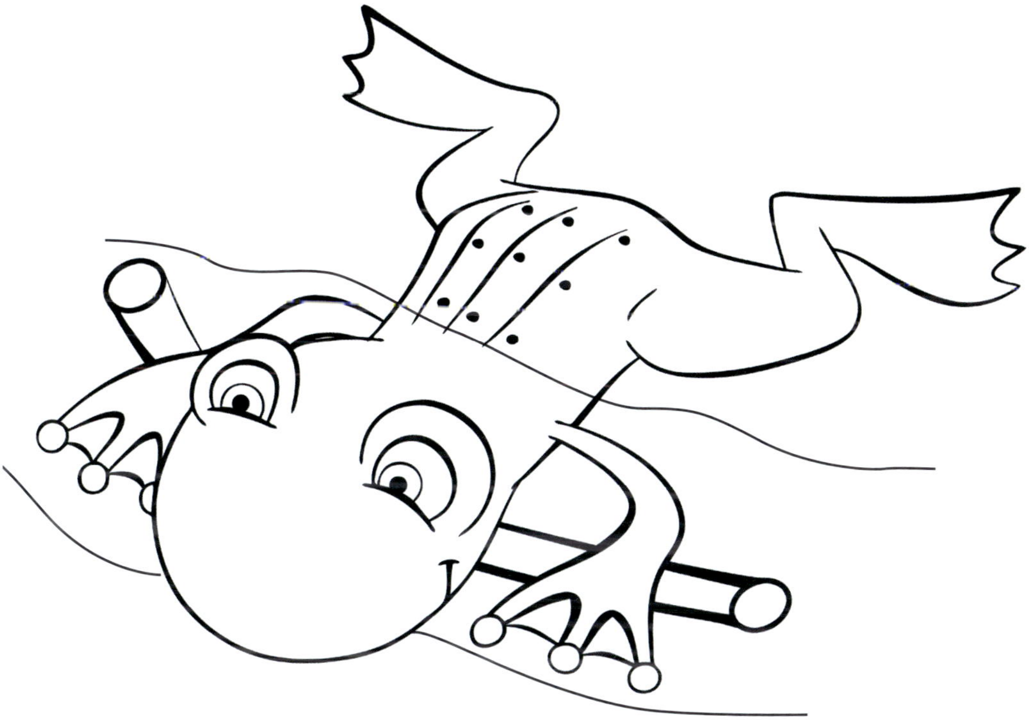

PUDDINGFROSCH MIT POOLNUDEL UND BLICKKONTROLLE:

Hände kreisen, Beine stoßen abwechselnd

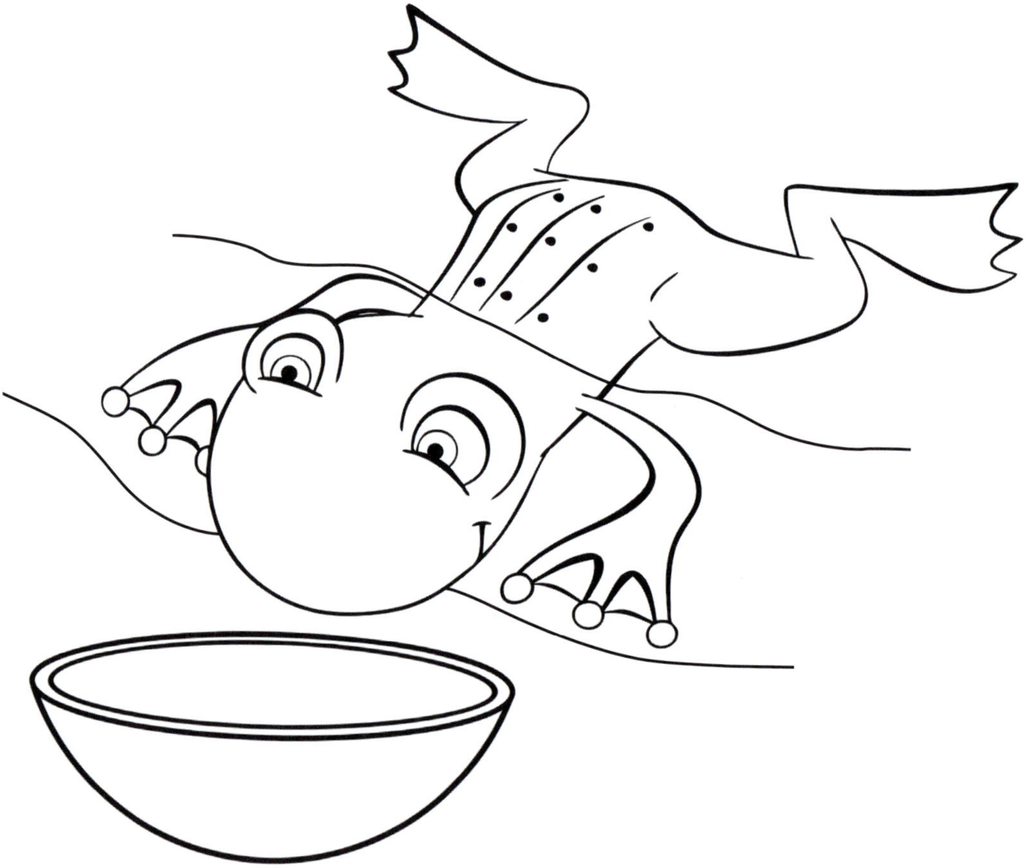

TAUCHE PUDDINGFROSCH (TAU-PU-FRO):

Arme kreisen, Beine stoßen abwechselnd unter Wasser

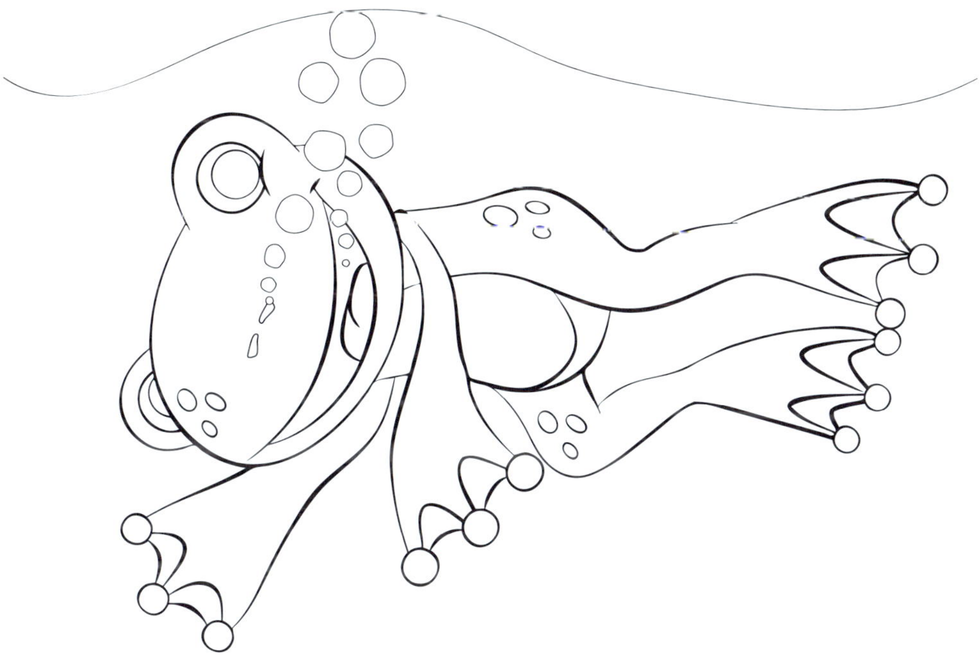

ATME AUS PUDDINGFROSCH (TAU-BLUB-FRO):

Kopf eintauchen, dabei Arme kreisen, Beine stoßen, dabei ausatmen, dann kurzes Kopfheben zum Einatmen und wieder Kopf eintauchen

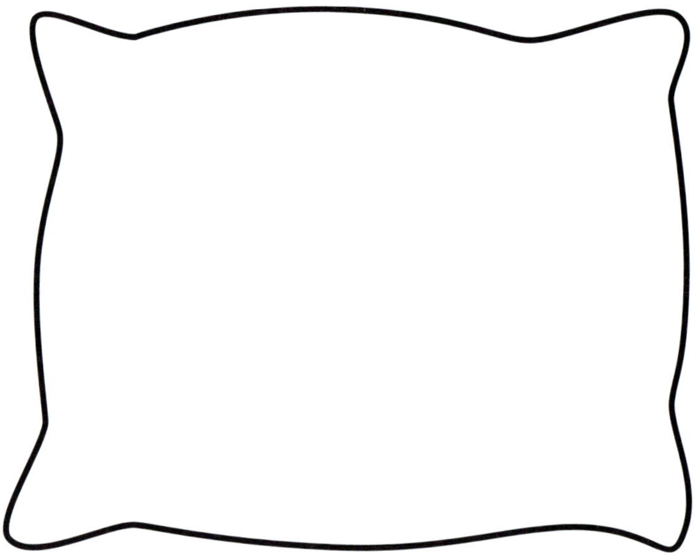

KOPFKISSEN:

Das Ohr seitlich ins Wasser legen

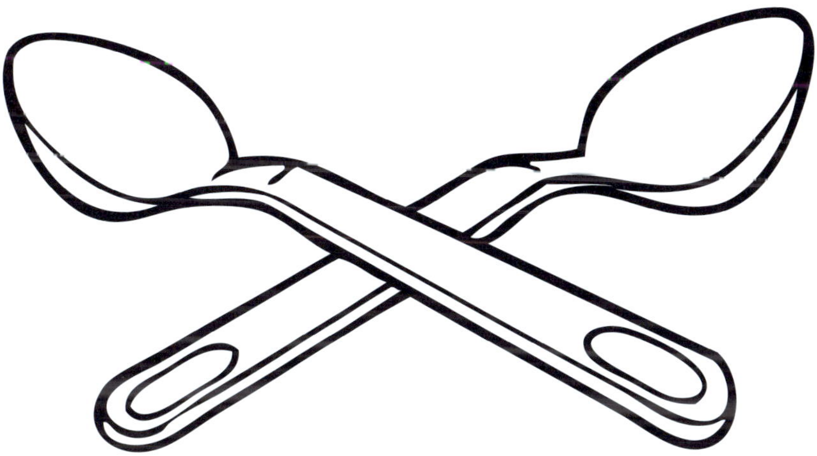

LÖFFEL:

Die Finger der Hände zu Löffeln formen

2 LITERATUR UND MATERIALIEN

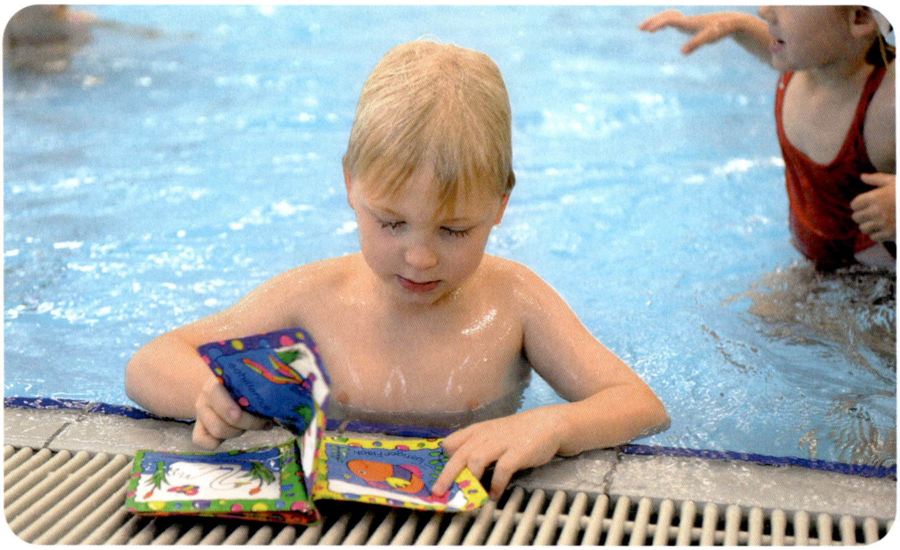

Ahrendt, L. (2004). *Schwimmbad mit Kinderaugen gesehen. Archiv des Badewesens* 57 (6), 314-319.

Ahrendt, L. *(2008). Kleinkindschwimmen. Grundlagen zur Kindesentwicklung und -förderung durch Eltern-Kind-Schwimmen im 2. und 3. Lebensjahr.* Meyer & Meyer: Aachen.

Ahrendt, L. (2008). *Schwimmen macht Schule.* Meyer & Meyer: Aachen.

Almsick, F. von (2009). *Paul Planschnase am Meer.* Herder: Freiburg i.Br..

Barth, K. & Dietze, J. (2002). *Ich lerne Schwimmen.* Meyer & Meyer: Aachen.

Brooks, J. & Bunday, J. (2001). *Schwimmschule. Ein Kurs mit Arbeitsblättern und vielen Bildern.* Verlag an der Ruhr: Mühlheim.

Bucher, W. (Hrsg.) (2002). *1001 Spiel- und Übungsformen im Schwimmen.* Hofmann: Schorndorf.

Bundesverband zur Förderung der Schwimmausbildung (BFS. Hrsg.) (2004). *Vereinbarung über die Gültigkeit der Deutschen Prüfungsordnung Schwimmen - Retten - Tauchen in Verbänden und Schulen.* BFS: Bad Nenndorf.

Cserépy, S. (Hrsg. 2004). *SchwimmWelt. Schwimmen lernen - Schwimmtechnik optimieren.* Schulverlag blmv: Bern.

De Beer, H. (2002). *Kleiner Eisbär wohin fährst du?* Findling Buchverlag: Lüneburg.

Deutsche Lebens-Rettungs-Gesellschaft Landesverband Nordrhein (Hrsg.) (2009). *Junio-rausbilder – Handreichung zum Seminar.* O. A.

Deutsche Lebens-Rettungs-Gesellschaft & Nivea (o. J.). *Baderegelheft zum Ausmalen.* DVV-Verlag: Bad Nenndorf.

Deutsche Lebens-Rettungs-Gesellschaft (o. J.). *Startblock. Coole Tipps für Wasserratten.* DVV-Verlag: Bad Nenndorf.

Deutsche Lebens-Rettungs-Gesellschaft & DLRG Jugend (o. J.). *Das Badevergnügen.* DVV-Verlag: Bad Nenndorf.

Deutsche Lebens-Rettungs-Gesellschaft & DLRG Jugend (o. J.). *Das Eisvergnügen.* DVV-Verlag: Bad Nenndorf

Deutsches Rotes Kreuz, Wasserwacht Landesverband Nordrhein (Hrsg.), (2005). *Leitfaden Schwimmen. Theorie und Praxis des Schwimmunterrichts.* Landesverband NRW e. V. Wasserwacht: Düsseldorf.

Hahn, M. (2007). *Richtig schwimmen.* Blv: München.

Hellmich, H. (1974). *Schwimmen im dritten und vierten Lebensjahr.* Kösel: München.

Herfurtner, R. (2002). *Der wasserdichte Willibald.* Dtv junior: München.

Koenig, C. (1998). *Pia schwimmt oben.* Altberliner Verlag: Berlin.

Kramwinkel, U. & Stolte R. (2007). *Die kleine Schwimmschule.* Coppenrath Verlag: Münster.

Krüger, R. (1974). *Der größte Spaß: Wasser ist nass.* Eigenverlag: Bochum.

Landesunfallkasse und Freie Hansestadt Hamburg (LUK. Hrsg. 2002). *Kinder erleben Wasser. Elemente für einen sicheren und praxisorientierten Badespass für Kindergartenkinder.* LUK: Hamburg

Legahn, U. (2000). *Im Wasser zu Hause.* Aqua Creation: Hamburg.

Lewin, G. (1975). *Schwimmen mit kleinen Leuten.* Sportverlag: Berlin.

Langendorfer, S. J. & Bruya, L. D. (1995). *Aquatic readiness. Developing water compen-tence in young children.* Human Kinetics: Champaign.

Meußler, K. & Mikoleit, J. (2006). *Mit Kati & Joe zum Wasserfloh.* Meußler: Marl.

Ministerium für Kultus, Jugend und Sport Baden-Württemberg (Hrsg.) (2003). *Sicherheit im Schwimmunterricht – Prävention und Rettungsfähigkeit.* Bräuer: Weilheim/ Teck.

Ministerium für Schule und Weiterbildung (Hrsg.) (2006). Erfolgreich starten! *Schulfähigkeitsprofil als Brücke zwischen Kindergarten und Grundschule.* Rittersbach: Frechen.

Niewerth, H. & Lütkebohmert, M. (1988). *Wassergewöhnung mit Kleinkindern.* Pohl: Celle.

Pfister, M. (2000). *Hoppel lernt schwimmen.* Nord-Süd Verlag: Hamburg.

Pierrey, P. (2005). *100 Spiele mit Wasser.* Moses: Kempen.

Pighin, G. & Brauer, S. (1993). *Das große Kinderförderprogramm.* Pattloch: Freiburg.

Reischle, K. & Buchner, M. (2008). *Schwimmstars. Schwimmen lernen und Techniktraining optimieren.* Das DSV Handbuch. Hofmann: Schorndorf.

Rheinischer Gemeindeunfallversicherungsverband (Hrsg.) (2007). *Wassergewöhnung mit Kindern aus Kindertageseinrichtungen.* Beinecke Dickmanns: Kaarst-Büttgen.

Rheker, U. (2003). *Alle ins Wasser -spielend schwimmen - schwimmend spielen.* Meyer & Meyer: Aachen.

Rudolph, K. (2008). *Lexikon des Schwimmtrainings.* Präzi Druck: Hamburg.

Sammüller Kreativ GmbH (2007). *Kinderlieder aus der guten alten Zeit.* Edition XXL: Fränkisch-Crumbach.

Schuurmans, H. (1999). *Plotter will nicht schwimmen.* Lappan: Oldenburg.

Sinnhuber, H. (1978). *Spielmaterial zur Entwicklungsförderung - von der Geburt bis zur Schulreife.* Modernes Leben: Dortmund.

Warm, I. (1998). *Workies 2 Spielerisches Schwimmen. Arbeitskarten mit Begleitheft.* Auer: Donauwörth.

Warner, P. (2003). Wasserspiel-Spaß. *Spielen am, im und mit Wasser.* Verlag an der Ruhr: Mühlheim an der Ruhr.

Wenzel-Bürger, E. & Schneider, L. (1998). *Conni macht das Seepferdchen.* Carlsen: Hamburg.

Wilke, K. (2009): *Schwimmen lernen für Kinder und Erwachsene.* Meyer & Meyer: Aachen.

Wojciechowski, T. (2001). *Schwimmen mit Kindergartenkindern.* Schwimmverband Württemberg: Stuttgart.

Wrede, A. (2001). *Tipps zur spielerischen Sprachförderung.* Habermaaß: Bad Rodach.

3 FILME, HÖRBÜCHER, MUSIK-CDs

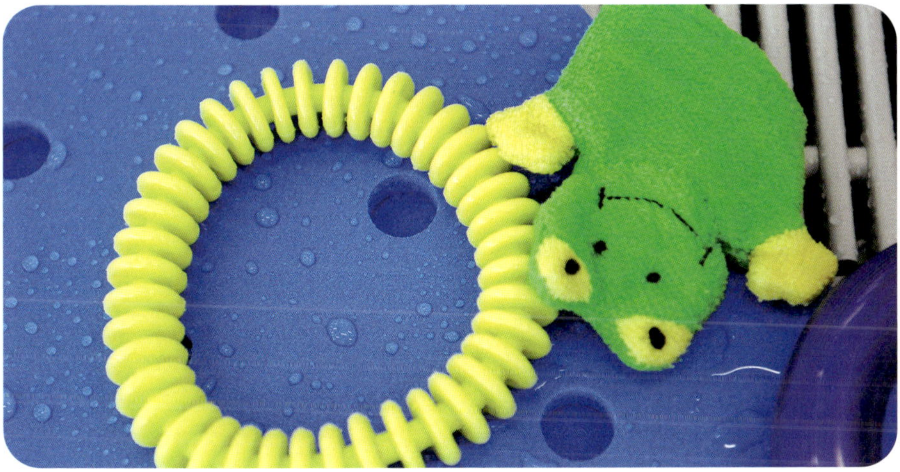

Ahrendt, L. (2003). *Kleinkindschwimmen. Wunderbare Wasserwelt.* Meyer & Meyer: Aachen.

Bundesamt für Sport Magglingen (Hrsg.) (2005). *Swimworld Basic. Swimming technique - from basic to pro.* DVD 1 + 2. Interverband für Schwimmen: Rüdisühli Media: Bern.

Bundeszentrale für gesundheitliche Aufklärung (BZGA. Hrsg.) (1998). *Entwicklung des Kindes von der Geburt bis zum 6. Lebensjahr. Film 3: „Bald bin ich ein Schulkind."* BZGA: Köln.

Capri-Sonne & Swimpool NRW (Hrsg.). *Spaß im Nass. So lernst du schwimmen.* Noss TV & Filmproduktion: Ludwigsburg.

Deutsche Lebens-Rettungs-Gesellschaft & Nivea (2000). *Das Baderegellied.* DVV-Verlag. Bad Nenndorf.

Dyk, D. van (o. A.). *Schwimmprogramme für Babys und Kleinkinder.* Fahnemann: Bockenem.
Legahn, U. (2000). *Im Wasser zu Hause.* Aqua Creation: Hamburg.

Schwimmschule 32 (2002). *Frühschwimmer. Frühstes Schwimmen lernen zwischen 3 und 4 Jahren bis zum Seepferdchen.* Eigenverlag.

Sängerbund NRW e. V. (2005). *Toni's Lieblingslieder. Toni im Liedergarten NRW.* Chorliverecords Sängerbund NRW: Duisburg.

Spitzer, M. & Herschkowitz, N. (2008). *Wie kleine Kinder lernen. Von drei bis sechs Jahren.* Galila Hörbuchverlag: Peter. F. Weber (Österreich).

Vahle, F. (2009). Ping Pong Pinguin. *Spiel- und Bewegungslieder.* Patmos Verlag: Düsseldorf.

4 ADRESSEN UND ANSPRECHPARTNER

Ahrendt, Lilli Dr.
Homepage: www.eltern-kind-schwimmen.de

Deutsche Sporthochschule Köln
https://weiterbildung.dshs-koeln.de

Deutsche Lebens-Rettungs-Gesellschaft e. V.
https://www.dlrg.de

Deutsches Rotes Kreuz/ Wasserwacht e. V.
https://www.drk.de/wasserwacht/

Deutscher Schwimmverband e. V. / Deutsche Schwimmjugend e. V.
https://dsv-jugend.de/zertifikat-schwimmen-lernen/

Bundesverband Öffentlicher Bäder e. V.
https://www.dgfdb.de/unser-angebot/seminare

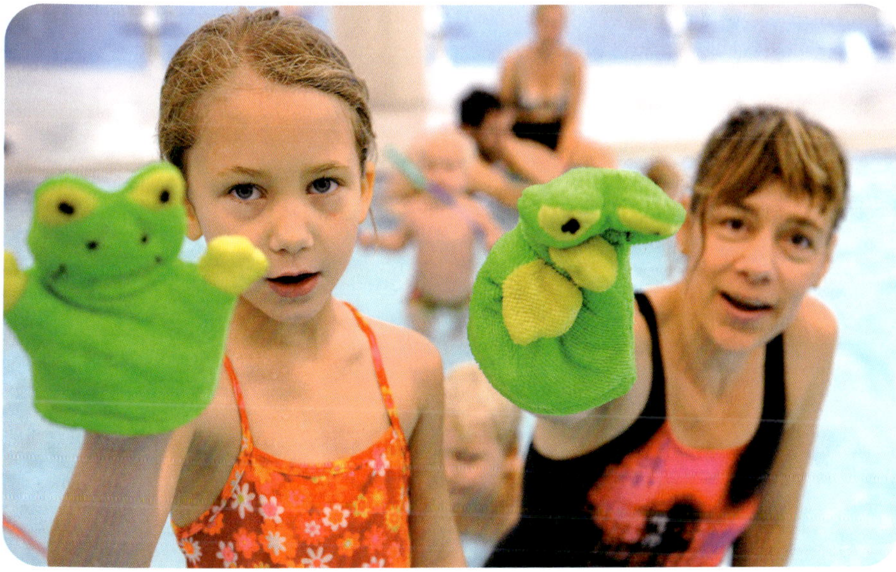

5 BILDNACHWEIS

Coverfoto:	© iStock/Thinkstock
Coverdesign & Umschlag:	Claudia Sakyi, Bearbeitung: Annika Naas, Sannah Inderelst
Redesign Innenteil:	Claudia Sakyi, Bearbeitung 3. überarbeitete Auflage: Annika Naas, Sannah Inderelst
Fotos Innenteil:	Henning Kaiser, Köln; © iStock/Thinkstock: S. 32-36, S. 156-181
Lektorat:	Dr. Irmgard Jaeger